U0464224

本书系 2012 年度教育部人文社会科学研究青年基金项目：粮食安全监管制度研究（项目编号：12YJCZH268）之最终研究成果。

粮食安全

监管制度研究

曾志华 ◎ 著

LIANGSHI ANQUAN
JIANGUAN ZHIDU YANJIU

中国社会科学出版社

图书在版编目(CIP)数据

粮食安全监管制度研究 / 曾志华著 . —北京：中国社会科学出版社，2015.8

ISBN 978 - 7 - 5161 - 6099 - 2

Ⅰ.①粮… Ⅱ.①曾… Ⅲ.①粮食问题 - 监管制度 - 研究 - 中国 Ⅳ.①F326.11

中国版本图书馆 CIP 数据核字(2015)第 094951 号

出 版 人	赵剑英	
责任编辑	任　明	
责任校对	李　莉	
责任印制	何　艳	

出　　版	中国社会科学出版社	
社　　址	北京鼓楼西大街甲 158 号	
邮　　编	100720	
网　　址	http：//www.csspw.cn	
发 行 部	010 - 84083685	
门 市 部	010 - 84029450	
经　　销	新华书店及其他书店	

印刷装订	北京市兴怀印刷厂	
版　　次	2015 年 8 月第 1 版	
印　　次	2015 年 8 月第 1 次印刷	

开　　本	710 × 1000　1/16	
印　　张	14	
插　　页	2	
字　　数	241 千字	
定　　价	48.00 元	

凡购买中国社会科学出版社图书，如有质量问题请与本社联系调换
电话：010 - 84083683
版权所有　侵权必究

"本世纪监管国家的出现是建立现代工业化民主（industrialized democracy）的必要步骤……在保护各种各样的经济价值和社会价值方面，监管帮助政府取得了斐然的成绩。"[1]

——OECD

"没有哪个领域的研究像监管一样，引起经济学家、法学家、政治学家等如此高度地关注，而且日益呈现出综合的趋势。"[2]

——波斯纳（Eric A. Posner）

"政府对市场的管制涉及到管制机构、消费者、企业之间直接的和间接的互动关系。直接互动关系通过公开听证和规则制定过程在消费者和企业之间发生；间接互动关系则是指消费者和企业利益集团企图通过立法、行政、司法等渠道影响管制决策的活动。要理解管制市场上消费者、企业和管制机构之间的这两种互动关系，需要对行政法作一番考察。"[3]

——丹尼尔·F. 史普博

---

[1] 经济合作与发展组织：《OECD 国家的监管政策：从干预主义到监管治理》，陈伟译，法律出版社 2006 年版，第 4 页。

[2] Eric A. Posner, "*Cost-Benefit Analysis：Legal, Economic and Philosophical Perspectives Introduction*", The Journal of Studies, V01. 29, No. 2, 2000.

[3] ［美］丹尼尔·F. 史普博：《管制与市场》，余晖等译，格致出版社 2008 年版，第 85 页。

目 录

绪　　论

在现代社会，监管作为政府公共管理的主要内容和时代性特征，其大多数的重要公共政策，诸如环境质量、消费者权益、知识产权定义、新技术的控制、融入全球市场等，都必然会涉及监管的问题。在某种意义上，可以说现代政府管理是否成功主要取决于监管成效如何。这对于工业国家尤其如此。例如，在美国，尽管其有解除监管的名声，但自从里根1981年当选为美国总统以来，其仅在联邦政府这一层面就采纳了多达115000条新的监管条例。在欧盟（EU），欧洲单一市场报告中就包含了130000页的监管内容。在发展中国家，监管同样也占据着主导地位。通常在其国内，对私人行为的监管是政府活动中最消耗人力物力的。在此之中，企业往往会面临来自各级政府的几百或几千的监管义务而不是几十，不仅如此，其每天还会不断增加新的监管义务。①

自从学界所承认的政府监管（government regulation）制度产生以来，有关政府监管的理论已经经历了一百多个年头，目前已日趋成熟。从20世纪80年代末开始，国内学者也开始从最初的翻译介绍逐步发展到对政府监管制度的分析与探讨。改革开放以来，中国政治、经济体制发生了令人瞩目的变化，这集中体现在政企分开、政府职能转变、中央与地方关系调整、行政机构改革、公民自主性调整等方面，尤其以政府职能转变为例，过去计划体制下的全能政府是具有多重身份的：管理者、市场监管者以及企业所有者，其运行成本远远大于收益。而目前从全能型政府走向服务型政府下的政府管制，"中国与西方国家对待市场经济的态度与方式，

---

① See Scott H. Jacobs, "*Current Trends in the Process and Methods of Regulatory Impact Assessment: Mainstreaming RIA into Policy Processes*", in C. H. Kirkpatrick and David Parker（ed.），*Regulatory Impact Assessment: Towards Better Regulation?* Edward Elgar Publishing, 2007, p. 17.

正在殊途而同归。"①

　　而中国粮食市场的诞生和发展，则可以说是中国全能型政府转变的缩影，市场经济中的粮食市场需要的是公平、透明、效率，而不是计划经济体制下的管制。就目前而言，我国亟须建立一个能够保证粮食市场公平、透明、效率以及自由竞争环境的监管体制，而在此之中，我们现时代的公法到底应该扮演一种什么样的角色呢？

　　从目前的研究现状来看，当前学界对粮食安全的研究多是以经济学为视角，而鲜有来自于法学角度的关注，更不用说出自系统的行政法学研究。这一状况，明显地不合时需。因为，正如美国德芙林法官早在 20 世纪 50 年代所言："现在，对于有效的控制行政机关的问题，普通法已经无力提供任何满意的解决途径了。责任正落在国会的身上，……首先是密切关注那些委任给行政机关的权力，……其次是控制行政机关行使被授予权力的方式。"②质言之，随着时代的变迁，国家在行政法治中的角色正在逐渐变化，即国家"守夜人"的影响正在逐渐消退，代之而起的是"监管国家"。在此之中，行政法作为规范监管国家的主要手段，它主要通过规定政府干预私权利（包括市场主体的权利）的界限、程序、方式等来控制监管权的行使，促使监管主体公平合理地监管被监管者。

　　事实上，行政法与现实社会确实存在着密切的互动，也正是因为这些互动使得行政法自身体系得到了进一步完整化和精细化。在本书，我们认为行政法并非被动的回应社会的需求，行政法的发展形貌也不只是单纯的社会镜映，亦有纳入自我体系的修补，并透过这样不断进行内在深化的过程，形塑出行政法的动态趋势。③

　　也正是因为基于如上考虑，本书认为从行政法角度对粮食安全监管作较为系统深入地探讨将具有重要的理论和现实意义。具体来说，本书将以实现政府对粮食安全的良好监管为目标，以监管权为主线，围绕粮食安全政府监管权的配置、运行与监督，就粮食安全监管的正当性、必要性、监管主体、监管范围与手段、监管程序以及对监管者的监管等问题展开研

---

　　① 沈岿：《谁还在行使权力——准政府组织个案研究》，清华大学出版社 2003 年版，第 21 页。

　　② P. Devlin, "*The Common Law, Public Policy and the Executive*", (1956) Current Legal Problems 1, pp. 14—15.

　　③ 叶俊荣：《行政法》，《台大法学论丛》2010 年第 2 期。

究，以期对粮食安全监管的革新和粮食安全的保障起到些许作用。

一　研究缘起

（一）问题的提出

20世纪后半叶，作为人类历史上前所未有的繁荣时代，经济、科技都呈现了惊人的发展和进步。但是到了20世纪后期，伴随着经济的发展，人口的增长，世界粮食需求不断增加，粮食安全议题深受国际社会关注。根据联合国预测，2050年全世界人口将增至93亿，比1999年的60亿增加20亿或33.3%。①随着人口的不断增长，预期粮食需求将继续大幅度增长，而粮食生产则可能随着耕地的减少、气候的变化、城镇化的进一步推进等新旧因素的影响而充满诸多不确定性。

根据一项最新的统计数据，即联合国粮食及农业组织（Food and Agriculture Organization of the United Nations，简称FAO）、国际农业发展基金会和世界粮食计划署在其联合发布的《2012年世界粮食不安全状况》中按照膳食能量供给量的分布情况等对全球营养不足人口的数量及比例做的最新估算，在2010—2012年间，全球长期营养不足人口接近8.7亿，也就是说，在全球人口中，有近15%的人处于营养不足状态。并且，在上述人群中，我们必须看到多数人是生活在发展中国家，估计共有约8.5亿人。面对现时代饥饿人口数量如此之高，我们认为这确实非常让人难以接受。而除此之外，FAO在另一项调查报告中还指出，虽然2008年全球饥饿人口数首次下降，但目前全球仍然有9.25亿人口遭受饥饿，尤其是2008年世界粮食危机的爆发，使得粮食安全更加备受关注。②通过对近年来各国不断经历的粮食危机进行研究，大家可以发现当今世界粮食危机呈现一个显著的特点，即"有钱不一定买得到粮食，即使买到了粮食，也不一定安全"。从世界各地的粮食危机演变来看，当今粮食危机已告别了过去的整体性供不应求，而表现为粮食总体供应宽松下的局部地区粮食供

---

① 参见联合国人口基金会《世界人口白皮书》（2011）。

② 当时俄国与印度等18个国家限制了粮食出口，国际谷物交易几乎完全中断，埃及等13个国家则因缺粮发生暴动与示威，数百人至数千人为此丧命，而在这些粮食出口国国内也出现了粮食抢购现象。实际上据联合国粮农组织统计，当时这场全球粮食危机中有37个国家发生了因粮食问题引起的社会骚乱。FAO：《2008年世界粮食不安全状况：高粮价与粮食安全威胁与机遇》，http：//www.fao.org/docrep/011/i0291c/i0291c00.htm，最后访问日期：2014年1月20日。

应不足和粮食价格危机。①

　　面对上述情势的变化，我们认为必须转变过去的那种思维定式，即单纯从经济利益角度看待粮食，把粮食当作纯粹的经济作物，完全可以按照市场机制交易。事实上，自古以来，粮食与其他经济产品最大的不同就在于它首先是政治的，只有在供给不存在任何障碍时，粮食交易才服从经济法则。上述这一规则的运用，在2008年的世界粮食危机中已经得到了充分体现。根据有关学者研究，在世界"扁平化"②后，没有哪一个国家可以在粮食方面完全的自给自足。虽然在通常情况下，它们可以按照其各自的需要进行粮食贸易，但是一旦世界粮食市场出现问题，则肯定会波及全球绝大部分的国家。在现实中，随着世界人口的增加、气候变化、饮食变化等因素对粮食贸易的影响，粮食市场变得越来越不稳定。因此，如何改善粮食问题，提高粮食安全，将是21世纪世界各国和国际组织共同面临的问题。③

　　粮食作为人类生活最重要的必需品，在我国社会经济与政治中历来都占据和发挥着十分重要的地位和作用。自汉代以来，"民以食为天"这句话已经成为人民的共识，"箕子之农用八政，而以食为首。"粮食如果出了问题，将关系到王朝的兴亡，因此，有关粮食的生产、储存、流通和分配都是我国历代王朝的首要政务。就现阶段而言，我国人口众多，人均耕地面积比较少，自然资源相对短缺，有效耕地面积相对不足。而作为粮食生产消费大国，虽然经济的发展对于满足人民粮食需求起到了重要作用，但伴随着人口的不断增加和耕地的持续减少，粮食供求紧张的隐患一直存在。

　　作为发展中的人口大国，我国对国际粮食市场的依赖是极其有限的。目前，国际粮食市场每年的贸易总量大概在5亿吨左右，即使全部购买下

---

　　① 根据FAO统计数据显示，即使在2008年世界粮食危机，五大粮食出口国的供应量也超出正常市场需求量的16.2%。

　　② 托马斯·弗里德曼在其《世界是平的：一部二十一世纪简史》一书中分析了21世纪初全球化的过程，书中的论题就是"世界正被抹平"，意指在网际网路、数位化个人工具、外包、国际分工等大趋势下，世界各个角落的人们可以空前的彼此接近，从而处在一个全新的层面竞争与合作。

　　③ Klatzmann在Nourrir I "humanite" Espoirs et inquetudes（1991）一文中，阐述了身在21世纪的高科技、高度资讯化的时代，世界上的每个人在饮食方面，都应该被充分满足，此谓人类在生存上的权利。

来也不足以满足我国粮食需求的 50%。因此，就我国而言，粮食安全必须立足于国内自主供给。正如习近平总书记指出的那样，"我国有 13 亿人口，如果粮食出了问题谁也救不了我们，只有把饭碗牢牢端在自己手中才能保持社会大局稳定"。李克强总理也强调，"我国的工业化、城镇化进程不可逆转，十几亿人的吃饭问题谁也背不起，只能立足国内"。①虽然现阶段我国粮食生产的势头良好，近几年来还实现了连续增产，但是由于我国人口多、耕地少的基本国情没有改变，因而中国目前的粮食供求只能说是刚刚平衡，也就是经济学上的"紧平衡"，农业生产仍然是国民经济的薄弱环节，十几亿人口的吃饭问题仍是我们需要面对的头等大事。此外，近年来中国和全球部分地区时有发生突发公共卫生事件和重特大自然灾害，如冰雪、地震和海啸等，由此而引发的粮食供给不足或群众因为心理恐慌抢购粮食等粮食安全问题，②尤其值得我们关注和探讨。

在现实中，保证粮食安全，这不仅意味着要有足够的粮食供应，而且还要保证人们随时买得起也买得到日常生活所需要的粮食。对于粮食领域的管理，近现代国家大致经历了一种从过去全面监管到现在放松监管的发展历程。在现代，放开粮食市场，就是要打破法律上的特许与独占经营，使民间资本能够参与竞争，在粮食管制解除之后，能够自然激发粮食经营者的投资意愿，促进经济繁荣。与此同时，我们知道市场自由化有三个时期：准备期、竞争期和成熟期。其中，每一个时期都会出现与该时期不符合的异象：比如，在准备期，众多的利益主体都会希望自己进入到开放的名单里，然而由于名额有限，因而就会有利益主体私下的游说，通过各种关系接触影响开放的门槛、数量等，极易出现"俘获"。到了竞争期，各利益主体之间的纷争更是突出，比如民营企业与公营企业之间，由于不对等竞争而导致不正当竞争行为等，更有甚者，民营企业还可能结成各种利益团体来获取更多的利益。即使其顺利地通过了准备期和竞争期的困扰，进入成熟期，这也并不意味着自由化的市场就已经取得了成功。因为，在经历残酷的竞争之后，众市场主体均尝过苦头，于是很可能相互勾结结成联盟以垄断市场，进而造成财团垄断的局面，实际上这是更加糟糕的市

---

① "三部门：支持全国高校师生爱粮节粮倡议"，人民网：http://politics. people. com. cn/n/2013/0522/c1001－21575246. html，最后访问日期：2014 年 1 月 18 日。

② 如在中国 2008 年的汶川地震、2010 年海地地震和 2011 年日本地震中，都出现了不同程度的粮食供给不足和粮食抢购现象。

场，若是走到这一步，则意味着之前所有的努力全部都白费了。

之所以会出现如上局面，其根源即在于完全的自由化并不等于放任不管，在此之中，粮食监管机构很可能没有做好事前的规划和事后的有效监管。在完全放开市场的时候，若是事前有审慎的规划，事后又有完善的监管机制，毫无疑问，这将能有效地防止监管放松所带来的副作用。面对这一情势，由于主张通过政府公权力介入以防治和矫正粮食市场自由化的正当性问题应当不存任何疑义，因而，此处需要重点解决的问题，将是政府如何介入的问题，即政府对粮食安全监管的适度性问题。

在本书，笔者之所以主张以行政法的基本理论来回应政府粮食安全监管问题，这不仅因为政府监管与一般行政管理有共同之处，①而且在于其是同时作为一种经济和法律现象而存在的，只不过最早研究政府监管并且硕果累累的是经济学。事实上，政府监管中的监管主体、范围、方式和程序等都涉及行政法的问题，其具备天然的公法属性。

"政府监管的发展过程，也是现代公法调整与规范的过程。"②它自然应当属于公法的研究范围。正如某学者所言，人文社会科学的研究不应该再停留于过去的一张纸、一支笔，坐而论道，从而忽视了具体的社会问题。"行政法的生命在于适应社会的需求，政府职能的变化就是行政法发展的依据。"③"如何使中国的行政法学能够恰当地描述和解释中国的行政法现象，为中国行政法的制度创新提供实证基础和学术支持。"④行政法现在的发展，实际上反映了政府对于社会现实的需要，例如，通过政府对SARS、禽流感、毒奶粉等事件的回应，我们可以看到行政监管运作的实际效果。

政府监管是经济发展中不得不面对的问题，对于粮食安全监管目前已经有不少的声音直指政府的监管不力或者监管不当。虽然行政法学者已经

---

① 茅铭晨在其所著的《政府管制法学原论》一书中，探讨了政府管制与一般行政管理的五个共同之处：第一，主体都属于行政系统的机关或机构；第二，对象都属于立法、司法之外的行政事项；第三，目的都是为了实现政府管理的某种目标；第四，行为性质都属于行政法上的"行政行为"；第五，要求都应当依法进行，并受到法律的监督，包括立法监督、行政监督和司法监督。参见茅铭晨《政府管制法学原论》，上海财经大学出版社2005年版，第5页。

② 黄毅：《当代中国政府监管的公法规范——政府改革中突出的法律问题》，载中国行政法学研究会《行政管理体制改革的法律问题》，中国政法大学出版社2007年版，第87页。

③ 于安：《行政法的生命在于适应社会需求》，《法制日报》2007年3月2日。

④ 包万超：《面向社会科学的行政法学》，《中国法学》2010年第6期。

意识到这些问题，但是多数的回答是进行过程方面的改革，诸如采取更大力度的行政监督措施，或者利用法律解释的新方法，而不是清楚地就有关管制国家的实体目标和规范应当是什么给出实体性的回答。[①]面对此种情况，我们认为行政法学界应当做的以及思考的是，粮食领域需不需要真正的政府监管？如果需要，那么，政府应当如何监管？监管权如何配置？行使的界限在哪里？政府该使用何种手段与方式进行监管？监管权的行使应遵循什么样的程序？如何防止监管权的滥用与异化？如何通过适当的监管以同时保证促进经济发展和公共福祉？以上问题，构成了本书研究的逻辑起点，亦构成了本书研究的主要内容和目的之所在。

（二）研究的意义

在现代社会，科技的进步、经济的发展以及粮食的充足，均很容易使人们忽视粮食问题。然而，在经历了 2008 年全球粮食危机之后，许多国家又开始了反思粮食安全问题的征程。我国粮食安全问题，既是世界粮食安全问题的一环，也是各利益主体之间矛盾和冲突的一个集中反映。当今中国正处于政治、经济、社会、生活全面变革与转型关键时期，社会中各种矛盾尤显突出，粮食安全问题乃是种粮者、经营者、消费者、政府之间利益冲突的集中表现。对粮食安全领域的利益矛盾和冲突进行深入研究，并用制度化、法治化的方式加以解决，对于化解社会矛盾、推进社会转型和法治国家建设均具有重要的现实意义。

本书旨在以我国粮食安全监管为研究对象，通过考察我国粮食安全监管的发展脉络、现行粮食安全监管制度的缺陷与不足，进而试图为构建和完善中国粮食安全监管体系提供参考。笔者以为，本书研究的意义和价值从宏观而论有如下几点：

第一，在理论上，有利于行政法学研究领域和研究方法的拓展，促进行政法学理论的深化。政府监管研究的兴起，为众多的社会科学研究提供了一片极为广阔的疆域。最早开拓这一研究领域的是西方的经济学家，因此，关于政府监管早期的研究大多来源于经济学家的观察，他们使用了一系列术语概念来解释这些现象，为此，今天其他学科研究政府监管时很多的概念都是使用的经济学领域的术语。后来政治学、社会学、文化人类学

---

① 参见［美］约瑟夫·P. 托梅恩、西德尼·A. 夏皮罗《分析政府规制》，苏苗罕译，载《法大评论》第 3 卷，中国政法大学出版社 2004 年版，第 226—227 页。

等学科也加入了该研究行列，并取得了突出的成就。此外，自 20 世纪 80 年代伊始，美国行政法学界也将目光投向了这片新领域，他们从行政法的角度来研究政府监管的实质。但总体说来，行政法学对政府监管的研究明显落伍了。以 20 世纪的中国为例，其行政法学研究多是以注释法学作为指导的，对此奥斯丁的分析法学、凯尔森的纯粹法学以及哈特的概念法学都为其提供了理论基础。事实上，注释法学作为 19 世纪晚期行政法学所发展的一门独立学科方法论基础，其在促进行政法学革新的同时亦同时限制了行政法学前进的步伐，囿于注释法学的分析框架，其容易与真实的世界脱轨。随着社会法治环境的变迁，诸多社会问题均有赖于学者从公法学角度加以分析，由此公法学理论运用的领域在不断扩大，实践功能在不断增强，这也间接体现了公法的自身价值。

行政法实践功能的实现，需要行政法研究方法的革新。首先是社会实证分析方法的运用，当代的中国正处于一个前无古人的社会转型期，各种各样的社会现象为各社会学科（包括法学）提供了丰富的素材，就行政法学研究而言，社会实证方法的运用具体表现为门类繁多的部门行政法的发展，要求研究者通过细致入微的实地调查和定量分析，关注真实世界的行政法问题。目前国内行政法学界关于政府监管的研究，既已具有浓厚的社会实证色彩，但这一研究总体上仍处于国外资料、研究方法的介绍和翻译阶段，用各种实证的方法调查、获取中国的管制资料，"真正关注中国社会中的管制问题，尚需学者作出不懈努力。"①其次，是经济学方法的运用。在一些行政领域，传统的法学方法鞭长莫及，而经济分析方法则游刃有余。②比如，对于经济管理领域的政府监管，为防止监管失灵而对政府干预行为的经济分析。

目前在法学之外，其他的学科都大量的撷取其他学科领域的方法论，尤其是社会学和经济学，并在此基础上，进行跨学科的交流与对话，以重新创新解释自己的学科理论。相反，法学的发展却极少这样的现象，甚至是一种排斥其他学科的态度，逐渐的孤立于其他学科，这是极其不利于法学发展的。其直接后果，就是法学对于这些社会现象的分析，以监管为例，仅做法律制度或法律规则的逻辑分析，很少有经验性分析，就是对法

---

① 陈红：《行政法与行政诉讼法学》，厦门大学出版社 2006 年版，第 21 页。
② 杨解君：《走向法制的缺失言说（二）》，北京大学出版社 2005 年版，第 207 页。

律制度本身的研究也很少有经验性内容的支撑。因此，目前法学的缺失在于法学研究不探讨构成其学问前提的各种社会资源、制度的性质、结构等问题，却又以这些作为预设的前提，通过演绎分析社会关系。以粮食安全监管为例，现有公法学者似乎正在集体失语，即他们几乎都倾向于将粮食安全本身的性质、结构，以及粮食安全与周边环境的关系，比如其是否是某项权利的对象（生存权或粮食权）、这项权利的所有者、权利的范围等问题排除在研究视域之外。这可能直接导致法学失去自身的正当性以及与现实世界的脱节。事实上，在国外，将政治学、社会学、经济学等学科的研究成果应用于法学已有很大的发展，最明显的莫过于法律社会学、法律经济分析等。①

　　因此，"当今对行政法的研究不应当局限于行政法本身，要充分注意相关学科的知识和研究，要将行政法的理论问题放到更大的背景、更大的视野里去，以丰富和发展行政法学的基本理论。"②

　　第二，在实践上，有利于促进国家构建良好的粮食安全监管体系，并引起法学界对粮食安全问题的重视。自古以来，粮食安全就是制约人类生存和发展的基石。就现阶段而言，我国粮食安全正面临着诸多新的问题和挑战，在此基础上，如何最大限度地保障国内粮食安全，必然需要科学的理论做指导。具体来说，当前对于粮食安全问题的研究，不仅需要学界进一步分析粮食安全的影响因素、成本与收益、目标模式等理论问题，更需要透过对如上问题的现实分析，探讨如何保障粮食安全。

　　传统的粮食安全关注的是粮食的生产安全，即只要保证足够的产量，粮食就是安全的。就总体而言，中国目前乃至很长一段时间仍要面临着耕地不足、水资源紧缺、气候环境恶化等生产风险，这些问题当然需要解决。但是，从20世纪世界各国出现的粮食危机来看，很多并不是粮食产量的问题，而是与粮食流通有关。因此，研究粮食安全，不仅要研究生产

① 法律社会学早在19世纪既已出现，该理论学说认为法律本身就是一种重要的社会现象。因此，当时主要的社会学家都对法律有所研究，如马克斯·韦伯、卡尔·马克思、涂尔干、托克维尔等，此谓法律社会学之开始。法律经济分析，主要源于1960年罗纳德·科斯发表的"社会成本问题"，该论文提出的科斯定理，被视为是法律经济学的奠基之作，法律经济学也成为美国的一门显学，各大学的法学院均开设法律经济分析课程。至于公共选择理论，可参照詹姆斯·M.布坎南、戈登·图洛克在1962年共同发表的"The Calculus of Consent"。

② 王学辉：《行政程序法精要》，群众出版社2001年版，第368—369页。

安全，还须在此基础上重点关注粮食流通安全。尤其是目前我国粮食连续"十连增"，可以说在粮食库存充足的情况下，确保粮食流通安全对于保证整个粮食安全就显得更为重要。质言之，就目前而言，制约中国粮食安全的最大瓶颈"已经由生产安全转向流通安全"。[①] 为保障流通领域的安全，在粮食市场自由化的今天，能够通过市场自行恢复的当然不需要政府介入，但是粮食是作为一种准公共产品，因其收益引发的粮食供给和粮食价格等问题，以及外资大量投入产生的垄断现象，则需要政府介入才能够解决。

二 文献综述

（一）对中国粮食安全现状的研究

1. 国外的研究状况

国外学界对中国粮食安全问题的关注，主要源于"布朗风波"，1995年美国学者莱斯特·R. 布朗博士（Lester R. Brown）提出，由于人口的增加和耕地面积的减少等因素将导致中国粮食短缺，其预计中国的粮食产量到2030年至少减少20％，如果不计膳食结构的改变，只考虑人口的增加，中国对粮食的需求将增加到2030年的4.79亿吨。[②] 他于1998年又撰文认为，在未来的几十年中，由于城镇化的发展以及工业用水的增加，中国农业用水供给将急剧减少，这必将会影响到其国内粮食生产，其结果是对世界粮食安全构成巨大威胁。[③] 布朗的危言耸听引起了国内外社会各界对中国粮食问题的持续关注。

通过研究，国外大多学者或研究机构均认为布朗的理论实乃过于片面。以美国和日本为例，美国农业部费里德克·科鲁克认为，布朗的上述研究事实上忽略了在长期预测中市场经济的自我矫正机制因素，即中国政府、生产者以及消费者不会对其国内经济环境的变化无动于衷；日本农林水产省白石和良指出中国是能够做到粮食基本自给的，布朗没有考虑中国正在进行的"吨粮田"建设和农田基本建设，以及中国农民对自己的口

---

① 姜长云：《转型发展：中国"三农"新主题》，安徽人民出版社2011年版，第96页。

② See Lester Russell Brown, "*Who Will Feed China?*: *Wake-up Call for a Small Plane*", Volume 6 of Worldwatch Environmental Alert Series, W. W. Norton & Company, 1995.

③ See Lester R. Brown and Brian Halweil, "*China's Water Shortage Could Shake World Food Security*", Worldwatch, July.

粮生产的重视等。①

此外，世界银行也进行了相关调查研究。它指出到 2020 年，中国贸易原粮总需求大概为 6197 亿吨（相当于 6108 亿吨加工粮食），其中 90% 可以通过其国内生产加以解决，另外 10% 则靠进口，进口量约为 6000 万吨。对于上述中国进口需求量，世界主要粮食出口国完全可在不大幅提价的情况下予以供应。②

2. 国内的研究状况

事实上，国内的学者对中国的粮食安全问题十分关注，产生了一系列的重要研究成果：柯炳生（1995）、朱希刚（1997）、黄季焜等（1998）、程漱兰等（2001）、闻海燕（2003）、田永强（2004）、钟甫宁（2004）、卢锋（2004）、朱泽（2004）、高帆（2005）、姜长云（2005）王宏广（2005）、肖国安（2005）、梅方权等（2006）、黄祖辉等（2007）、卢良恕等（2007）、龙方（2007）、王明华（2007）、马晓河等（2008）、朱志刚（2008）、张晓涛（2009）、尹成杰（2009）、王国丰（2009）、罗光强（2010）等，这些研究成果试图从不同视角来解析中国的粮食安全问题。

在改革开放之后，中国的粮食产量不断提高，部分年份甚至出现了粮食过剩。根据国家计委的调查数据显示：从 1994 年到 1998 年，中国粮食产量占世界粮食总产量的比重已由之前的 17% 上升到了 25%，并且在全国人口大幅增长的情况下，国内人均粮食占有量还提高了近 1 倍。③一时之间，"布朗预言不攻自破"、"中国能够解决、且能够越来越好解决自己的粮食问题"等观点成为社会上的主流观点。但是，2000 年近 10% 的粮食大幅度减产，也再次警示我们对于粮食问题绝不能有任何懈怠。总体而言，由于目前我国农业基础仍比较薄弱，抗灾能力仍有待进一步提高，因而我们必须要高度重视粮食安全问题，保证和提高粮食生产力。2000 年中共十五届五中全会首次以全会公报形式明确提出，要"确保国家粮食安全"。此后，其在制定"十五"计划的《建议》中强调："要高度重视

① 参见吴志华等《中国粮食安全与成本优化研究》，中国农业出版社 2001 年版，第 3 页。

② See World Bank, *China*, *Long-term Food Security Report 16419-CHA. East Asia and Pacific Regional Office*, *China and Mongolia Department*, *Rural and Social Development Operations Division*, Washington, D. C, 1997.

③ 参见国家计委粮食调控办公室《50 年粮食工作的巨大成就》，http://www.sdpc.gov.cn/xwfb/t20050708_ 28059. htm1999，最后访问日期：2013 年 12 月 20 日。

保护和提高粮食生产能力，建设稳定的商品粮基地，建立符合我国国情和社会主义市场经济要求的粮食安全体系，确保粮食供求基本平衡。"

（1）关于中国粮食安全的状况研究

关于中国粮食安全的状况，国内主要有谨慎和乐观两种态度：

一是谨慎的意见。认为虽然我国目前粮食安全形势良好，但是安全隐患严峻，粮食刚性需求大，人均资源少，而且耕地不断减少和退化，再加上气候环境的恶化，我国粮食供给的缺口非常大，必须高度重视粮食安全问题。[①]例如，振华、周守文（2004）总结了我国粮食安全的九大隐患。[②]王明华（2007）认为，中国粮食总量供求存在紧平衡，即总量平衡下的结构性不平衡，提高粮食综合生产能力是保障粮食供求平衡的根本。赵文先（2008）将国家粮食安全分为战略粮食安全与常规粮食安全，指出粮食供给偏紧将成为常态。[③]

二是乐观的意见。认为我国虽然存在粮食缺口，但是并不会影响到世界粮食市场。例如，朱泽（1998）通过研究指出中国粮食安全问题的背景和性质等都具有特殊性，即它与一般的发展中国家以及发达国家均存在不同。总体来说，中国粮食安全水平低于加拿大、法国、美国和澳大利亚，但是高于日本、印度和原苏联地区，并且高于世界平均水平。[④]丁声峻（2001、2002、2003、2004）认为目前我国粮食状况良好，但是要居安思危，高度重视粮食安全问题。[⑤]张燕林（2010）指出中国粮食安全虽无近忧，但有远虑。虽然中国近几年粮食丰收，粮食库存丰富，粮食供需基本平衡且稍有剩余，但随着中国经济的继续发展，耕地资源的不断减

---

① 参见屈宝香《从粮食生产周期变化看中国粮食安全》，《作物杂志》2004 年第 1 期。

② 参见振华、周守文《我国粮食安全有九大隐忧》，《决策探索》2004 年第 1 期。

③ 参见赵文先《粮食安全与粮农增收目标的公共财政和农业政策性金融支持研究》，经济管理出版社 2010 年版，第 43—57 页。

④ 参见朱泽《中国粮食安全问题——实证研究与政策选择》，湖北科学技术出版社 1998 年版，第 268—269 页。

⑤ 参见丁声俊《国家粮食安全及安全体系建设》，《国家行政学院学报》2001 年第 4 期；丁声俊：《对我国粮食安全问题的几点浅见》，《中国食物与营养观》2002 年第 2 期；丁声俊、朱立志：《世界粮食安全形势及其保障对策》，《农业经济问题》2002 年第 6 期；丁声俊、朱立志：《世界粮食安全问题现状》，《中国农村经济》2003 年第 3 期；丁声俊：《发展中国家粮食安全形势严峻及其成因》，《中国粮食经济》2003 年第 2 期；丁声俊：《关于我国粮食安全及其保障体系建设》，《粮食问题研究》2004 年第 1 期。

少，未来将出现较大的粮食缺口。[①]

总之，根据上述研究成果，我们可以发现不管是持上述哪一种观点，他们都认为对于粮食安全问题必须高度重视。

（2）关于粮食安全的影响因素研究

刘振伟（2004）从粮食供给角度指出影响我国粮食安全的因素主要有耕地锐减、粮食增产的技术支撑能力不强，以及农业基础设施投入不足和欠账较多。[②]田永强（2004）认为影响我国粮食安全的因素主要有耕地面积锐减、粮食主销区自给率下降、地方储备严重不足，以及国有粮食购销企业市场化改革迟缓。[③]朱泽（2004）提出了六因素，包括乱占滥用耕地、自然灾害频繁和农业基础薄弱、粮食流通不畅、粮食产销关系不协调、粮食储备制度不完善，以及粮食进口依存度提高等。[④]张燕林（2010）认为影响中国粮食安全的主要因素有耕地和水资源、粮食种植收益、新工农"剪刀差"以及中国的粮食政策等。[⑤]

国家粮食局调控司（2004）认为影响粮食生产的因素主要有：耕地资源、水资源、气候资源、科技进步因素以及其他社会经济因素；影响粮食消费需求的因素主要有：人口增长、经济发展和城市化水平的提高和未来粮食消费增长趋势；随着粮食购销市场化改革的深入和城市化的推进，我国的粮食流通正面临着新的发展形势，其发展变化趋势将对粮食安全带来直接影响。[⑥]

（3）关于如何保障粮食安全的研究

闻海燕（2003）提出要确立以满足市场需求为主的需求性粮食安全观。[⑦]许经勇等（2003、2004）认为自给自足的粮食安全观是行不通的，

---

① 参见张燕林《中国未来粮食安全研究：基于虚拟耕地进口视角》，博士学位论文，西南财经大学，2010年，第3页。

② 参见刘振伟《我国粮食安全的几个问题》，《农业经济问题》2004年第12期。

③ 参见田永强《关于粮食安全问题的金融思考》，《农业经济问题》2004年第12期。

④ 参见朱泽《建立和完善我国粮食安全体系》，《红旗文稿》2004年第20期。

⑤ 参见张燕林《中国未来粮食安全研究：基于虚拟耕地进口视角》，博士学位论文，西南财经大学，2010年，第3页。

⑥ 参见国家粮食局调控司《关于我国粮食安全问题的思考》，《宏观经济研究》2004年第9期。

⑦ 参见闻海燕《粮食购销市场化与主销区粮食安全体系的构建》，《粮食问题研究》2003年第2期。

必须要走市场化道路。①胡荣华（2002）、吴志华（2003）等提出以合理成本保障粮食安全。②姜长云（2005）认为，国内粮食安全的保障重心应由产量安全转向能力安全，由生产安全转向流通安全和物流安全。③龙方（2007）认为要实现我国新世纪的粮食安全目标，应选择内外结合型、适度安全型和经济型的粮食安全模式。④孟伟伟（2010）认为保障粮食安全的根本是确保本国的粮食生产能力，但保障粮食安全并非就排斥国际贸易，国际粮食市场也是实现国内粮食有效供应的重要来源，并提出粮食安全保障层次是渐进的，应当把保障粮食的数量和质量安全放在首位。⑤

（二）对政府监管的研究

政府监管，顾名思义，即是指"政府采取的干预行动。它通过修正或控制生产者或消费者的行为，来达到某个特定的目的。"⑥从19世纪末开始，尤其是1929—1933年经济危机之后，西方市场经济国家不再迷信市场机制的万能，政府监管作为市场失灵的拯救者开始在西方国家兴起。就目前而言，现代国家没有一个政府能够回避监管问题，⑦监管似乎已经成为国家任务的一部分，并且有继续增长的趋势。

1. 国外研究状况

（1）国外有关政府监管的几种基本理论

西方国家的监管实践直接促进了监管理论的发展，当今西方监管理论是从国家干预主义理论中派生的，主要研究在市场经济体制下政府以及其他公共机构如何依据法律法规对市场微观经济行为进行制约、干预或管

---

① 参见许经勇等《粮食保护政策和粮食安全问题的深层思考》，《财经论丛》2003年第1期；许经勇、黄焕文：《中国粮食安全问题的理性思考》，《厦门大学学报》2004年第1期。

② 参见胡荣华《中国粮食安全成本分析》，《粮食经济研究》2002年第5期；吴志华等：《以合理成本保障粮食安全》，《中国农村经济》2003年第3期。

③ 参见姜长云《关于我国粮食安全的若干思考》，《农业经济问题》2005年第2期。

④ 参见龙方《新世纪中国粮食安全问题研究》，博士学位论文，湖南农业大学，2007年，第177页。

⑤ 参见孟伟伟《粮食安全视角下的我国饲料粮供求分析》，硕士学位论文，西南财经大学，2010年，第7页。

⑥ ［美］小贾尔斯·伯吉斯：《管制与反垄断经济学》，冯金华译，上海财经大学出版社2003年版，第4页。

⑦ See Breyer, S. G, & Stewart, R. B. & Sunstein, C. R. & Vermeule, A.. *Administrative Law and Regulatory Policy-Problems*, *Text*, *and Cases*. New York：ASPEN Publisher, 2006, p. 4.

理，并认为市场的局限性和市场失灵是政府或公共机构进行规制的必要条件。其最早起源于经济学，然后在公共管理学、法学、社会学等领域广泛发展。当前国外学界对于政府监管问题的研究，其大致形成了以下几种有代表性的观点：

1）公共利益（public interest）理论

监管的公益理论认为，政府监管的目的乃是在效率的基础上维护公平，克服市场失灵的问题如自然垄断、外部性、信息不对称等等，这一理论的立论基础是市场失灵和福利经济学。[①]这一理论包含了这样一个假设，就是市场是特别脆弱的，如果放任自由，由于信息不对称、外部性、自然垄断、人为垄断（行政垄断）等将会出现分配不公平或者资源配置无效率，从而偏离帕累托最优。这个假设的前提是政府是万能的，很显然这让后来的西方经济学家们很容易地通过管制俘获、寻租等理论来评判公共利益理论。到 20 世纪七八十年代，这种以公共利益为基础的监管理论逐渐受到了质疑和挑战，正如丹尼尔所指出："市场失灵本身并非管制的充分条件。"[②]波斯纳（1997）更是认为，监管失灵是一种更高昂成本的替代，尤其是在经济监管领域，出现了各种弊端如监管寻租（rent-seeking）、监管俘获（regulatory capture）等，导致民众开始质疑政府干预的正当性和合法性。

2）监管俘获（capture）理论和公共选择理论

监管俘获，实际上是对公共利益理论的批判。该理论的代表人物斯蒂格勒和匹兹曼等认为，监管主体并不是为了"公共利益"，而是代表特殊利益集团的利益，政府监管也许会给社会大众带来某些有益的因素，但这并非其实际初衷，它充其量只是管制的意外结果。[③]但也有学者如夏大慰、史东辉（2003）认为，规制俘获是有前提的，即规制者与被规制者都是以经济最大化为前提的经济人，双方都具有理性的预期且规制是无成

---

①　参见茅铭晨等《政府管制法基本问题研究：兼对纺织业政府管制制度的法学考察》，上海财经大学出版社 2008 年版，第 9 页。

②　[美] 丹尼尔·F. 史普博：《管制与市场》，余晖等译，格致出版社 2008 年版，第 26 页。

③　参见 [美] 理查德·A. 波斯纳《法律的经济分析》，蒋兆康译，中国大百科全书出版社 1997 年版，第 475—476 页。

本的。[①]

对公共利益理论持否定态度的另一理论就是公共选择（public choice）理论。该理论的代表人物布坎南和塔洛克等人认为，被监管的企业有动机通过寻租诱使监管者保证其垄断权；而监管者也有动机主动寻租满足自身利益，同时使被监管企业获利。该理论强调监管为寻租提供了场所，沦为创造租金、分享租金的工具。公共选择理论的基础实际上是个人主义，其理论前提仍然是理性经济人的假设。通常认为，这种假设忽视了外在的公众对政府监管的监督，以及监管成本的考虑，这是其主要的局限。

3）监管私益理论（the private interest theory of regulation）

该理论的持有者认为必须进行监管改革的原因在于：一是监管俘获的产生；二是政治俘获；三是不适当的政府监管将会使监管成本增加。这里的"监管成本"，既包括政府采取监管所必需的行政成本，也就是我们说的直接成本，也包括被监管者以及消费者的顺服成本，即间接成本。这些监管成本非常之高，据 Blundell 和 Robinson（2000）研究估算，美国各联邦机构一年的监管直接成本大约 250 亿美元，而衍生的间接成本则达到7000 亿美元。[②]因为企业的转嫁，必然导致消费者购买成本提高，使其成为受害者。此外，企业可能面对严格的市场准入以及极高额投资风险望而却步。同时，不透明的监管程序的存在，将极易出现政治俘获或者监管俘获。这些问题的出现导致了对公益监管的质疑，要求改革。

4）激励性（incentive）监管理论

20 世纪 90 年代产生的激励性监管理论，将监管的重心从为什么监管扭转到怎么样监管上来，旨在解决如何设计一套既能激励那些利益最大化为目标的企业，又能约束其利用信息优势谋取不当利益，并促使他们做出有利于社会福利的行为，从而提高监管效率。最早是在 1979 年，洛布和马加特对激励性监管进行了分析，开创了激励性监管研究的一个新时代。他们指出，由于监管者信息的缺乏导致企业逆向选择，在监管者向企业转移支付不会附带额外社会成本的情况下，使用格罗夫斯的占优策略机制（即监管者在与企业的博弈中，监管者选择占优策略）以解决信息不对称

[①] 参见夏大慰、史东辉《政府规制：理论、经验与中国的改革》，经济科学出版社 2003 年版，第 41—42 页。

[②] See John Blundell & Colin Robinson, *Regulation Without the State*: *The Debate Continues*, readings 52. Institute of Economic Affairs, 2000.

问题。1986 年，拉丰和梯若尔发表《运用成本观察来监管企业》，将道德风险问题引入规制模型，提出了逆向选择和道德风险共存的最优激励方案。而后，他们又联袂在这一崭新的领域发表了十几篇重要论文，奠定了他们在这一领域的权威地位。这种监管机制既能激励企业降低成本，提高经济绩效，减少"逆向选择"、"道德风险"等问题，又能实现社会福利最大化的监管目标。

5）回应性监管理论

回应性监管理论是美国法学教授伊恩·艾尔斯（Ian Ayres）和澳大利亚国立大学教授约翰·布雷斯维特（John Braithwaite）通过对各个行业的商业活动的监管进行研究，用"囚徒困境"的博弈论来探讨监管者和公司之间的动态互动关系。他们认为光用惩罚性的监管方法会导致监管者和企业之间形成"猫和老鼠"的关系，而如采用非正式的合作式的互动关系又会产生"不抓你就贿赂我"（捕获或腐败）的关系，这样执法者就会把企业的利益放在公众的利益之前。所以他们提出采用一种两者结合的方法：一方面监管者和企业合作，另一方面监管者对企业的违法行为的回应是"针锋相对"。他们设计了监管金字塔模型（如图 1 所示）。现在世界各地很多监管机构都开始采用下图中的金字塔式回应性监管理论。这一理论影响很大，因为这一方法很好地弥补或者说协调了监管实践中产生的教训即处罚有时很有效有时适得其反，劝诫也是如此。[①]

总之，监管在原初意义上，不过是从公共利益出发制定规则，由政府对经济行为进行管理和制约。在出现了由于市场失灵导致的全球经济危机后，即从 20 世纪 30 年代中叶后西方国家开始强化监管，纷纷采用法律、行政的手段对经济进行监管，但是在纠正市场失灵的同时又因为政府监管自身的缺陷出现了监管失灵，于是从 20 世纪 70 年代开始以美国、英国为中心掀起了监管改革的浪潮，伴随着监管实践发展起来的监管理论首先是监管公益理论，再到监管私益理论，后来又发展到 80 年代后的激励性监管，再到现在的协商性监管和回应性监管的提出，他们的这些思路取得了重大的成功。

---

① See Ayres, I. & J. Braithwaite, *Responsive Regulation: Transcending the Deregulation Debate.* Oxford University, 1992, pp. 36—38.

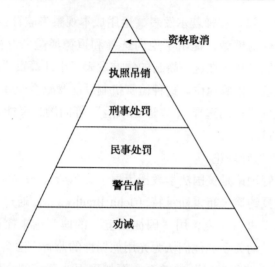

图1　监管金字塔模型①

（2）国外行政法学界对监管的研究状况

国外行政法领域关于政府监管的早期研究，主要集中在研究监管程序以及监管的司法审查问题，其首要目标是对行政裁量的控制。②从20世纪80年代开始，行政法学者将研究的目光投得更远，即将其研究视域扩宽到了政府监管的整个运行过程，具体包括其形成、影响其形成的力量、实质内容、运行的范围以及其成效等。③在此期间，学界出现了许多有关政府监管的研究成果④，其中最具代表性的有纽约大学法学院教授斯图尔特（1975、2003），他在其代表作《美国行政法的重构》、《二十一世纪的行政法》（*Administrative Law in the Twenty-first Century*）等著作中详细梳理了

---

① See Ayres, I. & J. Braithwaite, *Responsive Regulation: Transcending the Deregulation Debate.* Oxford University, 1992, p. 36.

② 参见［美］凯斯·R. 桑斯坦《实体行政》，胡敏洁译，载刘茂林：《公法评论》第3卷，北京大学出版社2005年版，第310页。

③ 参见董炯《政府管制研究——美国行政法学发展新趋势评介》，《行政法学研究》1998年第4期。

④ See Florence A. Heffron, Neil McFeeley, *The Administrative Regulatory Process*, Longman Publishing Group, 1983; Griffith University. Centre for Australian Public Sector Management, *Deregulation Or Better Regulation?: Issues for the Public Sector*, Macmillan Education AU, 1991; Richard B. Stewart, Cass R. Sunstein, *Administrative Law and Regulatory Policy* 2011: *Problems, Text, and Cases*, Wolters Kluwer Law & Business, 2011, etc.

美国行政法的变迁历程，提出了"利益代表模式"理论，并进一步分析了美国行政法在21世纪的发展趋势；史蒂芬·布雷耶（1982、1993）在其著作《管制及其改革》、《打破恶性循环：政府如何有效规制风险》中，不仅提出了分析监管评估和发展监管程序的框架，而且还指出如何有效进行风险管制；凯斯·R. 桑斯坦（1990）在其著作《权利革命之后：重塑规制国》中，探讨了经济性规制和社会性规制的兴起及其给美国法律和政府带来的后果影响，此外，其2005年发表在《公法评论》上的《实体行政》一文通过对社会性监管领域一般性问题的剖析，"指出现代行政法关注的焦点应该从司法审查转向实体行政过程"[①]；布雷耶、斯图尔特、桑斯坦和斯皮策几位教授合著的《行政法与监管政策》（第6版），则融合了传统行政法学对司法审查的重视和现代行政法学对监管政策形成过程的关注，对成本—效益分析的使用和局限、健康安全监管的理论基础、放松监管的地位以及监管机构的演变等问题进行了最新的跟踪研究。[②]

　　总之，当代美国行政法学家中几乎每个行政法学学者都是监管理论的专家，他们可以熟练地将法律分析与监管分析熔为一炉[③]，尤其随着政府监管改革实践在美国的发展，其唤起了法学界对政府监管的专门性研究。总体而言，相对于美国，其他国家不论是监管实践还是监管理论研究都要逊色一些，但随着监管的广泛运用，监管国家的出现，各国有关监管研究的成果也日渐增多。[④]

　　2. 国内学界对政府监管的研究现状

　　（1）经济学界对政府监管的研究

　　我国关于政府监管的研究，大致始于20世纪90年代，这一时期主要是

---

① ［美］凯斯·R. 桑斯坦：《实体行政》，胡敏洁译，载《公法评论》第3卷，北京大学出版社2005年版，第310页。

② See Stephen G. Breyer, *Administrative Law and Regulatory Policy：Problems*, *Text*, *And Cases*, Aspen Publishers, 2006.

③ 参见朱新力、宋华琳《现代行政法学的建构与政府规制研究的兴起》，《法律科学》2005年第5期。

④ See Robert Baldwin and Christopher McCrudden (1987)，"*Regulation and Public Law（Law in Context）*"；Anthony Ogus (1995)，"*Regulation in Question*"；Julia Black (1997)，"*Rules and Regulators*"；G. Majone (1994)，"*The Rise of the Regulatory State in Europe*". 这些成果都极具代表性。详细可参见王湘军《电信业政府监管研究》，博士学位论文，中国政法大学，2009年，第10页。

经济学家们对西方监管理论的翻译和介绍。如朱绍文翻译的植草益撰写的《微观规制经济学》、潘振民翻译的施蒂格勒撰写的《产业组织和政府管制》、余晖翻译的丹尼尔·F. 史普博撰写的《管制与市场》等。到 20 世纪 90 年代中后期，国内学者开始在借鉴西方监管理论的基础上研究国内监管实践，比如，张宇燕（1995）撰写了《国家放松规制的博弈》，王俊豪（1997）撰写了《中国基础设施产业规制体制改革的若干思考》，余晖（1997）撰写了《政府与企业：从宏观管理到微观管理》，张维迎（1999、2001）撰写了《企业理论与中国企业改革》、《产权、政府与信誉》，王俊豪（1998—2001）撰写了《英国政府管制体制改革研究》、《中国政府管制体制改革研究》、《自然垄断产业的政府管制理论》、《政府管制经济学导论》等等。

从 21 世纪开始，国内学者对政府监管有了更深入的研究，研究领域不断扩大，研究成果日益增多。如陈富良（2002）的《政府规制的均衡分析》，李郁芳（2003）的《体制转轨时期的政府微观规制行为》，余晖（2003）的《谁来管制管制者》，夏大慰、史东辉（2003）的《政府规制理论、经验与中国的改革》，王俊豪（2005、2006、2008、2010）的《中国自然垄断产业民营化改革与政府管制政策》、《中国垄断性产业的结构重组、分类管制与协调政策》、《中国市政公用事业监管体制研究》、《中国垄断性产业管制机构的设立与运行机制》、《深化中国垄断行业改革研究》，张昕竹（2002、2011）的《中国基础设施产业的规制改革与发展》、《中国规制与竞争前沿》，张维迎（2006）的《产权、激励与公司治理》，还有茅于轼、张曙光、盛洪、樊纲、周其仁、汪丁丁等一批学者从制度变迁的角度研究政府监管问题，成果主要集中体现在张曙光主编（2008、2011）的《中国制度变迁的案例研究》（第一辑）和（第二辑）当中。这些著作在进一步介绍国外监管理论和实践的基础上，通过对国外相关经验的借鉴，对我国政府监管体制改革议题进行了深入探讨，极大地推动了政府监管经济学研究。

（2）行政法学界对政府监管的研究

政府监管不仅是政府经济管理活动，也是政府法律活动，在经济学界对政府监管如火如荼地开展研究的同时，我国"一些从事宪法学、行政法学和经济法学研究的学者也开始重视对政府监管的法学研究"①，并且

---

① 茅铭晨：《政府管制法基本问题研究：兼对纺织业政府管制制度的法学考察》，上海财经大学出版社 2008 年版，第 21—22 页。

形成了一部分成果，这主要见于：郭志斌（2002）的《论政府激励性管制》，周汉华（2007）的《政府监管与行政法》，刘恒（2007）的《行政许可与政府管制》、《典型行业政府规制研究》，马英娟（2007）的《政府监管机构研究》，刘莘（2009）的《政府管制的行政法解读》、罗豪才（2011）的《行政法的新视野》，金自宁（2012）的《风险规制与行政法》，这些著作都从行政法的视角对政府监管给予了关注。虽然近几年我国国内研究政府监管的行政法论文正在逐渐增加，但是整体说来，"法学界对于这个问题还缺乏深入而细致的研究，或者说还没有作出法学应有的知识贡献。"①

（三）总评

综上，国内外学者对粮食安全问题的研究主要集中在：（1）研究粮食生产、储备和进出口的数量对粮食安全的影响程度；（2）研究提高粮食生产能力的途径；（3）研究水土资源的数量和质量、气候变化、人口增长、农业基础设施建设、农业技术推广以及城镇化进程加快等等因素对粮食安全的影响；（4）对粮食安全进行实证分析，并对粮食安全做出判断。到目前为止，国内关于粮食安全的研究主要是集中在粮食总量的供给保障以及粮食品质安全上。这些文献大都是从经济学、公共管理学角度来探讨粮食供求、生产、流通、进出口、管理等，从法学角度研究的论著尚寡，仅有的成果中多数又侧重于对国外粮食立法的介绍和对我国粮食立法的设想，更遑论从行政法的角度来研究粮食安全问题。

同时，国内外有关政府监管研究的资料虽然较为丰富，但遗憾的是，这些研究文献仍然存在一些不足，这主要表现在：一是忽略了对监管型政府形成和运作的历史过程的考察；二是忽略了中西方监管型政府背景的相异性比较。因为，"在中国这样一个由传统计划经济向社会主义市场经济转型的国家中，监管型政府的含义和特征有可能与西方有很大的差异。"②

就领域而言，当前学界对电信业、食品安全、药品安全等的监管研究居多，而对粮食安全监管的研究范围仅涉及粮食市场竞争、反垄断放松监管等方面，将粮食安全与政府监管结合起来从行政法角度研究粮食安全监

---

① 潘伟杰：《制度、制度变迁与政府规制研究》，上海三联书店2005年版，第15页。

② 傅蔚冈、宋华琳：《规制研究》（第1辑），格致出版社、上海人民出版社2008年版，第13页。

管的研究成果十分罕见。这种状况无疑不利于我国现代粮食安全监管的需要。基于粮食安全监管的必要性以及其重要的理论和现实意义，本书将从行政法的视角，研究中国粮食安全监管问题，希望能够有助于弥补现有文献的不足。

三　研究设计

(一) 研究思路

政府监管是行政法学研究的重要内容之一。为保证我国粮食安全，本书认为政府监管是其必然选择。围绕此命题，笔者在本书将着重就"粮食安全为何需要政府监管"、"应如何设置粮食安全监管机构"、"粮食安全监管范围是什么"、"应当如何进行粮食安全监管"以及其"监管程序为何"等问题展开详细分析和论证。具体思路如下：

首先，论证保障粮食安全为何需要政府监管。对于该部分论证，笔者将着重从当前国际、国内粮食安全形势出发，分别从现实和理论两个层面探讨政府监管对于保障粮食安全的必要性和正当性。在现实层面，笔者将重点考察当前粮食市场所存在的各种缺陷，如信息不对称、外部性、垄断等，这些缺陷对于粮食安全的危害以及为遏制上述危害由政府进行监管、矫正的现实必要性。在理论层面，将主要从粮食自身属性、实现粮食权需要、保障粮食安全和促进公平竞争需要等方面出发，论证政府监管粮食市场具有理论上的正当性以及现实上的必要性。

其次，在解决粮食安全监管具有正当性和必要性的基础上，文章将以中国为研究对象，先重点考察了自春秋战国伊始，我国历朝历代有关粮食安全监管的演进和发展历史，分析中国古代和现代关于粮食安全监管的本质区别；在此基础上，笔者将重点分析当前我国粮食安全监管所存在的各种失灵和失范现象，指出我国行政法学界为何要对粮食安全监管问题进行回应，以及应当如何回应。

紧随其后，笔者将试图在行政法框架范围之内，对中国应当如何健全和完善当前的粮食安全监管体制进行一种体系化思考。具体来说，建立和完善我国粮食安全监管体制，应当在监管机构、监管范围、监管方式以及监管程序等多方面努力。

第一，在监管机构方面。为探索出适合中国国情的粮食安全监管机构体系，本部分笔者的研究思路是先分析当前我国粮食安全监管机构的现状及不足，再归纳总结域外国家在设计粮食安全监管机构方面的基本经验，然后在此基础上提出完善我国粮食安全监管机构所应当遵循的基本原则，以及在具体机构设置方面，主张在现有机构的基础上设置一个直接隶属于国务院的粮食安全监管委员会，总体承担负责粮食安全监管及相关各职能部门协调的职责。

第二，在监管范围方面。着眼于粮食安全与政府监管范围的有限性，笔者先对确认粮食安全监管范围所应遵循的基本原则，主要包括必要性原则、最优原则和行业性原则进行了详细阐述，在此基础上，将围绕《粮食流通管理条例》和《中央储备粮管理条例》，从粮食收购市场准入、粮食库存以及粮食质量监管等多个方面对当前我国粮食安全监管范围进行审视，针对其缺陷和不足提出相关完善的建议。

第三，在监管方式方面。笔者先归纳了在现实中选择粮食安全监管方式应当考量的基本因素，然后对我国传统的命令控制型粮食安全监管方式，主要包括行政立法、行政许可、行政检查以及行政处罚等进行检讨，并在此基础上探讨粮食安全监管方式的革新，即结合现代行政发展趋势提出可以将非正式行政行为方式引入到粮食安全监管中。

第四，在监管程序方面。笔者试图将粮食安全监管程序分为一般程序和特殊程序两个部分。其中，对前者的研究，我们将侧重于研究其核心程序制度，如公众参与制度、信息公开制度和监管效应评估制度；对于后者，笔者将重点论述粮食安全应急预警程序，具体来说，我们将着重分析其内容、理论依据以及检讨与建议问题。

最后，笔者将围绕上述既已研究的问题，对本书所得出的结论、贡献以及不足等问题进行总结。总之，本书的研究框架大致可以用图 2 表示。

（二）研究方法

虽然本书对粮食安全监管的研究同时涉及理论和实践两个方面，但总体而言，本研究是以实践研究为中心。围绕此，笔者主要综合性使用了以下研究方法：

1. 历史分析方法

本书第二章全面论述了中国粮食安全监管的历史演进，该部分内容笔者重点运用了历史分析方法，以历史时期为标准，重点考察了清以前、民国以及新中国成立后各个时期的国家粮食安全监管策略。通过系统阐述总结，发现我国传统粮食监管主要以政策为依据，其与现代的法律监管存在

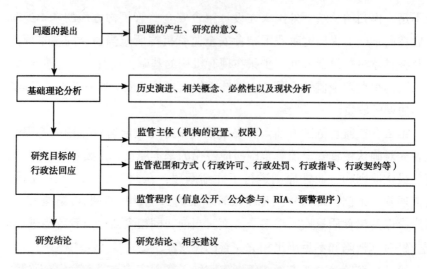

图 2　本书研究框架

着很大区别。

2. 文献分析和实证分析结合

通过广泛搜集有关粮食安全监管的相关文献，尤其是 FAO 年度刊物、我国粮食年鉴等，文章总结了当前我国粮食安全监管的现状，并运用演绎推理，探索性的将行政法的基本理论应用于对粮食安全监管的研究，并揭示了与粮食安全监管相关的各方主体的权利义务关系。同时，笔者还在2011 年至 2012 年（间），赴江西、湖南等地粮食行政管理部门进行实地调研，重点关注了在现实中我国粮食安全监管的主体，如何监管市场，监管的范围有哪些，监管的程序如何，监管的效果如何等等问题，并将相关的调研结果体现在书中。

3. 比较分析法

在我国，对于粮食安全监管的研究多体现在经济学中，能够运用法学尤其是行政法学对粮食安全问题进行研究的成果还比较少。而对于这一问题，域外国家例如美国、加拿大等国家相关的法治经验已经比较成熟，所以在本文探讨粮食安全监管的主体、范围、程序等问题时，笔者均有意识地运用了比较分析方法，对中外粮食安全监管的相关问题进行比较，并根据具体实践进行了相关的借鉴。

第一章　政府监管：保证粮食安全的必由之路

粮食安全对于保障国计民生具有重要的战略性意义。在各国，基于国情以及历史时期的不同，人们对于粮食安全的内涵亦有不同的理解。本章将首先分析这些不同的理解，然后，再从现实和理论两个层面分析粮食安全政府监管的必要性和正当性。

第一节　粮食安全的概念界定

一　粮食安全的基本内涵

（一）何谓"粮食"？

1. 我国传统的粮食定义

粮食一词自古有之，东汉学者郑玄注解："行道曰粮，谓糒也；止居曰食，谓米也。""粮"字古代常指路人携带的干粮，行军作战用的军粮。①"食"字则是指长居家中所吃的米饭。后来两字逐渐合成"粮食"一词。此后，粮食的内涵亦随着时间的不同而有所变化。例如，在渔牧时代，其仅指鸟、兽、鱼以及果实之类；及后由于稷教民稼穑，以农为本，粮食的范围扩展至谷物；隋唐时期粮食主要指稻、粟和麦；明代中叶以后，从国外引进的玉米、甘薯和马铃薯也变成了粮食的重要组成部分；到近现代，科学技术日新月异，化学食品越来越多，粮食的范围则更广。但是一般而言，人们习惯于将粮食理解为米、小麦等谷物，而不是意指一般的食物。对此，联合国粮农组织亦持此种理解。

---

① "乃裹餱粮，于橐于囊"出自《诗·大雅·公刘》，意思就是携带熟食干粮，以备出征或远行。

我国国家统计局在统计粮食产量的时候，粮食不仅包括谷物，还有豆类和薯类，使用的是广义的粮食概念。根据《国家粮食安全中长期规划纲要（2008—2020 年)》中的定义，粮食主要指谷物（包括小麦、稻谷、玉米等)、豆类和薯类。需要指出的是，此处"豆类"主要包括大豆、绿豆等等，但是联合国粮农组织将其是归在油料这一类的。为了便于国际间比较，本书粮食概念采用狭义的概念，即单指谷物。

2. 国际通用的粮食定义

根据联合国粮农组织对粮食的定义，其主要包括：麦类（包括小麦、大麦、皮麦、青稞、黑麦、燕麦、莜麦)、稻谷类［包括粳稻、籼稻、糯稻、陆稻（旱稻)、深水稻］和粗粮类（包括玉米、高粱、荞麦、小米、黍)，而这实际上恰是指中国传统的"五谷"，即稻、黍、稷、麦、菽。此外，还有小豆、绿豆、木薯、番薯作为补充的粮食作物。但是必须指出的是，在英文中找不到与我们的"粮食"概念相对应的单词，域外各国政府以及国际组织关注的是"Food"即"食物"，是指可以吃的干物质。新牛津字典对"Food"的解释，是指人和动物吃的或喝的，以及植物吸收的以维持生命和生长的任何有营养的物质。

可见，"Food"的内涵与我国的"粮食"概念不一样，其外延要广泛得多。所以，正确的来讲，我们认为英文"Food and Agriculture Organization of the United Nations"应该翻译成联合国食物及农业组织，但是人们已经习惯于将其翻译成联合国粮农组织。所以，这里的"Food"也就自然的翻译成粮食了。需要注意的是，FAO 在统计我们翻译的"世界粮食总产量"的时候实际上指的是谷物，不包括豆类和薯类。因此，我们在与世界粮食总产量比较的时候要将豆类和薯类排除在外，得出的数据才真实。

（二）粮食安全的内涵

何谓粮食安全（Food Security)，这个问题必须事先加以确认、厘清。这是研究粮食安全监管的前提。"粮食安全"的英文有两种，一是"Food Security"；一是"Food Safety"。前者偏重于粮食供应以及分配方面的安全；后者主要指营养、健康方面的安全，常翻译成食品安全。食品安全是指消费者所吃的食物是安全营养的，不会对其健康造成不良影响。不良影响包括：（1）食品本身的营养价值、品质是否符合人体健康的需要，有无毒副作用；（2）在食品生产、加工、运输、存储、销售过程中是否受到污染。因此，食品安全关注的是食品的内容是否对人的健康有不良影响，与本书的研究对象粮食的供应是否充足以及如何保证获取需要的基本粮食并不一样，本书焦点集中于纯粹的粮食安全问题。①

目前，粮食安全的定义在各类文献上已有上百种之多，而粮食安全概念则大致溯源至上世纪六七十年代。所谓的粮食安全，当时是指一种可持续满足人们粮食总需要量的能力。1974 年，世界粮食大会（The World Food Conference）通过了《消除饥饿与营养不良世界宣言》。根据会议的研讨，粮食安全是强调生产足够的粮食以满足全球的需要，侧重粮食供给的可靠性，即粮食的生产和储备，强调粮食安全对于人类生存以及健康的重要意义。由于这次大会主要是针对 1972—1974 年的世界粮食危机②而召开的，因此，当时粮食安全的概念就是对这次危机所出现的粮食产量下降、储备减少、粮价上涨这些问题的一个回应，对粮食的安全性集中在粮食的生产和存储以及粮食价格的稳定上。

但是到了 20 世纪 80 年代，人们发现即使粮食的总供给充足，也无法确保穷人能够获得足够的粮食，仍然存在饥饿。同时，受印度诺贝尔经济学奖获得者森（Sen）③的粮食权利（Food Entitlement）理论的影响，对粮食安全的关注，从充足的粮食供给，转移到每个人实际上所获得的水准，即粮食的分配。衡量粮食安全标准也从以一个国家为单位转为以家庭或个人为单位。此反应在 1983 年世界粮农组织和世界粮食安全委员会提出的粮食安全新概念，认为粮食安全应包含农业及乡村的发展、粮食生产政策、稳定机制以及改进贸易通路等，具体目标是掌握充分的粮食供应、稳定市场的粮食需求和确保粮食的安全供应，最终目标是确保任何人在任何时候都能够买到且能够买得起他们所需要的基本粮食。

---

①　不过对于食品安全的加强，改善卫生及营养，这一点与粮食安全的终极目标是一致的。See Lauurian J. Unnevhr（ed）. *Food Safety in Food Security and Food Trade.* Washington D. C. International Food Policy Research Institute, 2003, Brief 1, available at: www. ifpri. org。

②　这次粮食危机产生的原因主要有两个：一是连续两年的谷物歉收；二是苏联在粮食市场上大量购买粮食。导致了世界粮食危机的全面爆发。据统计受这次粮食危机的影响最重国家的儿童，有四分之一到二分之一的儿童处于营养不良状态，发展中国家婴儿死亡率是发达国家的 5 到 8 倍，幸存下来的儿童的预期寿命只有发达国家儿童的三分之二。详见厉为民、黎淑英等《世界粮食安全概论》，中国人民大学出版社 1988 年版，第 5 页。

③　Sen, "*Food, Economics and Entitlements*", Lloyd's Bank Review pp. 39— 40, April (1986).

　　此时，衡量粮食安全的基本标准是粮食供应可获得性和适当性、粮食
市场的稳定性以及粮食供给对于每个家庭的可接近性。1985 年联合国粮
农组织又通过了《世界粮食安全国际约定》（International Undertaking of
World Food Security），它明确指出保证世界粮食安全是一项国际性责任，
各国家应"保证世界上随时供应足够的基本食品……以免严重的粮食短
缺……保证稳定地扩大粮食生产以及减少产量和价格的波动"。它要求各
国供应足够的粮食，以确保其国内任何人在任何时候都可以获得生存和健
康所需要的粮食。该时期，以发展为主要任务的世界银行则将粮食安全定
义为："任何人于任何时刻皆能获得维持活力和健康生命所需的粮食供
应，其主要要素为粮食的可得性及获得粮食的能力，而粮食不安全，则意
味着欠缺获得足够的粮食供应。"①目前这一定义，已被许多粮食安全相关
研究所引用。

　　此后，粮食安全的概念逐渐有了变化，变化之一就是粮食安全的充分
必要条件在于一种能够实现安全与永续性的生活。这是一种更加长期的观
点，而且逐渐为世界各国所认可。例如，1996 年 11 月第二次世界粮食首
脑会议通过的《罗马宣言》和《行动计划》，实现世界粮食安全，必须保
证所有人随时均能够实质且经济的获得足够、安全和富有营养的粮食，以
满足其活力与健康生活的膳食需要及食物喜好。②这一内涵在此次粮食大
会五年后即 2002 年粮农组织召开的粮食大会上得到确认。

　　近年来，国内学者也对粮食安全的概念进行了深入的研究和分析。朱
泽（1998）提出，FAO 概念不能有效地反映中国粮食安全的实质，就中
国而言，其主要是指在工业化进程中国家满足人民日益增长的对粮食的需
求和粮食经济承受各种不测事件的能力。但是他自己也指出了他这个概念
是考虑到整个国家，而没有考虑某个地区或家庭的粮食安全。③马九杰
（2001）认为粮食安全包括宏观和微观两个层次。其中，前者是指全球以

---

　　① See World Bank. *Poverty and Hunger*, *Issues and Options for Food Security in Developing Countries*, *a World Bank Study*. 1986. p. 1.

　　② 原文：World Food Summit, *Plan of Action*, Paragraph 1: Food security exists when all people at all times have physical and economic access to sufficient, safe and nutritious food to meet their dietary and food preferences for an active and healthy life。

　　③ 朱泽：《中国粮食安全问题——实证研究与政策选择》，湖北科学技术出版社 1998 年版，第 16—17 页。

及整个国家的粮食获得能力，后者则是指家庭和个人的粮食获得能力。[1]吴天锡（2001）提出粮食安全包括国家粮食安全、家庭粮食安全和营养安全三个层面的内容。[2]吴志华等（2003）提出粮食安全是指国家或地区为保证任何人在任何时候都能得到与其生存与健康相适应的足够食品，而对粮食生产、流通与消费进行动态、有效平衡的政治经济活动。[3]国家粮食局调控司（2004）认为，粮食安全在本质上是指国家满足粮食需求以及抵御可能出现的各种不测事件的能力，其具体包括物质保障能力和水平、消费能力和水平、保障粮食供给的途径和机制等内容。[4]

　　就笔者而言，我们认为实际上，"粮食安全是一个历史的、发展的概念。不同的历史时期以及不同的国家，由于经济发展水平不同、消费观念不同以及环境的变迁，对粮食安全的理解可能有很大的差异。"[5]其内涵也随着时间、经济发展程度的不同而不断变化。具体如图1-1所示：

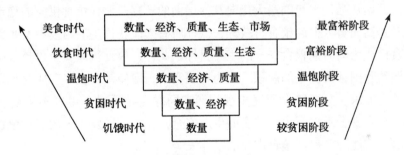

图1-1　粮食安全内容的变化与经济发展以及人的
粮食需求的变化呈倒金字塔形关系[6]

　　根据图1-1，我们可以发现粮食安全内容的变化与经济发展以及人的粮食需求的变化呈现出一种倒金字塔形关系。即粮食安全从最初的总量

---

① 参见马九杰等《粮食安全衡量及预警指标体系研究》，《管理世界》2001年第1期。

② 参见吴天锡《粮食安全的新概念和新要求》，《世界农业》2001年第6期。

③ 参见吴志华、胡学君《中国粮食安全研究述评》，《江海学刊》2003年第3期。

④ 国家粮食局调控司：《关于我国粮食安全问题的思考》，《宏观经济研究》2004年第9期。

⑤ 朱泽：《中国粮食安全问题——实证研究与政策选择》，湖北科学技术出版社1998年版，第15页。

⑥ 中国农学会耕作制度分会：《粮食案例与农作制度建设》，湖南科学技术出版社2004年版，第56页。

满足所有人的需要，到任何人任何时候获得需要的基本粮食，再到不仅数量上满足而且是安全有营养的粮食，其分析对象从全球到全国再到家庭最后至个人层次，这意味着即使宏观层面粮食安全了，但是因为分配不均导致的收入差异以及家庭人口的多少都会影响到个人粮食安全，不过保障国家粮食安全是保障家庭个人粮食安全的前提和基础；从注重短期的粮食供给到强调粮食品质以及永续性的生活。

同时，粮食安全在不同的国家和地区其内涵也是有差异的，当今对于发达国家而言，他们更多的是关注粮食的质量安全，因其粮食的数量安全已基本保证；而对于大多数的发展中国家而言，刚刚解决温饱问题，甚至有的还没有解决，在少数贫穷国家，饥饿和营养不良随处可见，因此，对于这些国家而言，粮食安全仍然停留在数量层面。目前对于我国而言，随着粮食生产的"十连增"，中国粮食生产总量已经超过需求量，粮食安全的重点开始从强调产量的最大化向其他层面的转移，增强粮食供应的稳定性以及提高弱势人群的粮食可获性，保证所有人能获得生活与发展所必需的粮食已成为新时期粮食安全的主要目标。此外，粮食流通安全也越来越成为制约我国粮食安全的瓶颈，因为在现实中，即使粮食生产和库存足以应对粮食需求，只要粮食流通出现问题，同样会导致粮食供求不平衡。[①]因此，粮食安全不仅要关注粮食的生产安全，在当今更要关注政府对粮食流通的调控能力，保证粮食产业的整体安全。

总之，根据上文的论述，笔者认为有关粮食安全的内涵架构可以用图1-2表示：

具体来说，广义的粮食安全包括全世界、国家、家庭和个人的营养安全，这是一个纵向的概念。我们考察威胁粮食安全的因素时候，在全球层面和国家层面主要是考虑粮食生产、储备和贸易；而家庭层面则是考虑收入，实际就是贫困的问题。这是广义的，但是通常讲粮食安全都是针对本国家的，也就是国家层面的，包括粮食自给率、粮食产量、粮食流通、粮食储备、粮食消费等，其重点首先是要解决粮食供需缺口。本书的粮食安全也是指这一层面的。

---

① 回顾历史不难发现，20 世纪 80 年代以来我国出现的几次粮食问题包括供求失衡和价格上涨，都是和粮食流通有很大关系，即使我国的粮食生产能力能够保障粮食安全，如果粮食流通出问题仍然可能导致粮食不安全。见姜长云《粮食流通安全不亚于生产安全》，《黑龙江粮食》2010 年第 1 期。

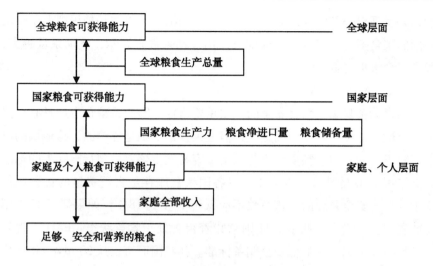

图1-2 粮食安全的内涵构架图

二 粮食安全的衡量标准

客观科学的衡量方法，乃是确定国家粮食安全的前提和基础。从整体上看，由于粮食安全有不同侧面的含义，因而根据其不同侧面，其衡量指标自然也应有所不同。通常认为，所谓粮食安全的衡量指标，即是指一个国家和地区的粮食到底其达到何种标准才算安全。当然，不同的国家和地区，由于经济发展水平不一致，评价指标也不可能一样。不过总体说来，一国粮食安全应当涉及生产、供给以及消费等多个层面和环节，具体来说，其衡量指标主要有：

（一）粮食自给率

衡量一个国家粮食自给自足的程度，通常是以其国内粮食自给率为主要参考标准的。在经济学领域，经济学家一般将一个国家或地区的粮食供应量占其总消费量的比重定义为粮食自给率。一国的粮食自给率与粮食安全水平的高低是成正比的，即粮食自给率越高，粮食越安全；反之亦然。而在现实中，一国粮食自给率主要受到其国内耕地资源、水资源、经济发展水平、粮食流通、居民的膳食结构以及消费模式等因素的影响。一般认为，一国粮食自给率超过90%是可以接受的粮食安全水平，如果超过了95%则认为该国粮食基本自给了。

（二）粮食产量波动系数

在现实中，粮食产量通常会受到气候、政策、价格等不确定因素的影响，并呈现出一定幅度的波动。通常，波动幅度可以在某种程度上反映出一国的粮食安全水平。波动幅度可以用波动系数来表示，波动系数越大，粮食安全水平越低。

（三）粮食储备量

粮食储备是衡量粮食安全的一项重要指标。因为，粮食生产具有很强的季节性、地域性以及不确定性，但是粮食消费则是连续的、跨地域的以及相对确定的，由此粮食生产与供给很容易发生落差。现行国际上的标准多是采用 FAO 的建议，以当年世界各国粮食库存量占消费量的百分比作为世界粮食安全系数的，该系数不应低于 17% 到 18%，如果低于 17% 则意味着粮食不安全，低于 14% 则意味着粮食处于紧急状态。FAO 一直号召世界各国采纳这一最低安全储备标准。就我国而言，从 20 世纪 60 年代到现在，粮食储备率虽然一直呈上升趋势，但是对于一个人口众多、区域粮食供求差异巨大、粮食物流条件相对薄弱的发展中国家而言，保持相对高的粮食储备仍是非常有必要的。[①]

（四）人均粮食占有量

人均粮食占有量，就是指在一定年度内，一国粮食总供给量与该国同时期人口总数的比例，人均粮食占有量可以较高程度的反映一国粮食安全水平，人均粮食占有量越大，该国粮食安全水平也就越高；反之依然。当一国人均粮食占有量低于人均粮食占有量警戒线，即低于社会所能够允许的最低人均粮食占有量时，该国将会陷入严重的粮食不安全状况，甚至可能会出现严重通货膨胀、饿死人、社会骚乱等不稳定现象。[②]

（五）低收入居民粮食安全保障状况

总体而言，目前全球粮食的增长速度已经超过了人口的增长速度，但是仍然存在不同程度的饥饿与贫困，即使是最富裕的发达国家也不例外。在粮食产量保证的情况下，一国的粮食安全水平则主要取决于低收入居民或者说贫困人口的购买力。在一国粮食供给量既定的情况下，增加低收入居民的收入，提高其购买力，能够有效地提高该国的粮食安全水平。

（六）综合标准

自 20 世纪 90 年代开始，FAO 在讨论粮食安全时，考虑到粮食市场的

---

① 参见卢良恕、王健《粮食安全》，浙江大学出版社 2007 年版，第 8—9 页。
② 参见周慧秋《粮食经济学》，科学出版社 2010 年版，第 141 页。

复杂，决定采取多元的指标来衡量世界粮食安全的程度。具体如表 1－1
所示：

表 1－1　　　　　　　　粮食安全指标的变化①

	1993/1994—1997/1998	1998/1999	1999/2000	2000/2001 *
1. 世界谷物库存量占世界谷物消费趋势水平的百分比	16.70	18.20	17.4	16.60
2. 五个主要谷物出口国 * * 供应量与需要量的比例	1.14	1.18	1.17	1.16
3. 主要谷物的期末库存量占使用总量的百分比				
小麦 * *	16.90	22.90	21.40	20.90
谷物 * *	13.20	19.60	18.00	18.60
大米#	9.70	10.20	10.70	9.40
合计	13.30	17.60	16.70	16.30
	年趋势增长率	同上年相比的百分比变化		
	1990—1999	1998	1999	2000
4. 中国、印度和独联体谷物产量的变化	-0.12	-4.25	1.32	-1.38
5. 低收入缺粮国谷物产量的变化	1.74	2.88	-0.01	-1.22
6. 不包括中国和印度的低收入缺粮国谷物产量的变化	2.38	4.78	0.29	1.32
		同上年相比的百分比变化		
	1997/1998	1998/1999	1999/2000	
7. 出口价格变动 + （年平均）	小麦（7 月/6 月）	-21.20	-15.80	-6.30
	玉米（7 月/6 月）	-16.90	-15.60	-3.90
	大米（1 月/12 月）	-8.50	0.50	-10.70

预报数。

* * 阿根廷、澳大利亚、加拿大、欧共体和美国。

#中国、巴基斯坦、泰国、美国和越南。

+小麦：美国 2 号硬质冬小麦；玉米：美国 2 号黄玉米；大米：泰国碎米（A1 优质米）。

大米价格是根据所示第一年的日历计算的。

————————

① FAO, *Assessment of the World Food Security Situation*, CFS, 25th Session, Rome, 31 May－3 June 1999.

第二节　中国粮食安全的现状与评价

伴随着国际、国内粮食市场流通机制的建立和发展，国际粮食市场对国内粮食供求和市场的影响不断增大，不确定因素的不断增多，国内粮食宏观调控局势更加复杂。关于未来世界粮食问题的见解，主要有两种：乐观主义和悲观主义。前者以美国、奥地利等粮食出口国的经济学者们居多，他们认为即使因为某种因素导致粮食市场面临困境，在市场机制下其是可以调整的，即使在现实中会存在某种风险，也只会发生短期的波动，不会出现长期的供应不足，再加上科技的进步，今后的粮食供应将非常充分。后者则持悲观的态度，他们的理由主要包括：一是发展中国家人口的增加以及经济发展的落后；二是地球耕地、水资源的限制导致生产力的减少；三是 1990 年后农业科技发展的停滞。在此种情况下，国家要维持国内粮食市场和价格的基本稳定，就必须正确把握调控目标，科学运用调控方式，积极运用好经济和法律手段，增强宏观调控能力和效果。

一　中国粮食安全的现状

（一）粮食生产

吃饭问题作为治国安邦的头等大事，历来为我国各级政府所重视。从新中国成立到现在，我国粮食生产有了极大发展，从 1949 年的 2264 亿斤增长到 1978 年的 6095 亿斤，改革开放以后更是突破 10000 亿斤，从 2004年到 2013 年我国粮食生产实现连续十年增产，2013 年全国粮食单位面积产量为 5376.8 公斤/公顷，比 2012 年增加了 75 公斤/公顷，提高了1.4%；全国粮食总产量达到 12038.7 亿斤，比 2012 年增加 247.1 亿斤，增长 2.1%。[①]中国用世界近9%的耕地、6.5%的水资源，稳定解决了十几亿人口的吃饭问题。这次粮食的"十连增"是在国际粮食市场动荡不定、国内自然灾害频发、市场形势多变、通货预期加重等严峻环境和挑战下取得的，其重要性可见一斑，不仅为中国粮食安全打下坚实基础，也为解决

---

① 国家统计局：《国家统计局关于 2013 年粮食产量的公告》，http：//www.gov.cn/zwgk/2013－11/29/content_ 2538441.htm，最后访问日期：2014 年 1 月 10 日。

世界粮食危机做出了贡献。①

（二）粮食储备

粮食储备主要是指当粮食生产过剩时，由国家通过最低收购价购买过剩的粮食存入粮库；当粮食紧缺时（如发生战争、饥荒），再由国家将上述粮食投入市场流通，以起到应付突发事件、促进粮食增产农民增收、调剂年度余缺、平抑物价等作用。目前，我国共有中央储备粮和地方储备粮两套粮食储备系统。其中，前者的储备单位主要是指中国储备粮管理总公司，它成立于2000年，是受国务院委托具体负责中央储备粮运营管理的机构。截至目前，我国中储粮现有338个直属粮库，遍及全国31个省、市、自治区。而对于后者，其储备单位主要包括省、市、县三级。总体来说，现行国家粮食储备中央乃明显高于地方。

2012年中国储备粮管理总公司累计收购政策性粮食3747万吨，现在中国粮食库存达到了40%，远高于国际最低警戒线17%。而如前文所述，根据联合国粮农组织规定，世界粮食安全系数即粮食库存量占消费量的百分比不应低于17%到18%，如果低于17%则意味着粮食不安全，低于14%则意味着粮食处于紧急状态。

（三）粮食贸易

据海关总署发布最新数据显示，2012年中国粮食进口超过了7000万吨，包括谷物、大豆等粮食进口量总计8025万吨，进口额高达421.4亿美元，同比增幅超过25%。以2012年中国全年粮食产量约5.9亿吨来计算，进口量占粮食总产量的比重接近14%，是历史上粮食进口量最多的一年。

但是据有关专家分析，在我国保持连续十年粮食产量增长的背景下，粮食进口大幅增长并非国内供求缺口所致，而是主要由于国外粮价低于国内粮价所引发的纯市场行为。中国社科院农村发展研究所研究员李国祥就认为，粮食进口量大增的原因主要有两个：一是结构上的"紧平衡"问题，即结构性缺口比较明显，虽然稻谷等口粮安全，但是大豆、玉米缺口较大；二是某些粮食品种国际价格低，国家利用国际、国内两个市场收储，调节粮价，但是在进口和产量双双"十连增"的情况下，不得不引发我们对国内粮食安全的高度重视，尤其是粮食自给率的保障。在粮食进

---

① 参见韩俊《14亿人的粮食安全战略》，学习出版社2012年版，前言第1页。

口大幅增长的时候，粮食自给率已经降到了90%以下。粮食自给率是衡量粮食安全水平的一个重要指标。不过如前文所述，中国和国外对"Food"概念的理解是存在差异的，所以中国的粮食自给率是不具有国际可比性的。具体来说，这是因为在国内计算粮食自给率时，其包括了谷物、豆类和薯类，但是在国际上其则仅指谷物。因此，这样算出的自给率自然会较低一些，事实上如果剔除了豆类等，中国的粮食自给率仍可以保持在95%以上的。但是不论如何，当前我国粮食进口的如此大幅度增长，毫无疑问必须应进行适量控制，否则必将冲击国内和国际粮食安全。

（四）粮食流通

2013年初国家粮食局局长任正晓就在全国粮食流通工作会议上肯定了2012年粮食流通工作的成绩：促农增收、保供稳价、深化改革、产业发展、科学管粮等。但与此同时，其还指出从粮食安全视角看，粮食流通还存在着如下问题：一是粮食安全省长负责制没有完全落实，这主要体现在粮食连续增产形势下，粮食安全意识被逐渐淡化；二是粮食流通通道不够通畅，这主要体现在跨省跨区粮食物流、"北粮南运"、西南和西北等地区的粮食流通问题；三是粮食收储设施陈旧、供应网络不够健全，这主要体现在"危仓老库"，基层粮食收储网点萎缩，以及东北等粮食主产区仓容缺口大等方面，粮食供应网点未能全覆盖；四是粮食产业实力不强，比如基层国有粮食企业的小、散、弱，产业链条短、资产质量差、贷款融资难等问题的普遍存在；五是粮食产后损失浪费严重，这主要体现在农户家庭储粮设施简陋、粮食装卸运输抛洒遗留、过度加工和粗放加工以及消费领域的粮食浪费。[①]这些问题都直接威胁到国内粮食安全，必须得到应有的重视。

（五）粮食消费

粮食安全的另一个重要内容就是消费水平，它主要涉及购买力、消费结构以及粮食价格等因素。根据表1-2、表1-3数据显示：2012年我国城镇居民人均可支配收入24565元，同比增长12.6%，扣除价格因素，实际增长9.6%；全年农村居民人均纯收入7917元，同比增长13.5%，扣除价格因素，实际增长10.7%。虽然上述数据表明我国城乡居民的收

---

① 任正晓：《在全国粮食流通工作会议上的报告》，国家粮食局官网，http://www.china-grain.gov.cn/n16/n6994/n7046/n7306/4886153.html，最后访问日期：2014年01月07日。

入有所增长，但这是否即意味着他们的消费水平也在不断提高呢？对此，我们认为这必须结合粮食价格的增长来考虑，若粮价上涨，则居民的购买能力就会有所下降。同时，居民消费结构也会对粮食安全造成影响。我们一般用家庭恩格尔系数（居民家庭食品消费支出占消费总支出的比重）来讨论居民消费结构以及购买能力。我们知道只有在食物需求基本满足的情况下，消费的重心才会转向其他方面。因此，恩格尔系数越大，就表示一个国家或家庭生活越贫困；恩格尔系数越小，生活就越富裕。就2012年来看，我国农村居民家庭恩格尔系数为39.3%，城镇居民家庭恩格尔系数为36.2%。该系数虽然较之前略有下降，但是仍然徘徊在40%左右，即这表明居民用于购买食品的支出仍然比较大。

表1－2　　　中国主要年份人民生活基本情况统计（1990—2012）[①]

指标名称	单位	1990 年	2000 年	2010 年	2011 年	2012 年
城镇居民人均可支配收入	元	1510	6280	19109	21810	24565
农村居民人均纯收入	元	686	2253	5919	6977	7917
城镇居民人均可支配收入指数	1978 年 = 100	198.1	383.7	965	1046.3	1146.7
农村居民人均纯收入指数	1978 年 = 100	311.2	483.4	954.4	1063.2	1176.9
城镇居民人均消费支出	元	1279	4998	13471	15161	16674
农村居民人均消费支出	元	585	1670	4382	5221	5908
城镇居民家庭恩格尔系数	%	54.2	39.4	35.7	36.3	36.2
农村居民家庭恩格尔系数	%	58.8	49.1	41.1	40.4	39.3

表1－3　中国历年居民消费价格指数统计（2010—2012）（上年 = 100）[②]

项目	2010 年	2011 年	2012 年	
			城市	农村
居民消费价格指数	103.3	105.4	102.6	102.7	102.5

①　国家统计局：《中国统计摘要2013》，中国统计出版社2013年版，第99页。

②　同上书，第88页。

项目	2010 年	2011 年	2012 年		
				城市	农村
食品	107. 2	111. 8	104. 8	105. 1	104
粮食	111. 8	112. 2	104	104. 1	103. 6

总体而言，虽然我国已经实现粮食产量"十连增"，粮食生产和供需势头良好，但是仍必须清醒地看到当前必须面对的情况和问题。首先是人口基数大。截至 2008 年底，我国人口数量已经达到 13. 28 亿，预计到 2033 年将达到 16. 5 亿。如此规模的人口基数，且伴随着居民生活水平的提高，可以预计未来他们将会消费更多的粮食。其中，间接消费粮食所占比例会更高。假设到 2030 年我国人口控制在 15 亿，人均粮食消费量控制在 500 公斤，需要的粮食是 7. 5 亿吨，与现有产量相比意味着粮食供给量要增加 1. 8 亿吨，就算可以进口 0. 9 亿吨（但是这个数字意味着世界粮食贸易量的 40%，几乎是进口的极限），那么仍需要国内增产 0. 9 亿吨。这样大的消费需求，必须有足够的生产资源作保障。而纵观现实，我国粮食生产的资源条件，严重制约着其国内粮食生产、流通、消费。①尤其在耕地面积减少和水资源短缺的情况下，这种趋势更是难以逆转。据统计1996 年至 2010 年，全国耕地面积从 13003. 92 万公顷减少到 12173. 33 万公顷，逼近 18 亿亩（12000 万公顷）耕地红线。国家在"十一五"规划时就提出，到 2020 年全国耕地面积保有量要控制在 18 亿亩，这意味着未来 10 年耕地面积减少量必须控制在 173. 33 万公顷以内，年均减少耕地必须控制在 17. 33 万公顷以内，这将是一项极为艰巨的任务。②而此外，我国人均耕地面积仅有 1. 38 亩，仅为世界平均水平的 40%；同时耕地质量较差，其中中低产田比重超过 2/3。③我国水利部《2011 年中国水资源公报》报告显示，2011 年全国水资源总量为 23256. 7 亿立方米，比常年值偏少 16. 1%，为 1956 年以来最少的一年。"根据 1997 年以来《中国水资源公报》统计，全国总用水量总体呈缓慢上升趋势，其中生活和工业用

---

① 洪涛：《中国粮食安全保障体系及预警》，经济管理出版社 2010 年版，第 2 页。

② 臧俊梅：《中国农地发展权的创设及其在农地保护中的运用研究》，科学出版社 2011 年版，第 2 页。

③ 袁永新：《建设社会主义新农村》，济南出版社 2010 年版，第 22 页。

水呈持续增加态势，而农业用水则受气候和实际灌溉面积的影响呈上下波动、总体为缓降的趋势。"①从报告中不难看到，目前我国水资源的紧张以及工业用水和生活用水对农业用水的挤占。

此外，根据《国家粮食安全中长期规划纲要（2008—2020 年）》的总结，当前我国粮食安全主要面临着以下严峻挑战：（1）消费需求呈刚性增长；（2）耕地数量逐年减少；（3）水资源短缺矛盾凸显；（4）供需区域性矛盾突出；（5）品种结构性矛盾加剧；（6）种粮比较效益偏低；（7）全球粮食供求偏紧。因此，正如 2013 年中央一号文件所指出的那样，当前我国"保障国家粮食安全和重要农产品有效供给任务艰巨"。

二　中国粮食安全面临的新挑战

虽然近年来我国粮食产量连续增长，供需形势较好，但是我国作为世界上人口最多的国家，是世界上最大的口粮消费国，伴随着工业化、市场化、城镇化、国家化的深入发展，保障粮食安全面临许多新的情况和挑战。

（一）外资垄断

当前我国国内劳动力价格持续偏低，"粮食生产、加工的成本相对较低，投资我国粮食领域有着广阔的市场和丰厚的利润"。②尤其在加入WTO 以后，粮食流通的过渡期到 2008 年结束，2009 年开始我国对外资进入粮食流通领域的限制已经消除。就目前而言，国际四大粮商（阿丹米、邦吉、嘉吉和路易达孚）都开始在国内开展粮油业务，范围包括饲料蛋白、稻谷、芝麻、植物油、玉米加工以及各种食物配料和化肥等。③这些国际粮商利用经验以及资金优势大举进军我国粮食领域：单就大豆而言，进口大豆 80% 的货源被其垄断，进口大豆来势汹汹，国产大豆的市场份额直线降到 30%，且大豆加工 50% 也被外资企业掌控。目前在中国除大豆油之外第二大食用油就是棕榈油，也是调和油的主要原料，但是国内的

---

① 王宏宇：《非传统视角下的粮食安全》，博士学位论文，中央民族大学，2013 年，第 43 页。

② 曹宝明：《中国粮食安全的现状、挑战与对策研究》，中国农业出版社 2011 年版，第 118 页。

③ 参见钟庆君《外资进入我国粮食领域：一个不能漠视的问题》，《红旗文稿》2009 年第 10 期。

棕榈油几乎全部依赖进口，年进口量达 500 万吨。[①]这些外资在掌握了中国植物油销售的终端渠道之后，建立或收购面粉厂、大米加工厂，从而进入粮食市场。面对这些资金雄厚、技术先进的跨国企业，国内粮食企业的压力更为巨大。

(二) 工业化与城镇化的推进

工业化与城镇化的推进，对我国粮食安全的影响主要体现在以下几个方面：

一是改变了对粮食需求的方式。目前我国口粮消费大约占了 30%，饲料用粮大约占了 40%，工业用粮大约占了 20%，种子和新增储备用粮大约占了 5%，损耗浪费等大约占了 5%。[②]粮食消费结构变化的趋势是，人均口粮消费减少，但是饲料用量和工业用量增加，这种变化带来粮食消费总量刚性增长。

二是对耕地的影响。耕地的数量和质量直接制约着粮食的产量。工业化、城镇化进程中，耕地尤其是粮田面积不断减少。以"十五"期间为例，该时期全国耕地面积减少 9240 亩，其中建设用地占用 1641 亩。在具体操作中，虽然建设用地要求达到"占补平衡"，但非农建设用地多是占用良田，优质农田的面积正在逐年减少，18 亿亩的耕地红线随时可能被突破。[③]

三是工业化进程中产生的新的能源获得方式对粮食安全的威胁。在世界能源危机的今天，各国都在寻找替代的清洁能源。中国也不例外，我国在 20 世纪 90 年代开始生产生物燃料乙醇。当时粮库积压，为解决以玉米为主的陈化粮问题，同时缓解粮食存储的财政压力，以及面对国际石油价格的攀升，政府开始用陈化粮生产燃料乙醇。十几年的发展，到 2007 年我国燃料乙醇的产量达到了 145 万吨，居世界第三。[④]这虽然一定程度上缓解了能源危机，但是却是以粮食来生产燃料乙醇，这在全世界都引起了很大的争议，众多学者表现了由此可能引发的粮食安全问题的担忧。针对此，中

---

① 参见李经谋《2009 中国粮食市场发展报告》，中央财经大学出版社 2009 年版，第 300 页。

② 参见众石《中国无须过度担忧"粮食危机"》，《中国青年报》2012 年 9 月 12 日，第 4 版。

③ 参见张锦华、许庆《中国的粮食安全——以上海为视角》，上海财经大学出版社 2011 年版，第 6 页。

④ 同上书，第 7 页。

国工业和信息化部、农业部联合制定了《粮食加工业发展规划（2011—2020 年)》，其明确规定我国各级政府须严格控制以玉米等粮食为原料的生物质能源加工业发展。尽管如此，由于当初建立的四大乙醇生产基地乃是以玉米、小麦等为其主要原料的，因此，即使现在国家提倡使用非粮原料生产乙醇，要在短时间内实现对这四大基地设备工艺的转变仍很困难。

四是导致农业比较效益[①]下降。近年来国家出台的一系列政策，比如提高最低收购价、粮食直补等，都是为了提高农业比较效益，维护粮农的利益，保护和调动农民的种粮经济性，这也是确保国家粮食安全的重要基础。但是伴随着工业化、城镇化的推进，农民外出务工机会日渐增多，他们逐渐开始关注农业利润和其他行业利润的比较，此时，农业比较效益低的问题就逐步显现出来，种粮的收入低于外出务工的平均利润。如表 1 - 4 所示，它向我们清楚展示了近 20 年我国粮食收入效益的差异性变化。

表 1 - 4　　　　　粮食成本收益情况变化（1991—2010)[②]

年份	每 50 公斤平均出售价格				每亩总成本				每亩净利润			
	粮食平均	稻谷	小麦	玉米	粮食平均	稻谷	小麦	玉米	粮食平均	稻谷	小麦	玉米
1991	26.1	28.5	30.0	21.1	153.9	188.4	138.4	135.3	34.3	62.4	6.3	34.0
1992	28.4	29.3	33.1	24.3	163.8	192.3	149.3	150.6	44.0	67.7	21.2	42.3
1993	35.8	40.4	36.5	30.2	178.6	211.2	169.8	155.2	92.3	145.1	35.6	95.8
1994	59.4	71.2	56.5	48.2	239.4	298.1	213.2	206.7	190.7	316.7	82.3	173.3
1995	75.1	82.1	75.4	67.0	321.8	391.4	281.7	292.2	223.9	311.1	130.5	230.1
1996	72.3	80.6	81.0	57.2	388.7	458.3	359.5	351.2	155.7	247.5	92.9	123.8
1997	65.1	69.4	70.1	55.8	386.1	450.2	349.5	358.4	105.4	171.8	74.8	69.8
1998	62.1	66.9	66.6	53.8	383.9	437.4	357.5	356.6	79.3	155.9	-6.2	88.2
1999	53.0	56.6	60.4	43.7	370.7	425.2	351.5	337.2	25.6	75.8	-12.1	11.2
2000	48.4	51.7	52.9	42.8	356.2	401.7	352.5	330.6	-3.2	50.1	-28.8	-6.9
2001	51.5	53.7	52.5	48.3	350.6	400.5	323.6	327.9	39.4	81.4	-27.5	64.3
2002	49.2	51.4	51.3	45.6	370.4	415.8	342.7	351.6	4.9	37.6	-52.7	30.8
2003	56.5	60.1	56.4	52.7	368.3	419.1	339.6	347.6	42.9	94.9	-30.3	62.8
2004	70.7	79.8	74.5	58.1	395.4	454.6	355.9	375.7	196.5	285.1	169.6	134.9
2005	67.4	77.7	69.0	55.5	425.0	493.3	389.6	392.3	122.5	192.5	79.4	95.5
2006	72.0	80.6	71.6	63.4	444.9	518.2	404.8	411.8	155.0	202.4	117.7	144.8

①　所谓农业比较效益，即是指在市场经济体制下，农业与其他经济活动在投入产出、成本效益之间的相互比较，表明农业生产利润的相对高低。参见尹成杰《粮安天下——全球粮食危机与中国粮食安全》，中国经济出版社 2009 年版，第 282 页。

②　聂振邦：《中国粮食年鉴 2011》，经济管理出版社 2011 年版，第 586 页。

续表

年份	每50公斤平均出售价格				每亩总成本				每亩净利润			
	粮食平均	稻谷	小麦	玉米	粮食平均	稻谷	小麦	玉米	粮食平均	稻谷	小麦	玉米
2007	78.8	85.2	75.6	74.8	481.1	555.2	438.6	449.7	185.2	229.1	125.3	200.8
2008	83.5	95.1	82.8	72.5	562.4	665.1	498.6	523.5	186.4	235.6	164.5	159.2
2009	91.3	99.1	92.4	82.0	630.3	716.7	592.0	582.3	162.4	217.6	125.5	144.2
2010	103.8	118.0	99.0	93.6	672.7	766.6	618.6	632.6	227.2	309.8	132.2	239.7

　　根据表1-4，我们可以发现种粮收入偏低是目前我国粮食生产发展缺乏动力的一个重要原因。在粮食主产区，粮价的高低直接关系到当地种粮农民的收入水平。长期以来，粮价过低导致农民收入水平偏低。从城乡居民收入情况看，2010年农村居民年人均纯收入为5919元，比2000年的2253元增长了10.1%；而同期城镇居民年人均可支配收入为19109元，比2000年的6280元增长了11.7%，同期年人均纯收入农村居民仅为城镇居民的30.1%。可见城乡居民收入差距呈现扩大趋势，而粮食主产区种粮农民增收难的问题更为严重。[1]农业比较效益低，直接影响了农民的收入，于是一些地方出现了农业兼业化、农村空心化、农村劳动力老龄化等问题。有些地方农民把农业当作兼业来经营，积极性不高；有些地方农民干脆举家进城务工，出现了不少空心村、空巢家庭；有些地方青壮年劳动力大量外出务工，很多村里只有老弱妇孺从事农业生产。[2]这些问题当前虽然是局部性的，但是如果得不到有效的解决，必将影响到粮食生产的稳定。

　　总之，随着人口的增加，食品消费结构的改变，以粮食为原料的生物能源的进一步发展，粮食消费需求总量的刚性增长，再加上耕地资源和水资源的紧张以及气候的变化等因素的影响，粮食供求的紧张格局已经初步形成。在现实中，粮食安全具有多面性，涉及的问题相当复杂，危及粮食安全的因素亦然，它主要包括两大类：一是人为的可操控因素，比如政策、制度以及技术；二是非人为可操控因素，比如气候、环境等。总体而

---

　　①　详见矫健《中国粮食市场调控政策研究》，博士学位论文，中国农业科学院，2012年，第3页。

　　②　详见尹成杰《粮安天下——全球粮食危机与中国粮食安全》，中国经济出版社2009年版，第283页。

言，要保证粮食安全之实现，必然需要多层面的努力和各部门的合作，并且在实现过程中，其还受到许多非人为可操控因素的影响，但不论如何，其最重要的一项制约因素即在于人为性质的政府监管，即在市场经济体制下，政府如何通过监管维护相对弱势的粮食市场。

第三节　粮食安全监管的必然性

粮食市场化是国际社会粮食发展的一种基本趋势，我国也不例外。目前我国正处于从计划经济体制向市场经济体制转轨时期，强调粮食市场化机制，则意味着国家在粮食宏观调控中必须切实改变过去那种完全由国家规控的"政府全能主义"模式，进而转入到依赖市场对粮食资源的基础性配置作用，并不断"减少指令性计划，扩大指导性计划和市场调节的范围"。①在理论维度，存在资源配置的"二元论"主张，即市场与政府组织，凡涉及私人权利的设定与分配，由"市场"决定；涉及公共事务的设定与分配，则是由"国家"决定。其中，前者即亚当·斯密所谓的"看不见的手"调节资源配置的结果，后者即由托马斯·霍布斯国家学说中的"利维坦"来承担相应的职责。关于以上两者间的关系，传统观点多认为其是一种非此即彼的排斥论，但事实并非如此，即在现实中，市场失灵导致政府介入干预，但此时的市场并没有退出；反之，当政府监管失灵时，市场接手也并非意味着其完全回到了自由竞争的状态。因为，即使是在自由竞争时期，政府亦至少还存在微观监管。同样，对于粮食产业从高度监管到放开市场，这一切并不等于解除监管，粮食安全问题单靠市场机制显然是无法解决的，粮食行业在依靠市场的同时仍需政府的介入才能全面有效地保证和实现粮食安全。

一　粮食安全监管的概念界定

（一）何谓"监管"？

从本质上看，监管是一个很模糊的概念。正如有学者所言，它"有时被随便用来描述任何形式的行为控制，而这实际上是政府的职能所在；有时它又处在市场的对立面，被经济学用来描述所有决定或者改变

---

① 洪涛：《中国粮食市场化大趋势》，经济管理出版社2004年版，第35页。

市场运行的国家行为：包括国有化、税收和补贴"。①此外，还有学者认为监管是指对个人行为或者企业行为的一种限制或影响，市场结构的缺陷如外部性、垄断和不完全竞争、信息不对称等构成了监管存在的理由，监管体现了政府与市场的关系。监管可以是法规上的限制，或是设计来影响群体的行为，甚至是各种社会控制影响、透过精确法律所产生的互动皆属之。②

针对上述各种观点，笔者认为在现实中，如何清楚厘定"监管"的本真含义，乃是科学建构政府监管制度的前提与基础。若不能清楚地界定"监管"的内涵与外延，这必然会影响到对政府监管职能的合理定位，进而最终影响到政府监管制度的合理构建。③也正是因为此，在更好界定粮食安全监管之前，我们首先有必要就监管的内涵进行进一步考证。

"监管"（Regulation）④作为一个英文词汇，也有学者将其翻译成"规

---

① ［英］卡罗尔·哈洛、理查德·罗林斯：《法律与行政》，杨伟东等译，商务印书馆2004年版，第556页。

② See S. Weatherhill，"*The Challenge of Better Regulation*" in S. Weatherhill（ed.），Better Regulation，Hart，Oxford and Portland，2007，pp. 1—19.

③ 参见马英娟《监管的语义辨析》，《法学杂志》2005年第5期。

④ "Regulation"一词在我国主要有三种译法："监管"、"管制"、"规制"。"规制"的译法最早源于我国的经济学家朱邵文，在其翻译的日本经济学家植草益所著的《微观规制经济学》一书中对"Regulation"的翻译，此后主要用于对日本经济学文献的理解；"管制"则源于对西方经济学理论的介绍和研究；"监管"则是基于上述理论内涵结合我国现实而采用的译法。三者含义大致相同。此外，在学界，政府规制、政府管制、政府监管也是作为同一含义来使用的。但是细化讲，三者之间也存在着一些细微的差别。从汉语的角度而言，管制即强制管理，带有强制性的意味，具有很强的命令控制的色彩。这一译法源于我国长期计划经济体制下的行政对经济的全面控制，但是在经济体制转型、政府职能转变的今天，管制的译法显得有些不合时宜。而"规制"则相对温和一些，表达了政府根据一定的规则对经济秩序进行约束、规范或调整，其核心要义在于"依据规则进行控制"，这符合依法行政的时代精神，但规制主要是作为经济学的理论术语引进我国且其中仍然隐含了规范控制之意。"监管"，是指监督或监视管理，即为保证事物正常运行而进行监督和控制。"监管"一词较之"管制"更为柔和，比"规制"更令大众熟悉，也能贴合一般意义上Regulation的原义；尤为重要的是，实践中，我国官方和大众已经习惯于"监管"的用法，官方文件（十六大报告和国务院的工作报告中）以及新建监管机构的名称中都采用了监管的称谓。（参见马英娟《监管的语义辨析》，《法学杂志》2005年第5期。）因此，本文采用"监管"这一译法，但是在行文中，为尊重原作者或译者以及保证引文的正确性，文中会交叉出现"监管"、"管制"、"规制"这三个词，如无特殊说明，这三个概念在同一个层面使用。

制"或"管制"。通常而言，监管含有监督和管理的内容，但是绝不是这两个词义的简单叠加，它有其特定的内涵。在韦氏新世界法律词典中，"Regulation"是指由行政机构或当地政府部门发布的规章，来规定一些公众或公共事业单位所必须遵守的条件或命令；通过限制或条例来控制的过程。这一术语目前在经济学、政治学、管理学、法学等学科都有使用，学者们基于各自的研究领域、知识构成、分析视角等差异很难对"监管"形成一个统一的概念，不同的学者从不同的角度对其定义不一样。

在一开始，学者大多是从经济学角度对监管进行定义的。例如，依据Selznick的表述，规制是指特定的公共机构针对具有社会价值的活动进行持续、集中地控制。[①] 日本经济学家植草益认为，政府监管是指社会公共机构按照一定的规则对经济主体的活动进行限制的行为。[②] 伯吉斯认为，监管就是政府采取的干预行为，它通过修正和控制生产者以及消费者的行为来达到某个特定的目的。[③] 此外，我国学者曾国安认为，监管是指"管制者基于公共利益或者其他目的，依据现有的规则对被管制者的活动进行的限制。"[④]

从现有的文献来看，监管确实是一个难以捉摸的概念，其确定必须从特定的学科范畴及语义环境出发，综合考量监管的主体、范围、方式、程序等。但是毕竟现有的定义大多是从经济学角度来阐释的，其在经济学领域的意义不言而喻。然而在现实中，监管作为一种法律现象，若没有厘定其法律内涵，则显然不利于我们从法律角度来认识和了解这一概念。

事实上，到了20世纪80年代后，国外部分行政法学者开始关注到这一领域。例如，美国学者丹尼尔·F.史普博通过综合经济学、法学、政治学的监管概念，将监管定义为是"由行政机构制定并执行的直接干预市场配置机制或间接改变企业和消费者的供需决策的一般规则或特殊行

---

① 参见［英］卡罗尔·哈洛、理查德·罗林斯《法律与行政》，杨伟东等译，商务印书馆2004年版，第556—557页。

② 参见［日］植草益《微观规制经济学》，朱绍文等译，中国发展出版社1992年版，第1页。

③ 参见［美］小贾尔斯·伯吉斯《管制与反垄断经济学》，上海财经大学出版社2003年版，第4页。

④ 曾国安：《管制、政府管制与经济管制》，《经济评论》2004年第1期。

为。"①德国行政法学界一致地将监管归于经济公法或经济行政法的范畴，因此，在德国监管的法律被称为监管行政法，监管被定义为："公权力出于保障公共福祉的必要性，通过命令或禁止的形式，制定规则或者在具体的情况下，控制经济主体的行为，促使他们展开有效的竞争并保障供应安全。"②我国学者余晖从法律角度将政府管制定义为："政府行政机关依据法律授权，通过制定规章、设定许可、监督检查、行政处罚和行政裁决等行政处理行为，对社会经济个体的行为实施的直接控制。"③此外，学界还有很多关于监管的定义，本文不再一一列举。

如前所述，人们对监管的认识并不统一，但是并无对错之分，不过是基于各自的学科领域、自身的认识能力以及所处的时代背景不同所产生的差异。不过笔者以为，"从历史与逻辑发展来看，管制首先是一个实践问题，而不是一个理论问题"，④上述学者在对监管下定义时，其多深受经济学界的影响，在对其进行法律界定时其并没有突出政府监管的公法特质以及实践性。因此，要明确监管的法律内涵，首先必须了解监管在实践领域的含义。在考察各监管国家的监管实践的基础上，笔者以为一个完整的监管概念，至少应该涉及监管主体、客体、方式以及程序等基本要素。同时，考虑到本书是从行政法视角来探讨粮食安全监管，监管权作为一种典型的公权力，当然应受到公法的规制。为此，笔者以为所谓政府监管，即是指享有监管权的行政主体依照法律、法规的规定或授权，为实现特定的行政目的，保障社会公平和正义，在职权范围内通过一定的方式和程序对某一领域或行业进行主动干预和限制的行政行为。具体包括：

第一，监管主体。一般而言，政府欲实现行政目的，当以行政部门为监管主体，不过很多国家为保证监管的公平公正更倾向于设置独立的监管机构。

第二，监管客体。监管客体，依据监管目的不同而不同，可以是自然人、法人或其他组织，也可以是行为、物品等。

---

① ［美］丹尼尔·F. 史普博：《管制与市场》，余晖等译，格致出版社 2008 年版，第45 页。

② Ruthig/Storr, öffentliches Wirtschaftsrecht, 2. Aufl. 2005, Rn. 22. 转引自李升《论美国独立监管制度的演进——兼论德国监管行政法对其的继受与分野》，《经济法论丛》2011 年第 2 期。

③ 余晖：《谁来管制管制者》，广东经济出版社 2004 年版，第 6 页。

④ 席涛：《美国管制：从命令—控制到成本—收益分析》，中国社会科学出版社 2006 年版，第 10 页。

第三，监管手段。行政监管，乃是为了实现行政目的而干预私领域的一种不利处分。传统的行政监管手段，主要指一种直接的限制与干预，如行政许可、行政处罚等，而发展到今天，其还包括激励性的行政指导、行政契约等柔性行政监管方式。

第四，监管程序。因行政监管在本质上属行政行为，因而，行政程序的一般原则和要求对其当然适用。同时，由于其自身的特质及监管领域的不同，行政监管还有其独立的程序性建构，这主要包括监管政策的制定程序、监督检查程序以及执行和制裁程序等。

（二）粮食安全监管的基本内涵

根据上述对监管法律内涵的确定，本书认为所谓粮食安全监管，即是指粮食安全监管机构为确保粮食安全，依据法律、法规的授权对粮食行业进行必要的主动干预和控制的行政活动的总称。由于前文已述，粮食安全应包括粮食生产、经营、储备、调控以及应急等各环节，因而，立足于保证国家粮食安全之需要，构建粮食安全监管体系的重点在于一方面必须完善粮食市场机制，另一方面必须加强政府粮食安全保障，即"政府主导、部门协作、社会各界共同参与"的粮食安全保障机制，协调好粮食生产者、消费者和经营者的利益。依据现行的《粮食流通管理条例》和《中央储备粮管理条例》的规定，同时按照"经济调节、市场监管、社会管理和公共服务"的政府职能定位，在粮食安全监管中，粮食安全监管机构的职责集中体现在如何依法加强粮食市场监管，维护正常粮食流通秩序。具体来说，这主要表现在粮食流通监督检查、收购资格审核、粮食流通统计、中储粮代储资格认定、质量监管等方面。

二　粮食安全监管的现实动因

市场是资源配置的有效机制，但市场却不是万能的，它并不能有效地解决所有的问题。质言之，在理论上完全可以自我完善的市场经济，在现实中却往往并不能达到这一理想状态，于是出现了市场失灵。市场失灵的表现主要为垄断、外部性、公共产品、信息不对称引起的资源配置无效率或不公平。①目前我国正处在经济体制转型时期，市场的结构和功能并不

---

① 参见［日］植草益《微观规制经济学》，朱绍文等译，中国发展出版社1992年版，第6—15页。

健全，存在着诸多市场失灵的现象。粮食市场化后同样存在着市场的一般缺陷。于是，政府承担起了部分扶持粮食市场发展的责任和义务。

（一）信息不对称

完全竞争的市场模式中假定的是信息的对称，经济活动的参与者获得的信息具有一致性，它不存在利用信息差的欺诈行为，也不会出现某些经济活动参与者利用信息获利从而延缓信息的传播。事实上，由于市场中的信息具有价值，获取信息需要支付代价。因此，市场信息不可能在瞬间完全由所有的参与者获得，一旦信息失真，就可能出现资源的无效配置。目前，中国粮食市场供求信息和价格信息不全、失真和滞后的问题都比较突出，这些数据要么存在片面性，要么缺乏权威性或公正性，要么处于保密状态。因此，利益主体很难及时获得准确全面有效的粮食供求信息和价格信息，极易造成市场波动，不利于粮食安全。

（二）外部性

所谓外部性，即是指"对他人产生有利或不利的影响，但不需要他人对此支付报酬或进行补偿的活动。当私人成本或收益不等于社会成本或收益时，就会产生外部性。"①以外部性所产生的效果为区分标准，其可以分为正外部性和负外部性两种不同情形。

在完全竞争的市场模式中，经济主体之间的交易活动都是等价交换。质言之，经济参与者获得收益必须要支付一定的代价；反之，支付一定的代价必然要有一定的利益回报。然而，外部性理论显然违背了上述这一假设，即不论是正外部性（市场经济活动参与者增进了别人的利益却没有获得相应的回报），还是负外部性（市场经济活动参与者损害了别人的利益但是没有给予相应的补偿），其后果都是资源的浪费和资源配置的扭曲。关于粮食或粮食生产的外部性，其主要表现在正外部性上，即粮食生产者的行为产生了有利于他人的影响，但是其并没有从中获得应有的报酬。比如粮食生产者为全人类提供了食物，保障其基本生存，与整个世界的收益相比，粮食生产者的所得不过是全部收益的极小一部分，其私人利益小于社会利益。正是基于粮食的正外部性，以干预手段加强粮食生产和流通的监管就显得十分必要。

（三）垄断

企业的市场垄断破坏了买方和卖方完全竞争的市场，具有垄断力的市

---

① 黄新华：《论政府社会性规制职能的完善》，《政治学研究》2007 年第 3 期。

场参与者不再仅仅是被动地接受市场价格的波动，相反，通过垄断操控价格，获取垄断租金，从而达不到帕累托最优。我国粮食市场的垄断主要体现在以下两个方面：一是国内目前粮食的市场购销都由中储粮总公司一家负责，尤其是粮食最低价收购政策的实施，"由于执行时段偏长、收购量偏大、针对市场变化进行的灵活调整不够，特别是未能限制粮食最低价收购总量，容易形成以中储粮公司为主导的国有储备粮企业在粮食购销市场的垄断地位"；[①]二是来自国际粮商的垄断，随着对外开放的进一步深化，尤其依据 WTO 协议的内容，在 2008 年我国限制外资进入粮食流通领域的过渡期结束后，由于受到廉价劳动力、低成本带来的粮食行业的巨额利润的影响，越来越多的外资进入到我国粮食领域，并且逐步并购粮食行业龙头企业，"大型跨国粮商垄断中国粮食产业链的格局正在加快形成"[②]。

（四）公共产品

在完全竞争的市场模型中假设的产品是私人产品，其与公共产品相异，因公共产品在使用和消费的时候具有非竞争性和非排他性。具体来说，非竞争性主要表现在对公共产品的使用和消费时，并不排除他人的使用和消费，因为他人的使用和消费并不会对你产生不利影响，不需要对其竞争性使用和消费。非排他性是指公共产品的使用和消费不可能排除他人使用，如要排除他人使用和消费，其代价将是惊人的。公共产品的这两个特性说明公共产品不仅对所有经济活动参与者有益，而且其社会收益远远大于公共产品的成本，注定无法由市场自愿提供。后果是人人都希望由别人来提供公共产品，然后自己"搭便车"，因此，公共产品完全由市场提供的结果会是供应不足或根本没有。由于粮食也是公共产品，粮食产业作为弱质产业，具有非竞争性和非排他性等特性，因而在现实中，单靠市场调节是无法保证粮食这一公共产品的充足供应，其结果必将危及粮食安全。

总之，正是由于粮食市场存在着垄断、外部性、信息不对称和公共产品等市场失灵的问题，因而通过政府干预以矫正和弥补其失灵现象乃具备了现实基础。

---

① 姜长云：《转型发展：中国三农新主题》，安徽人民出版社 2011 年版，第 99 页。
② 同上书，第 102 页。

三　粮食安全监管的理论依据

（一）粮食自身属性之决定

1. 粮食具有一般商品的经济特性

首先，粮食是具有市场竞争性和排他性的消费品。在整个世界粮食市场中，若全球粮食总量既定，那么这即意味着一个国家或地区粮食消费数量增加，必然会导致其他国家和地区粮食消费份额的减少。同时，在微观视角下，工业或畜牧业消耗的粮食数量扩大，就意味着居民口粮或其他领域粮食消费份额的缩小。[①]其次，粮食在市场上需要等价交换。粮食的生产是需要消耗太阳能、水能、耕地、肥料等生产资料的，这些生产资料是必须支付成本的，在进行粮食交易时需要进行成本核算。粮食生产的成本支出，决定了粮食需要等价交换。粮食的这种经济属性，决定了粮食产业需要市场发挥资源配置的基础作用才可以得到更加长效地发展。

2. 粮食具有政治性和战略性

我国自古就有年丰岁足，方安邦定国之说。孔子曰："足食足兵，民信之矣。"[②]管子亦云："仓廪实则知礼节"。[③]盖因粮食关系国计民生，如果粮食不足，发生饥荒，少壮者必铤而走险以求生存；老弱者转徙沟壑势必流为饿殍，其结果则必然造成严重的社会不稳定。中国封建王朝历代祸乱，如赤眉之乱、黄巢起义、明末农民起义等，无不起源于此。正因为此，笔者认为治国安民首在解决粮食问题。

当今发达国家，大都以增加粮食生产为起点。初期增加粮食，安定人民生活，增强国力，继而外销发展轻工业；然后开展对外贸易，发展经济，逐步建立重工业。以美国为例，作为经济发达国家，其对粮食生产仍然是大力支持。1980年初苏联进军阿富汗，美国即以停止对其粮食销售以压制其撤兵，以上足见粮食的重要战略地位。此外，正所谓，"国以民为根，民以谷为命，命尽则根拔。根拔则本颠，此最国家之毒忧。"[④]粮食作为维系国家稳定的最基本最重要的物资，已成为普遍共识，2008年的世界粮食危机，就造成了37个国家陷入粮荒，更导致许多国家发生动乱。

---

① 参见丁声俊《粮食三题》，《中国粮食经济》2011年第1期。
② 《论语·颜渊》。
③ 《管子·牧民》。
④ 《政论》。

3. 粮食的公共物品性

粮食作为满足人类基本生存的最基本的物资，其受益对象是全体社会成员，其社会效益高，经济效益低。在现实中，若完全依靠市场这只"看不见的手"来对粮食进行调节的话，即使在完全竞争经济条件下，粮食产量和价格还是会波动的，因为粮食作为基础的生存性消费品可替代性很小，且其还存在一个明显的需求临界点，即当供应不能达到这个临界点时，将出现供不应求，需求增加；而一旦达到这个临界点，这种需求会迅速下降。这种弹性波动恰如一张"发散型"蛛网，若波动趋势越来越大，而粮食需求又是平衡向上的这就必然会出现供大于求与供小于求相互交替的局面，无论处于哪一种局面都是不安全的。①

由上述可见，市场调节机制无法从根本上稳定粮食价格，粮食价格作为价格体系的"稳定器"，"是一切商品价格稳定的基础，是国民经济平稳发展的基础"。②一旦粮食出现不安全状态，则势必会影响人的生存，而直接后果就是社会的不稳定。粮食作为整个社会成员的必需品，在市场经济条件下，"没有哪一种商品的短缺会像粮食那样对社会安全构成直接的威胁"。③市场无法保障在重大自然灾害出现时，以及在战争时期人民可以获得足够的粮食，也正是因为此，笔者认为粮食的供给需求不能完全由市场来调控，政府有义务介入以保障整个社会成员的粮食供给。

（二）粮食权（right to food）实现之需要

人与生俱来就有维持基本生存的权利，粮食是人类生存最基本的需求品。粮食权，最早出现在《世界人权宣言》第 25 条。此外，《经济、社会和文化权利国际公约》中也有详细规定，例如，该公约第 11 条第 1 项即明确规定："承认人人有权为他自己和其家庭获得适当的生活水准，包括足够的食物、衣物和住房，并能不断改进生活条件。"同条第 2 项规定："缔约各国应当个别采取必要的措施或经由国际合作采取必要的措施，以确保人人享有免于饥饿的基本权利。"据此，粮食权在国际社会被认为其并不只是一种施予或援助，而是一项基本人权。2002 年，世界粮

---

① 参见肖国安等《中国粮食安全报告：预警与风险化解》，红旗出版社 2009 年版，第 39 页。

② 常兴华：《建设社会主义新农村》，中国商业出版社 2006 年版，第 271 页。

③ 叶慧等：《中西部少数民族贫困地区财政支农效率及结构优化研究》，科学出版社 2011 年版，第 85 页。

食大会（World Food Summit）通过制定指引，支持粮农组织成员国实现粮食权。目前，全球已有超过 20 个国家直接将粮食权写入了其本国宪法中。

在国际人权法中，关于粮食权的确切称谓，笔者认为应将其翻译成充足粮食权（The right to adequate food），它是指包括每个男人、女人以及儿童在内的个人或整个社区在任何时候都应享有通过物质上或经济上的途径来获取足够粮食或购买粮食的权利。充足粮食权在性质上属于社会权，其实现主要依赖于渐进性方式加以取得，因此，国家对充足粮食权的核心义务是采取必要的行动减低或消除《经济、社会和文化权利国际公约》第 11 条第 2 项所提及的饥饿状况，即使在自然灾害或其他灾害发生时也亦然。[1] 在现实中，粮食安全与粮食权虽然在概念上存在区别，但它们间的关系却非常密切。具体来说，粮食安全主要意指一种事实状态，而粮食权则是一个法律概念，它意指一种法律上的权利，亦指在此权利下产生一定的法律关系。通常而言，当粮食状况趋于安全时，即意味着粮食权得到了实现和保障；当粮食处于不安全状况时，则意味着粮食权的实现和保障是不完整的。故就以上两者之间的关系而言，粮食权是达到粮食安全状态之法律上主张，而粮食安全是粮食权是否实现的标准。[2]

国家实现充足粮食权的措施应当是循序渐进的，即考虑各国国情以及现实的可能，采取步骤逐渐实现粮食权。每个国家都有义务来确保其本国公民获取最低标准的、足够的、安全的、营养的食物需求，以确保其免于饥饿的自由。[3] 这一人权保障义务包含三个层面内涵：尊重、保护与实现充足粮食权的义务。实现义务包含便于实现和提供的义务，它是指国家必须积极地活动来方便人民获得与利用粮食资源，并确保人民的生计与粮食安全；尊重义务，是指消极地要求国家不得采取任何有碍于获得充足适当

　　① 鉴于粮食安全与粮食权之间的密切关系，1996 年世界粮食大会举办之时，粮农组织成员国为明确粮食权的内涵，向经济、社会和文化委员会提出解释粮食权的请求，该委员会于是做出了第 12 号意见。See General Comment No. 12: *The Right to Adequate Food*（Twentieth session, 1999），para. 6. Report of the Committee on Economic, Social and Cultural Rights, UN doc. E/2000/22, pp. 102—110。

　　② 参见徐挥彦《世界贸易组织农业协定中粮食安全与粮食权之互动关系》，《东吴法律学报》，第 17 卷第 2 期。

　　③ General Comment No. 12: *The Right to Adequate Food*（Twentieth session, 1999），Report of the Committee on Economic, Social and Cultural Rights, UN doc. E/2000/22, para. 14.

粮食行为的措施；而保护义务，则是指要求国家采取措施以确保个人及企业不应剥夺他人获得充足适当的粮食。①关于上述义务的实施，虽然国家有选择何种方式实施的自由，但是应采取所有免于人民饥饿以及确保所有人逐步获得更高层次的粮食及营养安全的必要措施，并以有责性、透明性、人民参与、权力下放、立法能力以及司法独立的原则予以实施。②

（三）保障粮食安全之需要

粮食安全的目标，就是保障人人有饭吃。个人食物获得最低的满足，不仅是维持其生命之必需，更是基于人性尊严之考量。人类文明发展到今天，我们绝不应当再人为地制造或放任大饥荒和饿死人的惨相的发生。维护每一个社会成员的生存权，首先要从维护粮食安全做起，这应当是人类所有基本人权的基础。也正是因为此，在现实中，不论是哪一个国家，不论其系出于内部还是外部原因，只要其存在粮食短缺的状况，其国内就很容易出现不稳定的局面，甚至发生暴动、革命和战争。③虽然我国从2004年以来粮食生产实现了十连增，但正如前文所述，除了人口增长、耕地资源和水资源紧张、气候变化、自然灾害等涉及粮食安全的传统问题仍然存在外，中国粮食安全保障还面临着由于加入WTO后外资进入粮食市场带来的垄断，以及我国工业化、城镇化进程中出现的新情况，可以说当前我国粮食安全局势仍不能盲目乐观。

传统的粮食安全，主要是集中在对粮食生产安全的考量，甚至有些学者还把粮食安全简单地等同于粮食的生产安全，即意指通过增强粮食生产能力促进粮食安全。④但是在现实中，粮食安全不仅关涉粮食生产能力的问题，更重要的其还涉及粮食获得能力的问题。在现实中，粮食安全应当是一个多层次多环节的概念，它不仅包括粮食生产安全，还包括粮食流通安全和消费安全，其中粮食流通是联系粮食生产和消费的桥梁和纽带。"粮食流通是否顺畅，不仅直接关系到粮食产需的顺利衔接，而且直接关

---

① General Comment No. 12：*The Right to Adequate Food*（*Twentieth session*, 1999），Report of the Committee on Economic, Social and Cultural Rights, UN doc. E/2000/22, para. 15.

② Ibid. , para. 21—23.

③ See Bernard M. Hoekman and Michel M. Kostecki, *The Political Economy of the World Trading System：From GATT to WTO*. New York：Oxford University Press, 1995. p. 198.

④ 参见姜长云《转型发展：中国"三农"新主题》，安徽人民出版社2011年版，第95—96页。

系到粮食商品能否实现其价值，最终也关系到粮食消费安全。"①

因此，研究粮食安全，生产安全固然重要，尤其在粮食供求紧张的形势下，增加粮食生产能力、促进粮食安全是十分重要的，但这还远远不够，因为从改革开放以后我国出现的粮食供求失衡等粮食安全问题多是发生在粮食流通环节。可见，当粮食生产达到安全边际的时候，也就是紧平衡阶段，粮食流通安全往往具有决定作用。尤其在当前粮食实现十连增、粮食库存充裕的情况下，粮食流通安全对于确保整个粮食安全的意义就显著增加，中国粮食安全的实现已由生产安全转向流通安全。粮食流通安全实现的最大的瓶颈，即在于粮食市场的健全和稳定。目前，国内外影响粮食市场的因素比较复杂，粮食流通安全存在诸多的问题和挑战，如何在粮食全面市场化的今天监管好粮食市场显得格外重要。

（四）促进公平竞争的需要

市场作为一种资源配置的手段，在配置资源、调节供需、激励生产经营等方面起着政府不可替代的作用。理想的市场经济，是指所有物品和劳务都按照市场价格自愿地以货币形式进行交换。这种制度无须政府的干预，就能够从社会上可供利用的资源中获取最大的利益。

然而，在现实世界中，还不曾有一种经济能够完全依照"看不见的手"而顺利地运行。亚当·斯密之后两个多世纪的实践经验既已证明，在任何时代以及任何社会，市场都不是万能的，市场并不总是产生最有效率的结构，除了完全竞争以外，其还存在着垄断以及其他形式的不完全竞争，它在现实中可能会出现外部性、信息不对称等市场失灵现象。②为了消除上述这些缺陷，除了完善市场制度本身外，政府的干预就成了不可或缺的部分。在市场化后，虽然原有的独占企业已经不具有独占地位，但是仍然具有极强的市场力量和技术优势，如果完全放任不管，新进入者完全无法与之竞争。如何保障公平的竞争环境防止不良竞争的出现，乃是政府监管的首要目的。

综合前述，在粮食持续十连增的今天，粮食安全依然不容乐观，粮食安全面临人口增长、耕地和水资源瓶颈、外资垄断以及我国工业化、城镇

───────────────

①　曹宝明等：《中国粮食安全的现状、挑战与对策研究》，中国农业出版社2011年版，第137页。

②　参见［美］保罗·A. 萨缪尔森、威廉·诺德豪斯《微观经济学》（第18版），萧琛主译，人民邮电出版社2008年版，第25—35页。

化进程中带来的各项新问题。预计到 2020 年，我国粮食需求总量将达到6 亿吨，但是预期的同期粮食供给总量与这个数字是有差距的。粮食的政治性特点，决定了一个国家的粮食安全不可能单纯依靠国际市场来解决，但是在经济全球化这一历史趋势下也不可能完全依靠国内市场。在世界"扁平化"的今天，任何国家和地区的粮食市场都不可能孤立于国际粮食市场之外，认识到这一点，我们应对国内粮食安全，就必须立足于国内粮食市场，在粮食基本自给的前提下，适当进口国内需要的农产品比如大豆、玉米、棉花等。基于粮食的经济性，国内的粮食市场全面放开，粮食市场主体多元化，在利益的驱动下，很容易出现无序竞争，即市场失灵现象。

正所谓"粮食少时多渠道，粮食多时少渠道"，这主要是粮食商品的特殊性所决定的，即一是粮食供给空间弹性大但需求缺乏弹性；二是我国农业基础设施薄弱，粮食生产供给存在波动性；三是粮食生产的资源供给有限，仅靠市场机制来增加粮食生产投入具有局限性；四是价格对粮食生产、供给的调节作用具有滞后性；五是粮食生产一旦萎缩，具有不可逆性；六是目前粮食尚无替代品，完全依赖进口无法解决我国既已存在的各种粮食问题。[①]

总之，市场对于粮食的调节是有限的，而且一旦粮食市场失灵，将直接影响到人的生存，最终将不利于社会稳定。当然，也不能以粮食的特殊属性为理由，回到过去的那种完全由行政手段调控的状况。历史实践已经证明，纯粹地依靠计划手段调控粮食是不利于粮食流通的，但是完全自由的市场经济也不符合中国国情。即使是对于世界上的发达国家（如美国、加拿大、欧盟、日本等）而言，它们对其国内的粮食市场亦不是采用单纯的市场调节机制，相反，其对国内粮食市场亦采取了诸多保护措施，尽量保证粮食的自给自足。也正是这些发达国家对农业市场的保护，不愿完全放开农产品市场，致使世界贸易组织的多哈回合谈判屡屡受挫，其考虑的关键还是粮食的安全战略地位。纵观我国粮食管理历史，其实质就是对粮食商品特殊属性的度的调控史，即如何在保障国家粮食安全与有效利用市场机制优化粮食资源配置之间进行博弈。所谓粮食安全监管，即是此种

---

① 参见祁晓玲《中国粮食经济市场化进程与目标分析》，四川人民出版社 1998 年版，第45—47 页。

博弈的法治化体现。从此种意义上讲，要保障粮食安全，即需要保证在任何地方、任何时候、任何人都有饭吃，以维持其生命和生存，必须把"看得见的手"和"看不见的手"结合起来，以充分有效满足不同消费群体、不同消费层次、不同消费领域的粮食需求。因此，笔者认为粮食流通体制改革的方向，一是改变过去高度集中的传统的计划经济，实现粮食市场化；二是粮食市场必须在政府的监管下运行。其中，最关键的因素，即在于对监管的"度"的把握。

第二章　中国粮食安全监管的发展脉络

历史与现在、过去与未来不过是具有相对意义的时间概念而已。明晰历史可让今人理解过去，又可作为未来行事的参考依据。为了完整展现我国粮食安全监管的发展路径，我们需要在与历史的对话中，还原我国粮食安全监管的原貌并把握其理论演进的基本脉络。本章拟通过系统梳理我国粮食安全监管两千余年的变迁历史，以期可以探索出其内在的演进规律，同时总结经验，剖析当前我国粮食安全监管存在的诸多监管失灵或失范现象等，借此对其予以一种行政法规制，进而为进一步健全和完善我国粮食安全监管之路增添一些新的养分。

第一节　中国粮食安全监管的历史演进

我国古有"国以民为本，民以食为天"之训条，皆因粮食与民生关系之密切。据史实记载，各朝代变乱多以粮食不足为要因，如汉光武之中兴、隋末之李密、唐末之黄巢、明末之李自成以及清末太平天国等等，皆因凶年饥荒，广聚饥民，揭竿而起。故历代明君贤相莫不重视粮食安全问题。作为例证，早在 20 世纪四五十年代，我国学者闻亦博即曾指出，在我国"凡国用所资，私人所需者，皆取之于农。……农业政策之关系日常生活最密者，则为粮食问题。……故历代施政方针，皆侧重于讲求粮政之合理。"①此外，由于粮食生产有丰歉，粮食消费者未必就是生产者，粮食生产不一定能满足一切粮食需求，故粮食必然需要通过运输贩卖到达消费者手中，经营粮食者从其自身利益出发，难免有操纵垄断之事实，因此，对粮食进行调剂管理实乃必要。

纵观我国粮食安全监管的整个历史，可以发现我国历代王朝或政府对

---

① 闻亦博：《中国粮政史》，正中书局 1943 年版，前言第 1 页。

粮食问题都非常重视，关于我国粮食管理的法制，最早可以追溯到春秋战国时期魏国李悝实施的"平籴法"。此后，历代政治家均有对粮食的生产、分配、流通以及储备等问题进行过研究，并提出了诸多有关促进粮食生产的主张。此外，历代王朝以及其地方官府均制定了相应的典章制度。新中国成立之后，党和政府更加重视粮食的生产与分配，通过几十年的努力，粮食近些年连续增产，并且形成了中国特色的粮食商品经济理论以及监管制度。下文基于篇幅限制以及与当前联系紧密程度等因素的考虑，笔者对新中国成立前的粮食管理历史只作简要梳理，对新中国成立后粮食市场的监管历程将作重点介绍。

一　清以前的粮食安全监管①

（一）重农以足食

据史料记载，早在春秋时期，齐国上卿管仲就提出"五谷食米，民之司命也"，②"粟多则国富，国富则兵强，兵强则战胜，战胜者地广"，③在此基础之上他还主张："相地而衰征"。④或许，正是因为其积极奉行上述粮食管理政策，所以齐国在当时实力非常强盛，并且最终称霸于其他诸侯。

当时的秦国则实行"爰田"制，这标志着封建地主制度正式成立。到了战国时期，秦国的商鞅发扬了李悝的重农思想，提出了"农本"和"农战"理论。他认为"农则易勤，勤则富"，⑤治国之要在于"令民归心于农"。⑥更值得一提的是，他在公元前305年，还明确提出"废井田、开阡陌"，承认田地私有，最终使得封建土地所有制在秦国顺利发展，粮食产量迅速提高，为秦统一中国做出了重大贡献。

秦统一六国之后，其集中大量的人力、物力修长城、宫殿、陵墓，秦

---

① 传统的粮食监管，是关于粮食之分配与调剂、粮食市场指导及监督、粮食价格之统计及评定、粮食之运输及积储、粮食之增产与奖励、粮食来源之扩张及饥荒之救济、粮食之调查和登记、粮食政策之设计，以及积谷合作仓社仓义仓之筹设及监督等，其范围甚广，粮食上所有分配调节之事项均在其监督管理之内。见陆精治《中国民食论》，启智书局1931年版，第419页。

② 《管子·国蓄》。

③ 《管子·治国第四十八》。

④ 《国语·齐语》。

⑤ 《商君书·壹言篇》。

⑥ 《商君书·农战》。

王朝的暴政以及楚汉战争，导致田地荒芜，粮食奇缺，甚至出现了人吃人现象。直到汉王朝建立后，当时的统治者很清楚地意识到这一点，即正如晁错在其名著《论贵粟疏》中所指出的那样："人情一日不再食则饥，……君安能以有其民哉？明主知其然也，故务民于农桑，薄赋敛，广畜积，以实仓，备水旱，故民可得而有也。"①此外，其更创了入粟拜爵之举措。具体来说，当时为恢复经济，汉初统治者采取了一系列措施恢复粮食生产。例如，让流亡的农民回去领取原有田宅；令将士卸甲归田，分给其土地，减轻徭役；释放奴隶，分给土地；实行"什五税一"等。通过上述措施的实施，汉王朝的农业经济得到了恢复和发展，极大地增加了粮食产量，出现了"都鄙廪庾尽满，而府库余财。"②据统计，汉代粮食亩产70—75公斤左右，人均占有粮食365—390公斤，在当时，是具有较高水平的。

　　魏晋南北朝的统治阶级也重农，期间颁布了各项勤农政策，且世代奉行，但是由于当时兵荒马乱，战祸连连，其勤农政策并未产生明显的效果。

　　隋朝以及唐前期的皇帝同样重视粮食，均运用行政命令以及经济手段发展粮食生产，最终生产力水平不断提高，耕地面积不断扩大，到唐玄宗时期可谓"人家粮储，皆及数岁，太仓委积，陈腐不可较量"。③

　　宋代以后，重农思想仍然非常明显。例如，宋太宗曾亲自下诏令劝民播种，并且亲耕观稼："太平兴国三年，四月，幸城南观麦。"④后来王安石变法，其所制定的"青苗法"等都是鼓励粮食生产的重要表现。

　　在元朝，元世祖即位之初就诏令天下重农。不过需要指出的是，元代的重农事实上更类似于督农。即元代在采用汉族重农的措施基础上，按照军队编制组织农耕，有非常详细的督农条例，监督非常的严密。

　　及至明太祖朱元璋，盖因元末为应对"人口锐减、土地荒芜"之现象，即为恢复经济其采取了一系列政策，如号召农民归耕、鼓励垦荒、扶植自耕农、大兴屯田、减轻赋税、大兴水利等，调动农民耕种积极性，促进粮食生产。结果耕地面积不断增加，粮食产量不断增长。从徐光启的

---

① 《论贵粟疏》。

② 《汉书·食货志》。

③ 《问进士》。

④ 《宋史·太宗本纪》。

《农政全书》中，可以看到当时朝廷重视农业的发展状况。

清朝从顺治帝开始，其就注重粮食生产，实行"垦荒屯田"。然而在后期，由于清政府的腐败、闭关锁国，不重视科技，以致农业生产力极低，而人口增长速度比较快，因此，粮食问题一直是清统治者的头等大事。

（二）粮食管理机构

自古以来统治者对粮食的生产、流通、分配和储备都非常重视，粮食行政管理一直被视为历朝历代统治者的首要政务。具体来说，在绝大部分历史朝代，其均设置了专门的粮食管理机构，用以负责征收粮赋，设立粮仓，调剂粮食余缺以及调控粮价等。例如，早在商代，就有小耤臣，统管农事。据《礼记》记载，西周在中央设司徒一职，主管全国土地、户籍和粮食工作，还设后稷、司稼，巡视稼穑和辨析谷种。春秋战国时，则设有大田官长。

秦始皇统一中国后，其明确主张家不储粮，藏粮于国，按照行政区划建立粮食管理机构，在中央设治粟内吏。汉代中央则设有搜粟都尉，地方则由行政长官主管。魏晋设度支尚书。隋唐初设民部尚书，后改设户部尚书，唐代以后则由户部管理，在中央设户部，州设户曹参军，县设主簿，职掌粮赋征收、组织和籴与平粜。北宋设粮科院官署。另外，由于军国需粮大部分依赖东南，因此，唐、宋、元、明、清政府在江南设转运机构。各府、州、县都设有专门的官员管理粮赋征收和常平等事宜。明代各省设有督粮道，以布政司左右参政、参议任其事。省以下各地方则由府、州长官分管，基层设粮长，后又实行里甲制度，负责粮食管理事物。清代大体沿袭明制，粮务由各级行政官吏督办，另设有督粮道、库使、典吏协办。

（三）平抑粮价政策

管子提出粮食不同于一般的商品，具有特殊性，应该由国家掌控，运用行政命令、强制性规定和下达指令性任务等行政手段、行政方法来管理粮食流通。例如，他认为"富商大贾，不得如数"（商人不准经营粮食），盖因"谷贱伤农，谷贵伤民，而坐收巨利者，则为兼并之豪贾。"①因此，管子主张通过粮食价格来调剂粮食供求关系，可以说从主张国家积极干预经济的思想这一点而言，管子可以说是中国古代的凯恩斯。

___

① 闻亦博：《中国粮政史》，正中书局1943年版，第8页。

春秋末年，谋士计然认为要发展国民经济，要件之一在于控制粮价，并且根据市场价格的变化规律，提出官府运用经济手段干预调控粮食价格："夫粜，二十病农，九十病末。末病则财不出，农病则草不辟矣。上不过八十，下不减三十，则农末俱利。"①让粮价在这个范围内浮动，才可以"农末俱利"，促进农业发展。不仅如此，他还提出"贵出如粪土，贱取如珠玉。"②简单来讲，就是说市场粮价上涨了，官府就低价抛售粮食，把粮价压下去；当市场上粮价下跌了，官府就高价收购粮食把粮价抬上去，以平抑粮价。他的这一套方法事实上和现代国家用粮食储备以及粮食价格调节基金的办法，去干预全国的粮食市场，在市场上适时吞吐粮食，以平抑粮价，保障粮食安全如出一辙。

也即在此基础上，战国初期魏国国相李悝提出了"平籴法"。所谓"平籴法"，就是国家控制粮价，丰年平价收购，防止"谷贱伤农"，灾年平价售出，防止"谷贵伤民"，以平抑粮价，稳定人民生活，其核心就是"取有余补不足"。事实上春秋时期，管仲也提出了"平籴"，管仲认为："岁有凶穰，故谷有贵贱；令有缓急，故物有轻重。人君不理，则畜贾游于市，乘民之不给，百倍其本矣。"③故欲杜绝商贾兼并，只有政府来制其轻重，时其敛散，方无甚贵甚贱之患，而利归于上，民亦不失其利。④但是由上述可见，管仲平籴意在富国，李悝意在济民。平籴之法创自管李二人，曾在春秋战国初年一度实行，而后则没有相关记载。

秦国商鞅则主张国家严格控制粮食市场，商人不允许参与粮食买卖并抬高粮价，促进粮食生产。他明确规定，"使商无得籴，农无得粜。农无得粜，则窳惰之农勉疾。商无得籴，则多岁不加乐；多岁不加乐，则饥岁无裕利；无裕利则商怯，商怯则欲农。"⑤根据上述这一法令，可以窥见其既禁止商人利用年成的好坏牟取暴利，也禁止农民经营粮食，可谓全面禁止粮食的自由交易，而完全由官府统制，同时迫使商人复归农业。这些关于粮食的法令政策为后代的封建王朝提供了政策导向。⑥

---

① 《史记·货殖列传》。

② 同上。

③ 《汉书·食货志下》。

④ 郎擎霄：《中国民食史》，商务印书馆1934年版，第209页。

⑤ 《商君书·垦令》。

⑥ 尚珩：《中国古代流通经济法制史论》，知识产权出版社2011年版，第92页。

及至汉朝，汉武帝时期大司农桑弘羊倡议制定了"均输法"（在中央主管国家财政的大司农之下设立均输官经营粮食等重要商品的活动）、"平准法"（官营商业平抑物价），由国家农业机关尽聚天下之货物代为制定物价，即通过贱买贵卖平抑粮价稳定粮食市场，实际上也是国家运用经济手段干预商品流通的具体方式。不过需要指出的是，虽然桑弘羊的均输平准也被称为平籴，但与春秋战国管李二人的"平籴法"名同实异，因管李的平籴仅适用于谷物，而桑弘羊之平籴适用于一切商品包括粮食。汉代关于粮食的监管除了上述两种制度之外，还有一个就是常平仓制度，将在下文论及。

唐代实行的主要是和籴，即为了保障边粮和军粮由官府出资加价向百姓收购粮食，实际上就是官府出钱，百姓出谷，两和商量，然后交易。这一做法在唐朝前期取得了很好的实效。即一方面，官府解决了边粮和军粮的问题；另一方面通过官府加价收购，老百姓也非常愿意卖粮给官府。然而安史之乱之后，这一制度因形势的转变开始出现消极的影响。例如，白居易曾指出："和籴之事，以臣所观，有害无利。何者？凡曰和籴者，官出钱，人出谷，两和商量，然后交易也。比来和籴，事有不然，但令府县散配户人，促立程限，严加徵催，苟有稽迟，则被追捉，追蹙鞭挞，甚于税赋，号为和籴，其实害人。倘依前而行，臣故曰有害无利也。"①质言之，因战乱，官府财政非常糟糕，根本无法加价收购，慢慢地此项政策就变成了强制摊派，再加上唐朝中后期，政治腐败，官员中饱私囊，使得和籴变成了强制压榨老百姓的有力工具。

宋代对粮价基本持放开政策，即"不禁米价，乃前世良守救荒之所已行也。"②但必须指出的是，促进粮食流通开放粮价并非放任自流，而是辅以经济手段稳定物价，比如常平法、青苗法等。同时，宋政府还利用民间商业来弥补粮食消费的不足，其主要方法为置场合籴，即官府设立粮站以高于市价的价格收购粮食用以充实军储、调节上供、平抑粮价。这一方法在当时极大地促进了粮食流通，改善了粮食供求关系，也是导致宋代商业繁荣的一个重要原因。另外，从春秋战国至隋唐以来，官府针对粮食流通制定的以防止谷贱伤农、谷贵伤民为目的的常平仓法，在合籴的冲击下

① 《全唐文》第7部，卷六百六十七。
② 《巽斋集》。

在宋朝的大部分地区名存实亡了，因为一是用于收籴的本钱常常被官府挪用，"久之，移用数多，而蓄藏无几矣"[①]，没有本钱就无从收籴，也就无法调剂粮价了；二是主管官员效率低下、怠于职守。最终，常平法的种种弊端日渐暴露。与置场合籴相伴随的就是抑配征购。宋政府将需要合籴的粮数分摊到户，定额征购，征购范围非常之广，至南宋年间，官户、僧道户和民户承担同样的义务，其实质就是把民间储量不经过市场流通强征到官府，而因为官府合籴的本钱不够，就不断地增加征购的定额，无异于涸泽而渔，最后导致城市商业的凋敝。

而在清朝初期，当时的清政府出于政治目的的考虑，对于粮食流通采取了部分限制政策，即"只禁海运，不禁陆运"。而且，其还采取了强硬的保护措施，比如雍正年间的"遏籴"制度，即余粮地区和丰收地区不得在灾区买粮，并对遏籴官员法办；清乾隆三十年（1765）规定："邻省歉收告籴，本地方官禁止米粮出境者，该督抚据实题参，将州县官降一级留任。不行揭报之该管上司，罚俸一年。不行题参之督抚，罚俸六月。"[②]也就是说，一旦有官员遏籴，那该省从知府、道台到巡抚的各级官员，都要受到不同程度的处分。除此之外，其还实行禁囤制度。禁止私人囤积粮食，主要是为防止富商大贾囤积粮食牟取暴利，但在实际上民间储粮是有利于救荒的，而且在现实中粮价高和私人屯粮之间并没有必然的因果联系。但是封建统治者一直没有很好地解决这个问题。而且清政府还制定了条规管理粮商，规定开设粮行必须登记，政府同意后，领取牙贴才可以经营粮食。

（四）粮食储备机制

粮食作为人类赖以生存的最重要的生活资料，不论在哪个国家哪个社会，如果没有充足的粮食，都很可能导致社会的不稳定。因此，古今中外，政府无不以储粮救灾作为首要政务。质言之，由于粮食生产具有极强的季节性，而粮食消费却是连续的，为弥补二者之间的空缺，因而粮食储备成为国家保证粮食安全的主要手段。

我国各种粮仓历史悠久，可惜受政治影响，时兴时废，甚至经常被官府把持进而从中渔利，便民者反变成病民者。然而，仓储制度作为解决粮

---

① 《宋史》，卷一百七十六。

② 《榆巢杂识》上卷。

食问题的调节器，一方面具有储粮备荒的功能；另一方面就国防而言，储粮制度对于抵御外侮、维护主权独立亦具有重要现实意义。作为例证，昔日汉武帝武功辉煌，皆有赖于文景之治的积累，《史记·卷三十》即曾明确指出："太仓之粟，陈陈相因，充溢露积于外，至腐败不可食。"[①]而此外，事实上在秦时即已经有了"入禾仓，万石一积而比黎之为户"[②]的制度，粮仓分布全国各地。这些粮仓还有转运库、储备库和供应库的分工，甚至在那一时期调剂粮食丰歉的常平仓也开始出现。然而，由于当时秦王朝统治时间只有15年，并且战乱不休，因此，粮食储备制度并没有真正实行起来。

　　粮食储备制度的真正建立是在西汉时期。汉初，贾谊在《论积储疏》中指出："夫积贮者，天下之大命也。苟粟多而财有余，何为而不成?"[③]即间接说明粮食积储的重要性。他曾谏言，"民不足而可治者，自古及今，未之尝闻。"[④]汉文帝为此还专门颁诏书以鼓励积储粮食。汉宣帝时，大司农耿寿昌曾提出："令边郡皆筑仓，以谷贱增其贾而籴，以利农，谷贵时减贾而粜，名曰常平仓，民便之。"[⑤]即主张由官府经营粮食，并在边远地区建造粮仓，其实质就是官府出资囤积粮食，并在灾年运用掌握的粮食平抑粮价，打击投机，谷贱增价而籴，谷贵减价而粜，以稳定粮食市场。从此，常平仓为汉以后历代所沿用，虽有兴废，但是粮食储备制度一直延续了下来。

　　隋唐除设常平仓外，还设立了正仓、太仓、转运仓、军仓以及义仓，用以敛集、储运、分配以及调剂各地征收上来的粮食。其中，始于隋文帝开皇五年（公元585年）的义仓实际上是一种民间自救组织和制度，即以社为单位社员捐助谷物，设置义仓，以备水旱自救。可惜后来这些民间组织均变成了官方机构，成为百姓正赋之外的负担，因此，几经兴废，效用甚微。

　　及至宋代，其不仅对常平仓制作了详尽的规定，此外还出现了惠民仓、广惠仓、丰储仓、平籴仓等仓储设施，尤其是宋代所创的社仓，旨在

---

①　《史记·卷三十》。

②　《秦律十八种·仓律》。

③　《汉书·食货志》。

④　同上。

⑤　同上。

防荒救急，由农户自由结合，按财力身份出谷储于仓，由地方团体管理，在必要时救急，在丰年加息偿还，其实质是作为一种取之于民用之于民的民间合作互助组织，既不受官方之抑配，也不受官方挪作他用。只可惜，后来社仓多是掌握在豪强手中以作私用，或者被官府挪作他用而不偿还进而失去了原有之意，故时而兴废。及至南宋，社仓法制日趋破坏，社仓大多废弛。再加上宋代的置场合籴制度的推行，使得常平仓名存实亡。元代的常平仓和义仓，因为管理不严，诸多弊端，到元末时已经徒具虚名。

　　明代的粮仓则有两大类，一类是为保证官、兵所需的官仓；另一类是调节民间粮食余缺以及储粮备荒的预备仓、常平仓、社仓。然而，由于当时各地粮食储备都没有达到预定的数额，且官员贪污腐败，剥民利己，饥民备受剥削，所以其调剂民间粮食余缺以及储粮备荒的目的并没有实现。

　　清朝的粮食仓储基本沿用明朝的这两大类，一是漕粮仓储；二是调剂民间粮食余缺的粮仓。但因后来粮食增长速度始终落后于人口增长速度，加上官吏腐败，所以粮食储备并不理想。

　　综上，我国历朝历代对于储备粮都极其重视。从总体上看，粮食仓储有官办和民办两种，其目的明确，并制定了一些相应的管理制度，但因法制不健全，执行不力，效果欠佳。就前者而言，主要体现在朝廷中吏治腐败，粮官中饱私囊者比比皆是，因此，官办粮食仓储的常平之目的实难达到。而历代民办的粮仓，本是为弥补官仓之不足而设立，但因其没有固定的规章制度可循，再加上大部分为地方豪绅把持其管理、发放和赈济权，因此，其后果最后与民仓原初设立目的南辕北辙。

　　（五）粮食消费节约

　　中国历朝历代关于粮食的监督管理主要在于常平和平籴，但是过去生产力低下，再加上天灾人祸，仍然足以困扰民众。古代发生饥荒之时，官府常制定临时办法，以做补救。所谓临时办法，即粮食消费节约管制。具体来说，官府以为每有饥荒人民生命难以维持，这既是天灾亦是人祸——粮食消耗过度所致。因此，其救灾之法，主要集中在减少粮食浪费。其具体措施如下：

　　1. 减少食物

　　我国古代的君主每遇荒年，大多都会特别下诏减膳，并以身作则为天下倡。根据有关史料，我国历代减膳的政令记载主要有：汉宣帝本始四年以岁不登，诏太官损膳省宰；晋武帝咸宁五年以百姓饥馑减御膳之半；太宗贞观元年以旱饥减膳，贞观十七年诏亦如之；再如唐高宗显庆元年、唐睿宗先天二年、唐元宗开元三年等。但是通过总结，我们发现这些史料的记载多见于唐代及以前，宋以下则鲜见记载。总体说来，在我国历朝历代，节省食物多由君主带头并以身作则，推及百官强迫实施的较为少见。

2. 禁米酿酒

古代对于粮食消耗最大的莫过于酿酒，然饮酒之风，全国盛行，故粮食耗费巨大，因无法统计所以无法计量。然而，每遇饥荒，我国古代官府都会通过禁酒的方式以节约粮食。例如，汉律曾明确规定：凡三人以上无故饮酒，罚金四两。为节约粮食而发布禁酒令的还有汉文帝、汉景帝中元三年、汉武帝天汉三年、汉昭帝始元六年等。自汉宣帝之后禁酒之令时兴时废，多为临时性举措，尤其在经济繁荣的朝代，禁酒都主要是针对天灾，节约粮食。东汉和帝永元六十年、汉顺帝汉安二年、汉桓帝永兴三年、汉献帝建安中年、东汉末年曹操《酒禁》、蜀刘备下令禁酒酿者有刑、晋孝武帝太元八年、晋安帝隆安五年、隋文帝开皇三年、唐玄宗开元二年、唐肃宗乾元二年、唐代宗宝应二年、宋太祖元嘉十二年等，明太祖更甚，朱元璋为减少米麦的浪费制定禁酒令，还下诏不准种糯稻，塞造酒之源头，从根本上禁绝酿酒。

虽然荒年减少食物和禁米酿酒是我国历朝历代践行粮食消费节约的基本举措，但实际效果并不明显。比如，在现实中，减少食物不过是统治阶级虚与委蛇而行，其并没有推行到全国人民，如要做到需要严厉的措施监督，否则很难有实效。在当时，仅靠封建统治阶级及其官员的例行节约显然是不可能达到节约粮食的目的的。至于禁米酿酒，其也存在各种弊端。比如，其有时虽明令禁止沽酒，但事实上却允许官员尤其是京官开店沽酒，即使在荒年，其还是照样酿酒。此外，因祭祀等需要的酿酒亦不在禁止之列。所以在当时，我们可以发现禁酒主要实行于民间，而民间老百姓平日并无多余粮食酿酒，荒年更不用说，只有富贵人家平日粮食有余会去酿酒。由此可见，在我国古代，荒年禁酒的粮食监管举措显然系流于形式，禁等于不禁。因此，历代节约的效果可见一斑。①

（六）粮食市场管理

封建社会时期，自给自足的自然经济占主要地位，粮食生产的目的主

---

①   参见邓拓《中国救荒史》，北京出版社1998年版，第306—307页。

要是自给，加上自然条件的限制，交通闭塞，导致中国古代社会早期粮食流通规模很小，商品粮很少，尽管如此，对于这一部分我国古代朝政还是进行了一定的干预和控制。比如，春秋战国时期葵丘各国订立的"毋遏籴"盟约，还有诸侯国之间的请籴等。秦汉时期虽然我国粮食产量大增，但其并不具备生产商品粮的条件。魏晋时期江南得到开发，南方粮食产量增加，粮食交易活跃。到唐代，经济繁荣的江浙一带出现了粮食商品交易的固定场所。南宋都城临安有大批从事粮食贸易的粮行、米铺。宋元时期江浙一带的米市贸易相当活跃。商人利用农户所产米谷以秋冬出售，春夏入籴的习俗，于城镇开设粮行、店、栈，从事粮食调剂，有的还把余粮运给邻近郡县。明代农村集市贸易比较发达，其中粮食贸易比重很大。清代，开设粮行必须办理登记手续，经过官方同意，领取牙贴之后方可营业。此外，地方官府也有各种条规，对粮商进行管理。需要指出的是，中国古代的这些粮食贸易都是在政府的严格掌控中进行的，并未出现充分的粮食自由贸易，即使是民间的粮食自由贸易政府也强力干预，原因在于一是粮食在当时的战略性地位，二是传统集权思想的影响。因此，在中国古代社会并没有出现现今意义上的粮食市场。

而自1840年鸦片战争以后，中国逐渐沦为半封建半殖民地国家，当时国内土地高度集中，地主阶级的残酷剥削，粮食分配多寡悬殊，致使民怨沸腾。大量土地高度集中在少数人手中，实行永佃制，收取高额地租。当时的土地所有制，可以分为地主土地所有制、富农土地所有制、自耕农土地所有制、国家土地所有制等多种形式。鸦片战争前后土地大多集中在地主阶级手中，太平天国运动时期，在农民革命军占领的地区，地权一度分散，但是在太平天国运动被镇压以后，随着封建势力的复辟和新军阀、新官僚以及商人势力的崛起，地权又开始集中，自耕农和国有的许多土地通过大军阀和大官僚的强夺豪取、太平天国运动失败后通过地主阶级的反攻倒算、新兴商人和高利贷者利用鸦片战争以后对外通商谋取的暴力或趁国内战乱之机兼并土地、官僚地主与工商业家创办所谓"垦殖公司"集中大量土地、各地洋教堂占有并出租土地等方式土地向少数人手中集中。①此外，它们还通过增加押租和额外浮收或提高地租折价等等，收取高额的地租田赋，在农民身上加上沉重的负担。

---

① 参见许宗仁《中国近代粮食经济史》，中国商业出版社1996年版，第34—35页。

此时的中国政治腐败，外患内忧，生产日下，粮食奇缺，粮食储备大幅下降。这一时期的社会粮食储备，按性质分，同鸦片战争以前一样，可以分为官储、民储和官民共储等，用以储存这些粮食的仓库，主要包括了官办的京仓、漕粮转运仓、常平仓和营仓以及民办的或官民共办的社仓、义仓等形式。①但是这些仓储制度多已废弛。

二 民国时期的粮食安全监管

（一）国民政府的粮食安全监管

1. 粮食安全监管机关

辛亥革命后，田赋"全征折色，不纳漕粮"，粮食贸易进一步发展，各省粮食贸易由实业司厅掌管，但是由于军阀混战，经济衰退，市场分割，粮食无法正常交易。南京国民政府成立以后，还是比较重视粮食问题，主张"全国粮食实行彻底之管理与统制"，设立"粮食管理局……粮食一类，当由地方公局买卖，对于人民所需之食物，规定最廉之价，除自耕自食者外，余人得按口购粮不得转卖图利"，已达到人人有便宜饭吃之目的。②抗战前，中央和地方都曾设立粮食管理行政机关，对于粮食市场进行管理，实行国赋征收，对粮栈、粮商、经纪、粮行及米厂进行登记，核发营业执照。凡经营粮食的私商，须向县政府及田粮处申请登记，核发营业执照。未经登记准许给照的商号，不得为粮食买卖之居间人；未经登记准许给照的市场行栈，不得为粮食集中之交易；未经登记准许给照的碾坊、米厂，不得经营粮食加工业务。③抗日战争爆发后，海口先后被封锁，洋米来源断绝，后方充斥各种游资，伺机囤粮，致使后方粮价飞涨，造成粮食恐慌，于是国民政府成立了全国粮食管理局，各省成立了粮食管理局，县设粮食管理委员会，乡设粮食干事，负责军粮征购和民粮调剂事宜。1940年，国民政府召开第三次财政会议，决定田赋改征实物，并随粮征购部分粮食，政府掌握的粮食数量大大增加，仓库增多。

1941年国民政府又撤销全国粮食管理局，改设粮食部职掌全国粮食行政。各省粮食局改称粮政局，归属省政府机构序列；县粮食管理委会改

---

① 许宗仁：《中国近代粮食经济史》，中国商业出版社1996年版，第83—86页。

② 闻亦博：《中国粮政史》，正中书局1943年版，第142页。

③ 参见岳阳市地方志编纂委员会《岳阳市志》（9），中央文献出版社2004年版，第164页。

设粮政科，归入县政府。①对粮食实行严格管理，这些粮食管理机关的主要职能有管理粮食市场②、严格实施情报制度、严格实施分配制度、组织粮商、安定粮价及力谋粮食开源节流等，目的旨在平衡供求、调剂民食、管理粮食运销以及统制粮价。依据供求法则，国民政府将军粮划出市场之外，关注粮食大户，随时督促粮食大户出售存粮，调剂盈虚。对于粮食歉收或者缺粮地区做适当调剂。在价格上，对粮食限价。当时的粮食部制定了粮食限价的二十九条具体办法。而粮食商人则必须登记给照后，并加入粮食同业公会，才具有经营粮食的资格，目的在于防止囤积居奇，维护粮食安全。抗日战争胜利后，粮食市场有所恢复，但由于国民党发动内战，横征暴敛，导致通货膨胀，粮价暴涨，粮商停业，粮食市场一片萧条。③

2. 仓储制度

民国前期地方封建势力相互争夺，仓政废弛。1928年内政部颁布《义仓管理规则》，恢复各地旧仓，1930年修正为《各地方仓储管理规则》。仓库设立的目的与过去的义仓、社仓相似，但没有常平仓调剂粮价的作用。1933年，国民政府行政院"复拟草订仓储办法，积极推进"，1936年又修正前管理规则为《各地方建仓积谷办法大纲》，设国立储备仓、省市储备仓、县仓、区仓、乡仓五类。抗日战争爆发后各地仓库基本皆废。抗战胜利后，国民政府发动大规模内战，军费开支浩大，财政赤字惊人，滥发纸币以致通货膨胀愈加严重，粮价随之飞涨，粮食政策也彻底破产。

---

① 参见江苏省地方志编纂委员会《江苏省志·粮食志》，江苏人民出版社1994年版，第11页。

② 当时粮食部门对粮食市场的管理监督主要体现在以下几个方面：（1）登记粮食仓栈。非经登记准许给照之仓栈，不得经营粮食之寄存及储押业务。（2）登记粮食商号。非经登记准许给照之商号，不得经营粮食运销之业务。（3）登记粮食经纪。非经登记准许给照之经纪，不得为粮食买卖之居间人。（4）登记粮食市场行栈。非经登记准许给照之市场行栈，不得做粮食集中交易，或交割场所，与介绍或公正之行为。（5）登记粮食加工行业。非经登记之准许给照之碾坊，不得经营粮食加工行业。（6）登记运输工具。联络交通管理机关，登记转运粮食有关运输工具，于必要时，得协商调用之。详见闻亦博《中国粮政史》，正中书局1943年版，第160页。

③ 参见浙江省粮食志编纂委员会《浙江省粮食志》，当代中国出版社1999年版，第180页。

（二）中共革命根据地政府的粮食安全监管

在中国共产党领导的革命根据地和解放区，各级民主政府都设有粮食局和粮食贸易机关，分司粮政管理和粮政营运之职。第二次国内革命战争时期，为了反"围剿"的需要，1933 年中央在革命根据地设立了由国民经济部领导的粮食调剂总局，各省设立了粮食调剂局，各县设立粮食调剂分局，一些区和重要乡镇设立了粮食调剂支局。同时群众性的粮食合作社也在苏区各地普遍建立起来。1933 年底，苏区中央成立了粮食部，调剂局划归粮食部领导。1937 年中央粮食部改为粮食局，由边区政府直接领导，负责粮食收发、保管、运输等业务。1941 年重建新四军军部时，财政经济部下设粮食局。苏北临时行政委员会成立粮食总局和区、县粮食分局。因地区和时期不同，粮食机构名称不一，有的称粮食局、粮赋局，有的称财粮局，也有的称粮食科。区有财粮分局，乡、村设财粮委员会。粮食局的主要职责是征收粮赋（1942 年以后改称救国公粮），组织粮食支前。所征公粮除极少粮库负责保管和供应外，绝大多数分散保管在群众家中。对粮食的贸易流通，由各级政府的贸易局、工商管理局及公营的江海、利民、建中等公司、商店负责，其任务是调剂民食，平抑市场粮价，管理粮食输出、输入。抗日战争胜利后，国民党政府发动大规模内战，解放区粮食工作更加艰巨，粮食机构体制与抗日战争期间相同。①

三　新中国成立后的粮食安全监管

1949 年中华人民共和国成立后，中国共产党和国家十分重视粮食安全，从毛泽东强调"吃饭是第一件大事"②到胡锦涛的"如果吃饭没有保障，一切发展都无从谈起"③等等，均说明我国国家领导人充分认识到了粮食问题的重要性。在近 70 年的时间里，根据不同时期的形势，党和国家采取了不同的措施，实行了不同的粮食管理政策。

（一）自由购销时期（1949—1952 年）

1949 年到 1952 年国家经济恢复时期，国家对粮食的管理基本是实行贸易自由，国营公司与私商均参与粮食贸易，市场经营主体多元化，各地

---

① 参见江苏省地方志编纂委员会《江苏省志·粮食志》，江苏人民出版社 1994 年版，第 12 页。

② 毛泽东：《建国以来毛泽东文稿》第 8 册，中央文献出版社 1993 年版，第 236 页。

③ 《十六大以来党和国家重要文献选编（上）》（二），人民出版社 2005 年版，第 1038 页。

建立了粮食批发市场和粮食批发交易所。同时，国家还将民国时期的田赋改为农业税（亦称公粮征收），并调整了征收办法，减轻农民负担。对私营粮食进行利用、限制和改造，打击投机倒把，有力地遏制了粮价的涨势。在稳定粮价斗争和"三反"、"五反"运动中，国家淘汰了大部分的投机性粮行，同时，还增设了部分国家粮食管理机构。例如，1950年中央人民政府决定成立中国粮食公司隶属中央贸易部和粮食管理总局隶属中央财政部，1952年9月合并二者并在此基础上成立了中央人民政府粮食部，统一管理全国粮食工作。由此，国家粮食主导地位开始形成。

（二）粮食统购统销时期（1953—1978年）

1953年下半年，国家开始实行粮食统购统销，取缔了粮食自由市场，由国家经营粮食。具体来说，解放后随着国民经济的恢复和发展，粮食生产虽有所增加，但随之而来的粮食需求量也在不断增加，因此，产需矛盾不断加深。为适应国民经济有计划、大规模建设的需要，并进一步掌握粮食市场和保障国家粮食安全，国家开始实行粮食统购统销制度，[①]即由国家严格控制粮食市场、严禁私商自由经营粮食。按照当时政务院《粮食市场管理暂行办法》的规定，私营粮商只有在国家的监督和管理下，由国家粮食部门委托代理销售粮食。城市居民购得国家计划粮，在作粮种间的调换时，须到国家指定的粮店、合作社出卖，或到国家粮食市场进行相互的调剂。农民余粮，可以售给国家粮食部门，或到国家粮食市场进行交易，也可以在农村进行少量互通有无的交易。[②]

1953年至1957年在统购统销制度下，农业生产发展很快，粮食产量逐年增长，粮食形势比较好。

1958年至1966年，由于1958年掀起的"大跃进"、"人民公社化"运动，提倡吃饭不要钱、平均主义，动员全民大炼钢铁，使生产力受到严重破坏，紧接着连续三年的自然灾害，导致粮食生产大幅度下降，国内粮食局势严峻。当时农村群众生活由公社负责，国家粮食市场停办。到

---

① 从1953年国家实行粮食计划收购、计划销售，即粮食统购统销制度，直到1985年取消粮食统购统销，改为合同定购，历时32年。其间，1978年以前粮食实行计划收购和计划供应，由国家粮食部门统一经营，统一管理；1979年以后，经过不断改革，粮食统购统销的格局被打破，粮食购销进入双轨制的过渡时期，改为按计划调节与市场调节相结合的办法进行管理。

② 参见岳阳市地方志编纂委员会《岳阳市志》（9），中央文献出版社2004年版，第165页。

1960 年为解决缺粮问题，粮食市场春开秋闭。1961 年后陆续开放。这一时期，中央为加强粮食管理，采取一系列措施以期缓和紧张局势。例如，其采取了打破禁区进口粮食、加强国内粮食调拨、压缩粮食销量、改革粮食管理体制，实行统一收购、统一销售、统一调拨、统一库存，分级管理，建立国家和社会粮食储备等多种手段。1964 年，国家还对丰收地区实行了超产超购超奖，鼓励农民多卖余粮，到 1965 年粮食形势好转，储备粮达到 45.7 亿斤。

1967 年至 1978 年，受"文化大革命"影响，我国粮食局势再次走向紧张，粮油市场时开时关，国家当时的政策主要是：提高粮食收购价格、维护农民经济收益；继续实行粮食征购基数一定几年不变、超购超奖的政策；整顿粮食统销，严格控制商品粮人口；以出养进；建立农村粮食管员制度等。

（三）过渡时期（1979—1984 年）

1979 年至 1984 年，改革开放以后，国家对粮食购销体制进行多次改革，统购统销的格局逐渐被打破，逐步实行计划调节为主、市场调节为辅的管理体制。此时期是粮食管理体制改革从计划经济向市场经济转变的一个过渡形式，政府开始对市场经济条件下粮农利益的保护、粮食市场的稳定、粮食市场调控的加强以及国家粮食安全的保障等问题进行了初步探索，恢复粮食集市贸易，粮食市场全年开放，开展粮食议购议销，在发挥国营粮食商业主渠道作用的同时，实行多渠道经营，减少统购统销的数量，实行农村粮食购销包干的办法，农民完成国家征购任务后可自由上市出卖粮食，同时扩大市场调节的范围。

30 多年的粮食统购统销制度，国家对粮食实行的是中央集权管理，由商业部或粮食部统管全国粮食工作，除了国民经济恢复时期在国有经济领导下存在粮食自由贸易之外，粮食长期实行的是统购统销制度，中共十一届三中全会以后逐步实行双轨制。而实践证明粮食作为关系国计民生的重要商品，在粮食产需存在矛盾、粮食总量还不充裕的历史条件下，对粮食实行统购统销体制，对于确保军需民食、支持经济建设、安定人民生活、稳定社会局势确实起了重大的作用。①但是这种制度的负面影响也是

---

① 参见陕西省地方志编纂委员会《陕西省志·粮食志》，陕西旅游出版社 1995 年版，第 68 页。

不容忽视的，一方面其很容易挫伤农民种粮积极性，阻碍粮食生产；另一方面长时间的粮食购销价格倒挂，将会导致政府财政负担日趋加重。

（四）双轨制时期（1985—1993 年）

在粮食生产形势大好的情况下，1983 年和 1984 年一度出现了农民卖粮难的局面。1985 年中共中央 1 号文件提出粮食流通体制改革，取消粮食统购，实行合同定购，同时在农村实行粮食购销同价。实际上从 1984 年下半年开始粮油市场就开始全年开放，农民在完成征购任务后，余粮可以自由上市出售，粮食价格开始了定购价格和议购价格的"双轨制"时期。从 1987 年明确宣布实行双轨制之后，在粮食流通领域，国家平价购销与议价购销、粮食部门经营与多渠道经营同时并存的局面基本形成。

1985 年到 1988 年粮食生产出现了徘徊波动的状况，全党大抓粮食，扭转徘徊局面，以保障粮食稳定增长。为完成粮食合同定购任务，1990 年国务院决定把合同定购改为国家定购，并明确规定完成国家粮食定购任务是农民应尽的法律义务。[①] 90 年代，市场竞争加剧，管理愈加困难，粮食定购价格不断提高，而统销价格却不变，国家财政负担日益加重，为此，国家逐步放开粮油价格，个体粮油加工迅速发展。1990 年 7 月国务院发布《关于加强粮食购销工作的决定》指出：由于我国地域辽阔，局部地区的自然灾害难以避免，年度、地区之间的粮食情况不平衡，因此，必须建立足够的粮食储备，防灾备荒，调剂余缺。此外，其还明确指出中央要逐年增加国家粮食储备和市场调节粮，地方也要逐步建立地方粮食储备，提倡农村集体经济条件比较好的地方和农户储备一些粮食，经过若干年努力，逐步建立起一套粮食储备体系。同年 9 月，国务院还通过发布《关于建立国家专项粮食储备制度的决定》，加强对专项粮食储备工作的领导，设置国家粮食储备局，专项储备粮的粮权属于国务院，由商业部代国务院管理，各地必须服从统一调度，未经国务院批准，任何地区和部门不得擅自动用。1991 年，国务院又提出中央、地方、集体、农户多级粮食储备制度。

（五）全面放开粮食购销和价格时期（1994—2003 年）

1993 年底，根据中央农村工作会议的关于粮食定购实行"保量放价"

---

① 唐正芒：《新中国粮食工作 60 年略述》，载《马克思主义中国化与新中国 60 年》，中共党史出版社 2011 年版，第 215 页。

（粮食定购数量不变，价格就随行就市）的决定，全国粮食市场迅速发展，粮食价格"双轨制"体制结束，进入到市场调节的"单轨制"时期。

1994 年到 1997 年，这一时期国家粮食管理举措主要有以下几个方面：（1）在农村推行税费改革，降低种粮成本，大幅度提高粮食收购价格，提高农民种粮积极性。（2）严格管控粮食流通。1994 年国家实行统一收购商品粮的 70%—80% 的粮食政策，并且规定从粮食收购到批发由国有粮食部门统一经营，发挥主渠道作用。原则上不允许非国家粮食收储企业到农村收购小麦、玉米、稻谷等。同时，开始恢复制定粮食定购价格，但定购以外的粮食收购价格仍随行就市。粮食购销政策仍然实行"双轨制"，即在保证政府能够稳定地掌握一定数量的粮食，以稳定粮食供给的前提下，放开粮食市场购销。但政府重申了议购粮食应随行就市，不允许搞"二定购"。1997 年国务院明确规定，国家定购粮仍按 1996 年确定的定购价收购，而议购粮按保护价敞开收购，保护价就是国务院确定的定购基准价。可见，1998 年以前，中国粮食流通体制改革始终未获得突破性进展。[①]（3）实行"米袋子"省长负责制。（4）中央逐步完善国家战略性储备和市场调节性储备的制度，国家储备和地方储备分开管理。上述这一系列宏观调控有力的遏制了粮价不断上涨的势头，稳定了粮食市场，但是必须指出的是，如此严格的管制势必会阻碍粮食市场的自由发展。

1998 年，国务院在《关于进一步深化粮食流通体制改革的决定》中指出：粮食流通体制改革的原则是"四分开一完善"，即政企分开、中央和地方责任分开、储备和经营分开、新老财务账目分开，完善粮食价格机制，更好地保护农民的生产积极性和消费者的利益。此外，其还颁布了《粮食收购条例》，规定粮食收储企业可以按照国家的有关规定，从事粮食收购活动。未经批准，任何单位和个人不得直接向农民和其他粮食生产者收购粮食。"粮改"和市场管理工作的力度进一步加大。

1999 年经国务院批准成立国家粮食局，由国家发展计划委员会指导，负责全国粮食工作。2000 年中国储备粮管理总公司正式成立，按区域设立的 14 个中央储备粮管理分公司先后挂牌营运。2003 年国务院

---

① 参见崔常发、谢适汀《纪念新中国成立 60 年学习纲要》，国家行政学院出版社 2009 年版，第 287 页。

颁布实施的《中央储备粮管理条例》，其明确规定中央政府储备是指用于调节全国粮食供求总量，稳定粮食市场，以及应对重大自然灾害或者其他突发事件等情况的粮食和食用油。中国储备粮管理总公司具体负责中央储备粮的经营管理，并对其数量、质量和储存安全负责。国家粮食行政管理部门负责中央储备粮的行政管理，对其数量、质量和储存安全实施监督检查。

（六）宏观调控下的粮食购销市场化时期（2004年至今）

2004年国务院出台了《关于进一步深化粮食流通体制改革的意见》，明确深化粮食流通体制改革的总体目标：在国家宏观调控下，充分发挥市场机制在配置资源中的基础性作用，实现粮食购销市场化和市场主体多元化。同年，国务院还制定了《粮食流通管理条例》，规定国家粮食行政管理部门对粮食流通的行政管理、行业指导责任，监督有关粮食流通的法律、法规、政策及各项规章制度的执行。此外，其还规定国务院工商行政管理、产品质量监督、卫生以及价格等部门分别在其职责范围内负责相关粮食流通工作。

2005年十届全国人大常委会第十九次会议决定，自2006年1月1日起废止《中华人民共和国农业税条例》。自此，农民结束了2600多年"皇粮国税"的历史。至此，以市场供求为基础的粮食价格形成机制逐步建立，粮食收购市场和收购价格全面放开，市场机制配置粮食资源的基础性作用得到充分发挥，统一开放、竞争有序的粮食市场体系逐步形成。[①]

2008年面对2007年的世界粮食危机以及金融危机的来袭，为稳定粮食市场，国家大幅度提高粮食最低收购价格，同时增加储备粮的收购计划，这一举措不仅保护了农民利益、调动了农民种粮积极性，也促进了粮食生产的稳定发展。

2009年国务院颁布实施了《粮油仓储管理办法》，国家粮食行政管理部门负责全国粮油仓储监督管理工作，制定管理制度和标准，组织储粮安全检查工作，粮食行业依法监管得到加强。至今其行政职权主要执行粮食清仓查库、粮食收购资格、中央储备粮代储资格、粮食监督检查、粮食市场日常监督、政策性粮食专项检查等监管工作。经过30年

---

① 详见崔常发、谢适汀《纪念新中国成立60年学习纲要》，国家行政学院出版社2009年版，第288页。

的改革，长达几十年的粮食统购统销制度彻底取消了，粮食市场全面放开。

总之，通过上述对中国粮食安全管理历史的梳理，我们可以看出不论是古代还是现代，粮食问题都可以分为"量"与"价"两个部分。就以上两者间的关系而言，粮食数量与粮食价格通常成反比。质言之，若粮食不足，其价必高，必将影响民食，即谓"谷贵伤民"；但若粮食过剩，其价必贱，则将影响农民的收益，即谓"谷贱伤农"。也正是因为此，我国历朝历代都非常重视粮食安全问题，都试图通过国家干预手段以防止粮食危机事件的发生。

不过必须指出的是，首先，中国古代和现代对粮食安全问题的重视，其出发点是不同的。其中，前者其根本目的是为了维护封建君主的统治秩序，而后者基于近现代公民人权理论的发展，其首要目的是为了满足人的生存权需要。其次，其管控方式存在显著区别。中国古代对粮食的管控主要体现为一种普通的行政管理，即朝廷利用经济和行政力量对粮食生产、仓储、运输、贸易、消费等粮食安全问题加以调节和处理。而现代意义上的粮食监管，即本书所述的粮食安全监管，它是指由粮食安全监管机构依据法律法规的授权，在职权范围内，依照法定程序，对粮食市场进行的监督与管理。质言之，现代粮食安全监管是一种特殊的行政管理活动；与普通行政管理相比，其特殊性主要体现在：（1）监管主体是法定的专门性监管机构；（2）监管的权力来自行政法学上称的"特别授权"；（3）监管集立法、执法和司法于一身，具有高度权威性；（4）监管内容、手段以及方式等都与普通行政管理有所不同。①

就目前而言，我国的粮食安全监管已经从最初的行政管制逐步走向市场监管，从政府全面掌控粮食市场到政府逐渐退出，从监管的无据可依到逐步制定了《粮食流通管理条例》等相关的法规、规章等，可谓粮食安全监管在我国正在走向规范化、制度化。

第二节　中国粮食安全监管的法治现状

本节拟从有关立法与执法两个方面剖析我国粮食安全监管的法治

---

① 详见茅铭晨《政府管制法学原论》，上海财经大学出版社 2005 年版，第 5—11 页。

现状。

2004 年国务院颁布实施的《粮食流通管理条例》、2005 年颁布的《粮食流通监督检查暂行办法》以及《粮食质量监管实施办法（试行)》，充分说明了国家对粮食监管工作的高度重视，同时粮食行政管理部门也前所未有地被放到粮食流通监管者的位置上。但是迄今为止，我国尚未制定一部专门的法律来规范粮食监管行为，且现有的中央和地方出台的一些与粮食监管相关的条例和实施办法，都系行政法规和地方规章，立法层级偏低。当前，对我国粮食安全监管影响最大的行政法规是国务院 2004 年颁布实施的《粮食流通管理条例》（以下简称《条例》），这部《条例》仅仅只有 54 条规定，其不仅根本无法涵盖粮食流通的各个方面，而且其执法规定非常粗略，可操作性不强。此外，2005 年国家发改委等六部门出台的《粮食流通监督检查暂行办法》，其效力等级仅为部门规章，与法律相比相去甚远。上述种种制约因素导致了我国相当多的部门执行的是不同政府部门的政策性规定，政府的各部门都有可能从一定的角度出发成为一定部门利益的代言人来对一些行业进行规制。①总之，近年来，虽然粮食行政管理部门对于粮食安全的监管确实做出了重大贡献，但是仍然存在许多问题，尤其是粮食经营违规现象比较严重，监管不到位，粮食各方利益主体的利益，包括粮农利益、消费者利益、经营者利益（含国有粮企的利益)，都得不到有效保证。

一　粮食安全监管立法现状

近十年来，我国省级及相关部门以上的有关粮食立法诸多，笔者将其简要列入表 2 - 1。

表 2 - 1　　　　　　　中国粮食安全监管法律规范体系示意

规范类别	例证	制定部门
法律	《中华人民共和国农业法》（2012）、《中华人民共和国农产品质量安全法》（2006）、《中华人民共和国食品安全法》（2009）等	全国人大常委会
行政法规	《中央储备粮管理条例》（2003）、《粮食流通管理条例》（2004）等	国务院

① 参见谢爱平《西方规制理论对中国政府规制改革的启示》,《理论界》2004 年第 5 期。

规范类别	例证	制定部门
部门规章	《陈化粮处理若干规定》(2002)、《国家粮食流通统计制度》(2005)、《粮食流通监督检查暂行办法》(2008)、《粮食质量监管实施办法》(2008)、《粮食收购资格审核管理暂行办法》(2008)、《粮食库存检查暂行办法》(2008)、《粮油仓储管理办法》(2009)、《国家政策性粮食出库管理暂行办法》等	国家发展和改革委员会、国家粮食局、财政部、卫生部、国家工商行政管理总局、国家质量监督检验检疫总局等
地方性法规	《无锡市粮油安全监督管理条例》(2004)、《宁夏回族自治区地方储备粮管理条例》(2007)、《广东省粮食安全保障条例》(2009)、《兰州市粮食流通监督管理条例》(2009)、《贵州省粮食安全保障条例》(2011)等	省、自治区、直辖市以及省级人民政府所在地的市和国务院批准的较大的市的人民代表大会及其常务委员会
地方规章	《湖南省实施〈粮食流通管理条例〉办法》(2007)、《广西壮族自治区粮食收购资格暂行规定》(2007)、《福建省粮食收购资格审核管理实施细则(暂行)》(2007)、《湖北省粮食收购资格审核管理暂行办法》(2007)、《浙江省实施〈粮食流通管理条例〉办法》(2008)、《四川省〈粮食流通管理条例〉实施办法》修正案(2009)等	省、自治区、直辖市人民政府以及省、自治区、直辖市人民政府所在地的市、经济特区所在地的市和国务院批准的较大的市的人民政府
其他	《湖北省粮食行政管理部门行政处罚自由裁量权指导标准(试行)》(2010)、《湖南省粮食行政管理部门行政处罚裁量权基准制度》(2013)等	地方各级粮食行政管理部门

根据表2-1，可以发现当前我国与粮食监管相关的法律规范很多，但这主要体现为行政法规、地方性法规、部门规章、地方政府规章以及其他规范性文件。[1]总体说来，以上规范的"效力等级参差不齐，制度内容分布零散，缺乏体系性和逻辑性，甚至是中央与地方的法规之间存在部分规定上的冲突。"[2]作为例证，《农业法》主要涉及粮食生产阶段，《农产品质量安全法》、《食品安全法》等虽然都涉及粮食质量问题，但并非专门针对粮食这一特殊商品的质量，更难以对粮食供给、粮食价格等流通问题进行监管。目前直接规定粮食安全监管的只有《粮食流通管理条例》以及《中央储备粮管理条例》，但这两部条例属于行政法规，其效力层次

---

[1] 我国《种子法》、《森林法》、《畜牧法》、《渔业法》、《草原法》、《土地管理法》等法也对粮食问题做了规定，但都主要是对粮食生产阶段的规定，难以满足粮食流通"全过程"监管的需求。

[2] 陈少伟、胡锋：《中国粮食市场研究》(第2辑)，暨南大学出版社2011年版，第49页。

相较于粮食安全的重要性而言显然过低，即其根本没有法律效力层次的粮食安全立法。此外，更值得关注的是，粮食安全涉及整个粮食的生产、流通、消费等多个环节，《中央储备粮管理条例》和《粮食流通管理条例》仅仅只是调整粮食流通，粮食安全的其他环节则存在立法空白。这将直接导致在粮食生产方面容易出现种粮者不能依法种粮、交粮，农民利益得不到有效保护等问题；在粮食消费方面，则容易出现粮食消费者的利益无法得到保护、对其粮食消费行为没有法律约束、粮食浪费惊人等问题。

从世界各国粮食安全保障的发展趋势来看，越来越多的国家制定了有关粮食安全保护的基本法。粮食安全基本法是对粮食安全问题的全面的原则性规定，既是对国家粮食政策的宣告和对粮食行政管理职责的确定，也是对公民粮食权的宣告，是制定其他粮食单行法的依据。我国粮食法律制度虽有发展，但仍然难以从法律层面有效的保障粮食安全。因此，从目前的立法实际看，我国既有的粮食安全立法远远不能实现保障国家粮食安全这一战略目标。粮食安全保障是整个国计民生的基础，鉴于此，制定一部专门的粮食安全基本法，对关涉粮食安全的各项法律制度进行系统的设计是非常必要的。

为此，2007 年《粮食法》制定就被列入十一届全国人大五年立法规划。在酝酿多年之后，国务院法制办终于在 2012 年公布了《粮食法（征求意见稿)》（以下简称《意见稿》），征求社会各界的意见。《意见稿》虽然对粮食从生产、流通、消费各环节作出了明确规定，比如粮食收购加工许可制度、粮食质量安全保障、粮食安全考核问责等，但是仍存在许多遗漏和瑕疵，与粮食安全监管的现实需求脱节，这主要体现在：

第一，在监管主体方面，虽然《意见稿》明确规定了粮食行政管理部门的粮食监管职能，但是对地方各级粮食行政管理部门的法律地位、职权的规定却很模糊，例如，其仅在第七条规定："县级以上地方人民政府粮食行政管理部门负责本区域粮食流通的行业管理和指导，管理地方粮食储备，实施粮食监测预警和应急处置，保障粮食供应，维护市场秩序。"这相对于上述《条例》中的行政职能规定，实际上更加弱化了基层粮食监管部门的职能，这显然不利于粮食安全监管工作，尤其是对国有粮企监管工作的展开。

第二，在监管范围方面，《意见稿》虽然在其第五章以专章形式规定了粮食质量安全监管，但是在市场准入许可上，仅规定了对收购加工实施许可，对粮食存储活动则只需要备案，至于粮食销售活动则仅有禁止性规定而无惩处性措施。如此规定，我们可以预料在今后，类似 2013 年毒大米事件势必会重新上演。

第三，在监管方式上，《意见稿》中规定的粮食监管方式都是传统的命令控制式监管方式，比如行政许可、行政检查、行政处罚等比较刚性的方式，而在实行市场经济、以市场为取向的今天，单纯规定这一刚性方式无疑存在诸多不足。

第四，在监管程序上，整个《意见稿》完全没有涉及粮食执法的程序规定，而在现代法治国家，"行政程序既可以最大限度地减少官僚主义武断和超越权限地危险，又可保持行政部门需要的有效采取行动的灵活性。"[1]

二　粮食安全监管执法现状

（一）监管主体职能不明确

从总体上看，我国目前是由中央一级的政府部门决定对某一行业进行监管，再由中央政府部门下属的行政性政府机构来执行具体的监管。对于粮食安全监管而言，国家粮食局就是国家发改委管理的负责全国粮食流通宏观调控具体业务、行业指导和中央储备粮行政管理的行政机构。但在实际操作中，我国粮食监管主体仍存在多元化以及其职能交叉导致监管效果不佳等诸多缺陷和不足。

具体来说，按照国务院《粮食流通管理条例》规定，粮食行政管理工作分别由农业、粮食、工商、质监、卫生、价格等行政部门在各自职责范围内加以分担，换句话说，在粮食市场监管中，农业、粮食、工商、质监、卫生、价格等行政部门都有监管职能。在现实中，上述执法主体的多元化，直接导致了我国粮食安全监管权被肢解的消极后果。有的粮食行政执法工作需要几个部门一同参与，而往往因为涉及部门多，难以协调，很难形成经常执法的局面。具体来说，这种"九龙治水"模式的弊端在于：一方面粮食监管的具体实施不是由粮食行政管理部门独立执行的，而是根据职能由粮食、农业、工商、质监、卫生、价格等多个部门共同配合执行

---

① ［美］欧内斯特·埃尔霍斯恩等：《行政法和行政程序概要》，黄列译，中国社会科学出版社 1996 年版，第 2 页。

的，由于以上部门条块分割，本已连贯的粮食资源链条被人为分割开来，再加上以上各部门职能不同，工作重点不同，在工作中容易夹杂自身部门的利益，难以形成有效的监管合力。同时，各部门分段执法容易导致重复检查、重复处罚等问题。另一方面，监管主体职能交叉重复容易出现执法盲区，例如目前粮食质量、粮食流通秩序等监管问题即出现了无人问津的局面。作为例证，《粮食流通管理条例》第47条规定："粮食经营者未按照本条例规定使用粮食仓储设施、运输工具的，由粮食行政管理部门或者卫生部门责令改正，给予警告。"表面看该条款确实规定了管理部门，但实则在自身利益的驱动下，对于容易监督管理的事项各执法主体都会争相去做，反之，则互相推诿。事实上，这类规定都过于笼统并容易造成职能交叉，显然这是不利于粮食行政管理部门依法顺利开展执法工作的。

（二）监管手段不健全

目前在现实中，我国尚缺乏有效的粮食监管手段，这主要体现在以下两个方面：

第一，粮食监督检查权和行政处理权的分离。在粮食行政执法监管实践中，粮食行政管理部门一旦发现了问题，大多需要移交到工商、质监或卫生等行政部门来处理，但处理结果到底如何粮食行政管理部门就不得而知了，这极大地影响了粮食行政执法的连贯性。如《粮食流通管理条例》规定，将"未经行政许可"的监督检查权赋予粮食行政管理部门，但行政处罚权却是被赋予工商行政管理部门，监督检查权与行政处罚权的分离，导致现实中粮食行政管理部门在行使监督检查权时举步维艰，大部分相对人基于此无视粮食行政管理部门的监督检查，滋长了不服粮食行政管理的心理和行为。

第二，粮食流通中的分段式监管易造成监管空白等。根据《粮食流通管理条例》第7条规定："粮食经营者指从事粮食收购、销售、储存、运输、加工、进出口等经营活动的法人、其他经济组织和个体工商户"，一个基本的粮食流通产业链条涵盖了粮食的收购、储存、加工及成品粮销售，对于粮食流通的监管也应该是对整个流通过程的监管，但是目前我国粮食行政管理部门仅对从事粮食收购、储存、运输和政策性用粮的购销活动有管辖权，而对其他从事销售、加工、进出口及成品粮销售的粮食经营者，则无权管辖。将粮食流通的监管分割开，单独监管其中某一个环节，这样的分段式管理，造成了我国粮食安全监管易出现空白点以及职责不清的局面，这显然既不能满足市场需求，也不符合行政效率原则。

（三）监管范围狭窄

当前我国粮食监管范围狭窄，主要表现在以下两个方面：

第一，体现在监管对象上。国家《粮食收购资格审核管理暂行办法》第8条规定："凡常年收购粮食并以营利为目的，或年收购量达到50吨以上的个体工商户，必须取得粮食收购资格。年收购量低于50吨的个体工商户从事粮食收购活动，无须申请粮食收购资格。"根据该规定，粮食行政管理部门仅仅只对年收购量大于50吨的粮食收购活动有管辖权，而大量走村串户从事粮食收购的实际年收购量高于50吨的粮食经营者利用这一规定的漏洞，可以不申请办理粮食收购许可证，粮食行政管理部门根本无法对其在收购中出现的短斤少两、压级压价、打白条等坑农行为进行有效监管，增加了粮食流通市场的不确定因素；同时，粮食行政管理部门也难以掌握到真实的粮食收购数量，统计数据失真，无法对粮食形势作出的正确判断，增加了粮食安全的不稳定因素。另外，虽然《粮食流通管理条例》第1章第2条明确规定粮食是指小麦、稻谷、玉米、杂粮及其成品粮，但在实际工作中，成品粮油的收购却在管理之外。仅以笔者所在地级市为例，除原粮加工企业外，绝大部分的经营成品粮油的超市、商场和个体经营者都没有办理《粮食收购许可证》，但是事实上他们的收购量都超过年收购量50吨的几倍甚至是几十倍。如是，本应属于《粮食收购许可证》办理范围，却直接导致成品粮油收购经营的无序以及监管空位。

第二，体现在粮食行政管理职能上。按照《粮食流通管理条例》第35条规定，粮食行政管理部门仅对从事粮食收购、储存、运输活动和政策性用粮的购销活动有管辖权，这意味着其他从事粮食销售、加工、进出口及成品粮销售的粮食经营者不在粮食行政管理部门的监管范围之内。同时，依照《中央储备粮管理条例》第6条规定："国家粮食行政管理部门负责中央储备粮的行政管理，对中央储备粮的数量、质量和储存安全实施监督检查"，基层粮食行政管理部门则对近在咫尺从事粮食收购、储存、运输的中央储备粮企业的粮食购销活动只有业务管理权而无行政监管执法权。事实上，对于散居各地的中储粮，国家粮食行政管理部门虽然有权监管，但碍于人力物力的限制，在监管上却是鞭长莫及。当国内粮食市场出现波动时，由于储备粮的粮权在国务院，等到国务院批准后，应对粮食波动危机的行动可能已经错过了最佳时机。地方粮食行政部门有能力而无职权的监管，极大地影响了粮食行政管理部门职能的履行。另外，目前粮食领域的监管主要是对收购的监管，缺乏对粮食生产、销售、储存、加工等各个环节的全方位的长期监管，这也直接影响粮食执法监管的效果质量。①

（四）监管队伍建设滞后

当前我国粮食安全监管队伍建设滞后，主要体现在以下方面：

第一，观念陈旧，心理不平衡。粮食行政管理部门的自身依法管粮意识不强。基层粮食行政管理部门在工作中仍然自觉或不自觉地受到过去的那一套的影响，习惯于使用传统的行政审批等刚性行政方式管理粮食，排斥法律的手段，工作中权力意识远远大于服务意识，极易出现监管者被俘获的现象。②再加上粮食购销的市场化，粮食供需平衡实行市场调节，政府机构中的粮食行政管理部门没有更多的政策性粮食管理，不仅是粮食行政管理部门自身，包括粮食经营者在内都认为该机构是否存在已无关紧要。而从1992年后，由于各种原因，作为负责管理粮食流通工作的粮食局，在机构改革中遇到了机构撤、并、缩、改；机构性质、名称多样化，时而归发改委管理，时而退出政府序列，导致粮食部门已经完全被边缘化，造成了心理伤害。就如笔者在对江西省J市粮食局调研时所了解一样，该粮食局局长感叹：对国家而言，粮食安全如此重要，粮食局却不重要。

第二，人员配备不足。自2004年《粮食流通管理条例》颁布实施以来，据国家粮食局前局长聂振邦在全国粮食政策法规工作座谈会上的讲话指出，据不完全统计，截至2010年底，我国省级粮食行政管理部门基本

---

① 2013年10月末，就有多家媒体报道中储粮的国储库中混入转基因菜籽油，事实上，中储粮在2013年相关的收储文件中，明文规定严禁转基因菜籽油作为国家临时存储油入库。尽管此次涉事的转基因菜籽油已经退库，相关责任人也受到相应的处分，但是事件本身反映了相关监管存在的问题。

② "与西方的政府管制不同的是，我国现行的管制机构的产生、机构成员的任命及构成，并不是通过立法程序而成立独立的管制机构，政府管制行为也往往不是由独立的管制部门来行使，而是由分管不同行业的不同政府部门行使。……再者，管制机构中的成员类型大多属于职业主义者和政治家类型，属于专家类型的则比较少。……拥有某种职位往往是个人效用的体现，同时也被认为是进一步获得更大效用的途径。由这些因素的综合作用，使得政府被俘获的几率会大大增加。"陈桂生：《管制与均衡：中国经济行政法的制度分析》，经济科学出版社2010年版，第168页。

都设立了监督检查机构，84.1%的市、地级和71.8%的县级粮食行政管理部门设立了监督检查机构；部分市、县级粮食行政执法队已达到1412个。这些机构的设立，的确为推进依法管粮提供了重要保障。但是，笔者通过对一些粮食主产区的粮食行政管理部门的调研得知，即使设置了粮食行政执法机构，相关行政执法人员也没有配备相应的执法工具，比如江西省J市粮食局监督检查科共设置科长一名，副科长两名，在访谈中该科长觉得很无奈，一方面没有处罚权，监管对象不买账；另一方面，总共就3个人，完全无法履行相应的职责。可见在实践中，粮食监管缺乏完善的执法保障措施，加之粮食行政执法人员法律知识的缺乏，使得粮食行政管理并没有完全从传统的行业内部管理转变到面向全社会依法管粮的轨道上来。

第三，人员素质不高。粮食行业的不景气致使行业内专业人员纷纷转行，进入粮食行政管理队伍的途径主要是行政机关调任、军队转业等，再加上严把公务员入口关，大专院校毕业生被拒之门外。年龄老化、观念陈旧以及法律专业知识的缺乏，使得粮食执法队伍整体素质不高，在面对粮食监管的现实时既无所作为，也无法作为。这些现象严重地制约着粮食行政管理部门监管职能的履行。

（五）监管程序不规范

总体来讲，上述几个方面主要是从粮食监管机构和人员、范围以及方式等静态方面来分析粮食安全监管的现状，但是政府监管是一个动态的过程，政府对粮食市场的监管，是运用公权力对私人领域的干预，干预的正当性的保证不仅需要"从实体法上规定监管权，明确其边界，还应通过程序规范监管权的行使"。[1]对监管程序的批评，主要体现在认为"规制程序不公平并且可操作性不强。……规制过程在根本上是不民主的并且缺乏正当性。……规制过程的效果是不可预见的，甚至是随意的。"[2]比如，实践中并非所有受到影响的群体的代表能够参与到粮食安全监管过程中，卷宗以及文件并没有完全对公众开放；粮食信息公开的内容有限，且不统一；听证流于形式等等。目前我国粮食行政管理部门虽然设立了粮食监督

---

① 殷志诚：《药品市场监管的行政法问题研究》，博士学位论文，中国政法大学，2006年，第2页。

② ［美］史蒂芬·布雷耶：《规制及其改革》，李洪雷等译，北京大学出版社2008年版，第4—5页。

检查机构，但并没有设立相应的法制处（科）室，缺乏相应的案件审核、复议、诉讼、听证、监督等工作程序，程序的缺失导致粮食安全监管实施中不断出现行政不作为和乱作为等问题。

第三节　粮食安全监管的行政法回应

我国粮食安全形势不容乐观，且粮食市场存在市场失灵现象，处理不当将会严重危及国内粮食安全，因而需要政府予以适当介入干预。与此同时，目前政府监管本身还存在诸多问题，需要进一步的管控。显然，最好的监管莫过于法治化，尤其是宪法和行政法的约束。为此，对粮食安全监管的研究，行政法学界责无旁贷。

一　行政法缘何回应粮食安全监管

从本质上看，监管即意味着公权力对私权领域的干预。然而如孟德斯鸠所言："一切有权力的人都容易滥用权力，这是万古不变的一条经验"①。也正是因为此，如何保证公权力的干预适当合理，被公认为行政法的主要任务之一。"行政法的最初目的就是要保证政府权力在法律的范围内行使，防止政府滥用权力，以保护公民。"②

我国粮食市场从改革开放以后，开放程度得到了很大提高，政府监管开始有限的退出。尤其是2004年以后，粮食购销市场的全面放开，标志着我国粮食流通领域由政府干预为主向市场化为中心的根本转变。但是这个市场并不完备也不健全，出现了上文所述的各种市场失灵现象。市场失灵的存在成为了政府介入的基础，但事实表明政府监管也存在"失灵"或"失范"的现象，进而无法实现政府监管的初衷。因此，有必要同时将政府监管失灵或失范的问题，纳入到整个粮食安全监管制度设计中去。具体来说，有关政府监管的弊端，其主要体现在如下几个方面：

（一）监管俘获（regulatory capture）

所谓监管俘获，其核心系指监管不是为了公共利益（the public inter-

---

① ［法］孟德斯鸠：《论法的精神》（上册），张雁深译，商务印书馆1982年版，第154页。

② ［英］韦德：《行政法》，徐炳等译，中国大百科全书出版社1997版，第5页。

est），而是为了某些特殊的私益（the private interest），监管机构变成了被监管者俘获的猎物或俘虏。但是依学界普遍之见解，政府监管的原初目的是为了矫正市场失灵，即是为了应对其国内所出现的自然垄断、外部性、信息不对称等情况，若不对其进行有效监管将会导致分配不公平或者资源配置无效率，从而偏离帕累托最优，并使社会福利受损。为此，需要政府干预或调整以维护公益。也正是基于此，传统观点普遍认为所谓政府监管，就是指政府代表民众做出理性的计算并从公共利益出发制定规则，防止被监管者进行价格垄断、对消费者滥用权力，从而克服市场失灵所带来的负面影响，实现帕累托最优。这也是用公共利益理论解释政府监管的原因。但是自20世纪七八十年代以来，这一观点受到了多方面的质疑。其中，最有影响力的即是"监管俘获"理论。

　　监管俘获理论，实际上是对公共利益理论的批判。该理论的持有者认为，监管主体并不是为了"公共利益"，而是为其他特殊利益集团服务，政府监管只是这些利益集团寻租的结果，虽然它在个别时候也能给普通民众带来某些有益的因素，但这并非它的实际初衷，充其量这只不过是政府监管的意外结果。[1]事实上，在现实情境中，不论是基于私人利益集团的游说，还是为了纠正市场失灵维护公益的监管，在经历过一段时间后，都会出现特殊的利益集团俘获或者控制监管，将监管变成其谋取自身利润的工具。盖因在监管中，一些利益集团熟悉了立法和行政程序，并为实现自身利益的最大化和减少成本的承担而竞争，当造成利益集中的少数去对抗成本分散的多数时，利益集团就有足够的诱因去影响决策，面对组织良好的利益集中的少数，那些承担分散成本的多数终将被打败，使得监管措施总是受到少数特殊利益集团的把持。因为意识到这一点，所以解除管制的呼声在20世纪80年代逐渐高涨。

　　（二）政治俘获（political capture）

　　在现实中，监管同样还受制于政治俘获。所谓政治俘获，即是指监管机构的决策受到政治的影响，从而损害被监管者的利益。实际上，政治俘获可能要比政治体制之外的生产团体的俘获风险更大。通常来说，在现实中，只要有政治俘获存在，就会有歪曲监管目标来达到政治目的的事情发

---

　　① 参见［美］理查德·A. 波斯纳《法律的经济分析》，蒋兆康译，中国大百科全书出版社1997年版，第475—476页。

生，这种现象最可能在监管政府部门直接控制的一些领域发生。此外，在独立的监管机构中也是如此。在政治俘获之下，监管容易沦为政府内部或统治精英分子谋取私利的工具。[1]

政治俘获是指监管机构的决策受到政治的影响，从而损害被监管者的利益。其实政治俘获和监管俘获的概念十分相似，都是一种监管失灵的现象。只不过二者的侧重点不一样，监管俘获侧重于监管机构被企业所俘获，侵害公共利益；而政治俘获则是强调在监管中，监管机构滥用监管权并获得进一步利益，就是说监管机构可能利用监管权来谋取其组织和成员的利益，比如组织的巩固、扩张以及经济利益等，损害被监管者的利益。一旦政府监管变成了监管者谋取自身利益的工具，那么极有可能出现监管者腐败的现象，其原因多是因为政府信息不够公开，缺乏有效的监督机制，这也是当前监管改革的重点，同时也是防止现阶段管制国家自肥（self-serving）的关键。[2]

（三）监管成本（regulatory costs）过高

在各国监管实践中，尽管常常被忽视，但是政府监管成本是绝对存在的（见图2-11），而且在很多情况下，支付的巨额成本与获得的回报并不成正比，成本远远高于市场价值。从内容维度看，政府监管成本主要分为直接成本和间接成本两个方面的内容。其中，直接成本是指政府实施监管所需的行政成本，也有学者将其称为文本工作成本，即它是指有关监管的法律法规的制定、生效、实施以及监督所需的行政方面的成本。在现实中，这部分成本通常并非十分低廉。以粮食安全监管为例，政府对个体粮食经营者的许可、仓储标准和经营范围的确定，以及由上述争议而引发的司法成本等各种监管举措接踵而至，这些监管措施的制定和实施构成了高昂的粮食监管行政成本。通常这部分的成本是非常显性的，比较容易被观测到。

与上述直接成本相异，间接成本多是隐蔽的，不易观测的，它主要是指被监管者遵守监管所需耗费的成本即守法成本，在内容上它包括顺服成本（compliance costs）和由上述监管俘获所衍生的成本。具体来说，前者

---

[1]　See Paul Cook, *Leading Issues in Competition*, *Regulation*, *and Development*, Edward Elgar Publishing, 2004, p. 97.

[2]　参见张其禄《政府管制政策绩效评估——以 OECD 国家经验为例》，《经社法制论丛》2006 年第 38 期。

系指企业、社区团体和个人为完成顺服监管所需的时间和费用。在现实中，它不仅包括了解行政监管要求所花费的时间，资料的保存和报告以及监管检查和实施等成本，同时还包括监管部门要求企业或社区单位去购买新设备、维护设备和进行培训等成本，以及监管所要求为第三方制造宣传资料所花的成本。后者也有学者将其称为因为监管俘获衍生的第三者成本（the third-party costs），它主要是指在监管者被特殊利益集团俘获后，利益集团会将其为了俘获监管者付出的成本转嫁到消费者身上，使得消费者需要支出高额的代价才能获得其需要的产品和服务，这个代价就是监管带来的一种间接成本。此外，它还包括在监管中，监管实施可能带来的高额利润，吸引了众多的竞争者，但是始终只有少数竞争者获得特许，那么其他参与竞争的多数企业为此付出的代价。

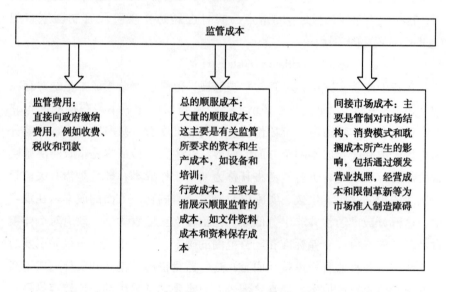

图 2 - 1　监管成本①

（四）监管过度

监管过度对经济增长所造成的潜在负面影响，在最近几年逐渐得到政

---

① See Department of Premier and Cabinet Better Regulation Office of New South Wales Government, *Measuring the Costs of Regulation*, 2008, p. 3.

策制定者的关注。①随着社会的发展，传统"守夜人"时代有限政府的理念已经无法满足社会的需求，而相应地积极政府的理念已经走向了前台，监管国家开始出现，行政监管活动日益增多，鉴于监管在维护市场秩序、增进和维护社会公正等方面的积极作用，政府干预经济和社会事务的领域和强度不断扩大。在现实中，因政府监管具有事前预防性、专业性以及高效率等特点，政府监管机构的监管权逐渐成为集行政权、准立法权和准司法权一身的权力，"监督活动的日益加强反倒提供了许多民主参与的途径，但是，也增加了垄断暴力手段并把它作为恐怖工具的利益集团支配政治权力的可能性。"②这种过度的监管加上监管权自身的缺陷以及相关外部原因，使得监管权不断出现了异化的现实结果。这种异化所带来的潜在危害如不能及早有效的消除，一旦集中爆发，后果将会是灾难性的。正是基于此，必须对其进行合理的规控，以促其正当有效地运行。

根据上文所述，虽然现实中政府监管失灵现象大量存在，但对政府监管本身而言，其不仅是必需的，同时也是正当的。质言之，在逻辑上，政府监管结果的潜在可侵犯性，并不能用来否定监管制度本身的必要性及正当性。在现实生活中，政府监管可能出现国家公权力对私领域的不当干预。如何有效的实施粮食安全监管，使粮食市场健康有序的发展以保障国家粮食安全，这一问题不容忽视。规控政府监管则是行政法学题中应有之义，在行政法的规制之下，使政府对粮食的监管公正、高效，最终建立安全有序的粮食市场，实现国家粮食安全，任重道远。

二　粮食安全监管的行政法分析框架

正如学者史普博所言，"政府对市场的管制涉及到官职机构、消费者、企业之间直接的和间接的互动关系。直接互动关系通过公开听证和规则制定过程在消费者和企业之间发生；间接互动关系则是指消费者和企业利益团体企图通过立法、行政、司法等渠道影响管制决策的活动。要理解管制市场上消费者、企业和管制机构之间的这两种互动关系，需要对行政

---

① See Colin Kirkpatrick, David Parker, "*Regulatory Impact Assessment: An Overview*", in C. H. Kirkpatrick and David Parker (ed.), Regulatory Impact Assessment: Towards Better Regulation? Edward Elgar Publishing, 2007, p. 1.

② ［英］吉登斯：《现代性的后果》，田禾译，译林出版社 2000 年版，第 150 页。

法作一番考察"。①

从国外行政法研究来看，他们对于监管问题的研究往往都是和一个具体的领域结合起来的。在本书，笔者亦是将监管与粮食安全问题结合起来的。通常，行政法对监管制度的研究主要是体现在监管主体、监管范围、监管方式以及监管程序等方面。具体来说，首先，监管作为国家干预的一种形式，由于"监管机构在设置模式、法律地位、组织类型、人事安排、经费来源、问责机制等方面与传统的行政部门有着很大的差异"，②因此，监管机构本身即有必要成为单独研究的对象。其次，监管范围通常由法律规定，而监管方式则很大程度上是由监管部门具体设计和裁量，由于"监管的手段需要根据不同的领域、事项和目标加以设计和选择，因而监管法具有一种强烈的部门化和分散化的倾向"，③对监管范围和方式的研究应当突出其自身特色。再次，当前行政法学界关于监管讨论的一个焦点就是监管程序，即监管机构的行为必须遵循授予其权力的成文法和行政程序法的规定，同时还必须遵守其自身已有的程序。④

根据上述普遍性原理，笔者认为行政法对我国粮食安全监管的回应，主要是基于粮食市场的缺陷，以及政府监管失灵和失范现象而产生。在现时代，通过行政法治建设以健全和规范我国粮食安全监管机制，其研究主要可以集中在以下方面：

第一，监管主体问题。即它主要用来解决由谁来对国内粮食安全问题进行监管。在具体的制度设计中，我们应该确定监管粮食市场的主体究竟有哪些，它们分别有什么样的职权、职责，以及在上述监管机构内部，其权限分配应当遵循何种原则或规则等。此外，研究粮食安全监管机构还必须关注现实，对既存的监管机构进行评判，分析其优缺点并加以改进等。

第二，监管范围问题。这主要是为了解决"监管谁以及监管场域"的问题。就粮食安全监管实践而言，其监管的对象不仅包括种粮者、粮食经营者和粮食消费者，还包括监管主体自身；就监管场域而言，其主要体

---

① ［美］丹尼尔·F. 史普博：《管制与市场》，余晖等译，上海三联书店1999年版，第85页。

② 马英娟：《政府监管机构研究》，北京大学出版社2007年版，第6页。

③ 罗豪才、毕红海：《行政法的新视野》，商务印书馆2011年版，卷首语。

④ 参见［美］丹尼尔·F. 史普博《管制与市场》，余晖等译，上海三联书店1999年版，第36页。

现为哪些事项应当被纳入到粮食安全监管之中，对此问题，其研究的中心议题在于如何确定监管的界限，即哪些应当交由市场处理，哪些要政府予以积极调控。

第三，监管方式问题。这主要是为了解决"如何监管"的问题。在粮食市场自由化的今天，传统的命令控制型方式是否是其唯一的监管方式，这些监管方式，如行政立法、行政许可、行政检查、行政处罚等在现实中是否存在缺陷与不足，如果存在，又应当如何进行完善等。此外，为了更好地实现监管目标，是否还需引入和适用新的监管方式等。

第四，监管程序问题。这主要是为了保证粮食安全监管的公平、公正之需要。在现阶段，有关粮食安全监管的程序有哪些，应当依据什么原则来设计其程序制度。就目前我国而言，既有的程序制度是否能够满足现实发展的需要，以及它们是否存在着一些不足，是否应当对其予以进一步完善等。上述这些问题，都是当前行政法研究粮食安全监管程序需要解决的问题。

第五，监督机制问题。对于粮食安全监管机制的完善，除了需要对上述问题进行规范外，还必须对监督机制予以完善。因为，在现实中，政府监管本身即可能存在监管失灵或失范等现象，因而有必要对其监管行为进行再监管。质言之，基于现代责任行政的要求，粮食安全监管机制的设置还必须考虑到相关责任追究机制的建设问题。

鉴于目前我国并未建立专门的粮食安全监管责任追究机制，而有关行政责任追究机制的一般法理和具体制度设计等均可以完全适用于粮食安全监管领域，而且囿于篇幅所限，因而在下文笔者对我国粮食安全监管的探讨，将着重集中在监管机构、监管范围、监管方式以及监管程序四个方面，至于监督机制问题本书将不设置单独章节，其有关内容将在相关章节予以体现和考虑。

第三章　中国粮食安全监管的机构及范围

政府要对粮食安全进行监管，首先必须设立相应的监管机构。就我国而言，要设计出符合中国国情的粮食安全监管机构，除了应遵循有关监管的一般性规律外，重点还在于应在借鉴域外相关成熟经验的基础上突出中国特色。围绕此一议题，本章拟重点分析我国粮食安全监管机构的现状以及存在的问题，并介绍域外粮食安全监管机构的设置模式和可供借鉴的经验，讨论深化和完善我国粮食安全监管机构改革的基本思路。此外，本章还将从监管失灵和政府监管有限性角度出发，探讨粮食安全监管的范围。

第一节　中国粮食安全监管的机构

所谓监管机构，它是指政府在市场经济体制下为纠正市场失灵或失范而设立的专门行政组织或机构。如果从美国 1887 年成立的州际商务委员会算起，政府监管机构已经存在 120 多年的历史。按照美国学者史普博的解释，关于建立监管机构的原因，"部分解释是，立法机关制定政策成本和此类机构'生产'决定的规模收益"。①其相较于传统行政官僚体系优势在于：（1）监管机构具有专业性、技术性和灵活性等特性，这有利于降低行政决策成本；（2）监管机构具有相对独立性，这有利于增强长期政策承诺的可信度。②根据域外相关实践经验，监管机构的组织结构对于政府监管的具体实施具有直接的影响和制约作用。对于转型时期的中国而言，"监管体系的设计和结构有可能对该监管制度的表现产生巨大影响，

---

① ［美］丹尼尔·F. 史普博：《管制与市场》，余晖等译，上海三联书店 1999 年版，第 87 页。

② See Fabrizio Gilardi, *Evaluationg Independent Regulators*, OECD Proceedings of an Expert Meeting in London, UK, 10—11 January 2005.

所以，体系设计在改革的早期阶段相当重要。"[1]

因此，本节将以我国粮食安全监管机构为考察对象，以比较法经验为背景，在充分考虑我国历史与现实国情的基础上，剖析我国粮食安全监管机构的现状与问题，探讨域外粮食安全监管机构的模式及可供借鉴的经验，提出完善我国粮食安全监管机构需遵循的原则以及具体的设想。

一　当前中国粮食安全监管的机构设置

从整体上看，我国改革开放以后对于政府监管体制并没有进行很大的改革，监管机构仍然是沿袭传统的形式，即由行使该领域一般行政管理职能的政府部门承担监管职能。对此，我国粮食安全监管机构也不例外。就目前而言，它乃集管理职能与监管职能于一身，也有学者将其称为"综合性管制机构"。[2]

（一）中国粮食安全监管机构的现状

1. 组织架构

当前我国粮食安全监管机构，主要包括国家粮食局和省级及以下地方各级人民政府的粮食行政管理部门。具体来说：

第一，国家粮食局。国家粮食局是国家发展和改革委员会管理的负责全国粮食流通宏观调控具体业务、行业指导和中央储备粮行政管理的国家局。具体来说，根据其职责，国家粮食局内设 6 个机构，具体如图 3 - 1 所示。

第二，省级及以下的地方人民政府粮食行政管理部门。县级以上地方各级人民政府粮食行政管理部门在其辖区内负责粮食行政管理工作。根据各地的实际，地方各级粮食行政管理部门的机构设置并不一致，但总体相似。省、直辖市一级的粮食局内设机构主要有：办公室（政策法规处）、调控与统计处、行业管理处、监督检查处、储备粮管理处、财务处、机关党委、纪检监察室等办事机构。市、区一级则设有：调控与统计科、监督检查科（政策法规科）、财务科（审计科）、行业管理科等机构。而我国县级粮食行政管理部门的设置，情况则比较复杂，不同地区粮食行政管理

---

① ［英］乔治·亚罗夫：《公共服务供给的政府监管》，载吴敬琏《比较·16》，中信出版社 2005 年版，第 148—149 页。

② 茅铭晨：《中美政府管制体制比较研究》，《浙江学刊》2005 年第 3 期。

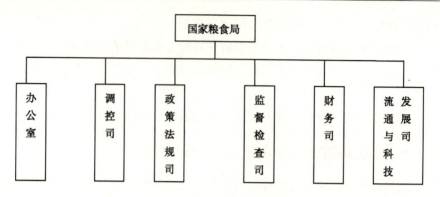

图 3 - 1　国家粮食局机构设置

部门的设置千差万别。从机构看，有政府组成部门，有政府直属机构，有事业单位，有某部门二级单位，有上级粮食部门的分局等等；从经费来源看，有财政全额拨款，有差额拨款，有收取国有粮食企业管理费，有单位经营收入等；从人员构成看，有全部行政编制，有部分行政编制，没有行政编制，没有行政经费的行政编制等；从管理国有粮食企业形式看，有直接管理国有粮食企业和间接管理国有粮食企业等。

　　总体而言，我国粮食安全监管机构模式是实行中央统一管理、中央与地方分级负责的体制，地方上执行"省长负责制"。中央负责粮食总量平衡，实施对全国粮食市场和价格的宏观调控，并管好用好国家粮食储备。省级政府要求负责其省内粮食供求平衡，具体涵括稳定粮田面积，提高粮食产量，掌握必要的粮源，建立与完善地方粮食储备，管好用好粮食风险基金，组织省间余缺调剂，完成进出口计划，管好粮食市场。

　　2. 监管职能

　　我国目前是由国家粮食局和县级以上地方各级粮食行政管理部门负责粮食行政管理工作。粮食行政管理部门的主要职能应当包括：审查、认定和核查粮食经营者的资格；对粮食收购品种、数量、质量、价格进行统计监督；对粮食经营者储藏、运输、加工粮食的技术条件、质量、卫生状况等进行监督；对粮食经营者的库存量进行认定和监督；对粮食经营者从事粮食收购、储存、运输及政策性用粮的购销活动，以及执行粮食流通统计制度情况进行监督检查；对粮食监管机构的工作人员违规办理粮食收购资格许可进行行政、法律追究；对粮食经营者违反《粮食流通管理条例》规定的行为进行行政处罚；政府赋予粮食行政主管部门的其他权限和职责。

但同时按照《粮食流通管理条例》第 6 条的规定，国务院发展改革部门和国家粮食局负责全国粮食的总量平衡、宏观调控，以及重要粮食品种的结构调整和粮食流通的中长期规划；国家粮食行政管理部门负责粮食流通的行政管理、行业指导，监督有关粮食流通的法律、法规、政策及各项规章制度的执行；国务院工商行政管理、产品质量监督、卫生、价格等部门分别在其职责范围内负责与粮食流通有关的工作；省级人民政府在国家宏观调控下，按照粮食省长负责制的要求，负责本地区粮食的总量平衡和地方储备粮的管理；县级以上地方粮食行政管理部门负责本地区粮食流通的行政管理、行业指导；县级以上地方工商行政管理、产品质量监督、卫生、价格等部门在各自的职责范围内负责与粮食流通有关的工作。另外，中国粮食行业协会负责沟通企业和政府、企业和企业之间的联系，协助政府主管部门进行行业管理和行业指导。

总之，由上述可见，我国现阶段粮食安全监管实行的是职责分业形态。具体如表 3 - 1 所示，即粮食的总量平衡和宏观调控由国家发改委负责；粮食企业的设立和登记由工商行政管理部门负责；粮食产品质量由技术监督部门负责；粮食卫生监督由卫生部门负责，粮食价格监督由物价部门负责；粮食风险基金由财政部门监督管理，收购贷款和信贷资金由中国农业发展银行提供；而粮食生产则由农业部负责。

表 3 - 1　　　　　　　中国粮食安全监管机构及职责划分

监管职责	监管部门
粮食的总量平衡、宏观调控和重要粮食品种的结构调整以及粮食流通的中长期规划	发改委
生产、技术推广、国内检疫	农业部
粮食流通的行政管理、行业指导，监督有关粮食流通的法律、法规、政策及各项规章制度的执行	粮食部门
粮食企业的设立和登记	工商行政管理部门
粮食质量	质量技术监督局
粮食卫生	卫生部
粮食价格	物价部门
粮食风险基金	财政部
收购贷款和信贷资金	农发行
储备粮管理	粮食局和储备粮管理公司

（二）中国粮食安全监管机构存在的问题

1. 法治化程度低

这一方面体现在设立依据上。当前我国粮食安全监管机构的设立依据是全国人大通过的《关于国务院机构改革方案的决定》和《国务院关于机构设置的通知》，其具体授权依据是国务院的"三定方案"（定职能、定机构、定编制）。根据有关学者的论述，上述"三定方案"是国务院办公厅的内部文件，将其作为监管机构授权依据至少存在以下弊端：第一，"三定方案"的拟定、通过缺乏公众以及立法机关的参与，不符合现代民主对于透明度的要求；第二，"三定方案"缺乏稳定性、连贯性，其方案内容容易被新任政府撤销或变更，进而可能对监管机构执法的稳定性和权威性产生负面影响；第三，监管机构的设立与立法相分离，这既不利于坚持依法行政，又对于监管机构的可问责性难以落实。①以2000年成立的国家粮食局为例，其授权依据是《国家粮食局职能配置、内设机构和人员编制规定》，这份文件是国务院办公厅经国务院批准以通知形式发布的，在立法性质上，其既不属于行政法规，也不属于规章，而是"行政机关的内部规定，不具有法律属性。"②

另一方面，体现在监管依据上。现行的有关粮食安全监管的立法主要是《粮食流通管理条例》和《中央储备粮管理条例》，但这两部条例属于行政法规，其效力层次相较于粮食安全的重要性而言明显过低。此外，更需要关注的是，粮食安全涉及整个粮食的生产、流通、消费等多个环节，这两部条例仅仅是调整粮食流通，粮食安全的其他环节则存在立法空白。这直接导致粮食生产方面出现种粮者不能依法种粮、交粮，农民利益得不到有效保护等问题；在粮食消费方面，其则容易出现粮食消费者的利益无法得到保护、对其粮食消费行为没有法律约束、粮食浪费惊人等问题。因此，从目前的立法实际看，我国的粮食安全立法远远不能实现保障国家粮食安全这一战略目标。粮食安全保障是整个国计民生的基础，反观综合性粮食安全基本法的缺失，不能不说是一种缺憾。

---

① 参见傅蔚冈、宋华琳《规制研究》（第1辑），格致出版社、上海人民出版社2008年版，第131—134页。

② 应松年、薛刚凌：《行政组织法研究》，法律出版社2002年版，第180页。

2. 监管职能分散

当前我国粮食安全监管机构存在职能交叉、政出多门、多头管理等诸多弊病。具体来说，如表 3－1 所述，在现实中，我国粮食安全监管职能分别由不同部门掌握。除了粮食行政管理部门之外，国家发改委、财政部、国家工商部门、卫生部门、质监部门、物价部门以及农业发展银行等众多部门都承担着一定的粮食监管职能，其中的复杂程度可想而知。这样的权力划分容易导致以上各部门之间监管权的重叠，进而在现实中容易产生相互扯皮的现象。而此外，责、权、利的严重不对称，也容易使监管主体的激励行为发生扭曲，致使监管机构无法成为政府、粮食生产者、粮食经营者以及粮食消费者等各方利益的平衡协调者。

3. 独立性缺乏

依法独立行使监管职权，是粮食安全监管机构有效实现其监管目标的重要保证。就目前而言，我国粮食安全监管机构在独立性方面还存在诸多不足，这主要体现在：

其一，政企不分。按照国务院 1998 年《关于进一步深化粮食流通体制改革的通知》（国发［1998］15 号）的要求："实现政府粮食行政管理职能与粮食企业经营的彻底分离"，各级粮食局应当要与粮食企业在人、财、物等方面彻底分离，转变职能，不参与粮食经营，不直接干预粮食企业的自主经营。但是，时至今日在许多地方，政企分开仍然是一道难题。有些地方粮食主管部门负责人还在兼任粮食企业老总，即使名义上不是老总，也还是粮企当家人，国有粮食企业的"人、财、物"还是掌握在粮食行政部门手中，监管机构和被监管企业只是在形式上实现了政企分离，在实质上，政府还是继续同时充当着所有者和监管者的双重角色，其背后的经济利益格局自然存在着同一性。这也使得其在监管中无法保证中立的立场，在实践中容易出现执法者对民营粮食企业、个体工商户的"经营资格"要求偏紧，对国有粮食企业责之过松；对外地粮食企业收购粮食监管严格，对本地企业往往"睁一只眼闭一只眼"等执法不公的现象。

其二，在组织结构、人事安排与经费来源方面。我国这种"综合性管制机构"设在政府部门内，国家粮食局是国务院职能机构发展和改革委员会管理的行政机构。国家局正、副局长的任免，按照有关干部管理权限的规定办理，由国务院任免。国家局机关的行政经费以及与此相关的车辆、物资供应渠道，纳入主管部委统一管理，具体管理办法由主管部委与国家局商定。地方各级粮食局的经费则由地方政府统筹解决。这种体制安排容易造成粮食行政管理部门在履职过程中遭受其他政府部门的不当干预，其独立性难以得到保障。

4. 专业性不足

正如某学者所言，"从监管经验的角度出发，一个有效的监管机构必须包括五类人：技术、产业、经济、法律四方面的专家以及能把消费者意愿转化为公共决策语言的社会活动家。中国政府监管人员一般多为政府行政管理人员和技术人员，财务、审计、经济、法律等方面的专业人才较少，而真正掌握现代监管理论的专业监管人才更少，难以适应现代监管政策性、专业性、时效性强的基本要求。"①对此，理想的粮食安全监管人员构成，最好应当涵盖粮食技术专家、经济学家、法律专家、会计师等专业人士，但纵观我国各级粮食安全监管机构，可以发现其人员组成在这方面恰好是非常贫瘠。

具体来说，自1992年伊始，粮食局作为负责我国粮食流通管理工作的重要监管机构，由于各种原因，其在机构改革中频繁经历着机构的撤、并、缩、改；其机构性质、名称呈现出一种多样化的发展趋势。在现实中，粮食局时而归口发改委管理，时而退出政府序列，如此往返，其在政府职能部门中的地位已逐渐被边缘化。正如笔者在江西省J市粮食局调研时所了解一样，该市粮食局局长感叹对国家而言，粮食安全如此重要，粮食局却不重要。粮食行业的不景气致使行业内专业人员纷纷转行，目前进入粮食行政管理队伍的途径主要是行政机关调任、军队转业等，大专院校专业毕业生受公务员招考编制的限制，其多被拒之门外。而除此之外，年龄老化、观念陈旧以及法律专业知识的缺乏，都使得粮食执法队伍整体素质不高，在面对粮食监管的现实时既无所作为，也无法作为。据统计，目前全国粮食系统工作人员640768人，其中专业技术人员75246人，仅占到总人数的12%。②"这种状况不仅容易造成取监管之名而实际上逃不脱传统行业管理模式之窠臼的情况，也容易造成监管机构被受监管者牵着鼻子走的局面。"③

---

① 肖兴志、宋晶：《政府监管理论与政策》，东北财经大学出版社2006年版，第21页。

② 参见聂振邦《2012中国粮食发展报告》，经济管理出版社2012年版，第111页。

③ 王湘军：《电信业政府监管研究》，博士学位论文，中国政法大学，2009年，第50页。

5. 权威性不够

我国粮食安全监管机构权威性不够，这一方面表现在基于粮食监管机构缺乏独立性以及监管职权分散，使其在作出监管决定时受制于各方面力量的制约；另一方面表现在其对被监管者缺乏威慑力。究其根源，这一部分原因在于粮食监督检查权和行政处罚权的分离。比如，《粮食流通管理条例》规定把"未经行政许可"的监督检查权赋予了粮食行政管理部门，同时却又将行政处罚权赋予了工商行政管理部门，如此，现实中很容易导致行政相对人无视粮食行政管理部门的监督检查，以及粮食行政管理部门行使监督检查权举步维艰。还有就是，像中央储备粮管理总公司，其是经国务院批准，在原国家粮食储备局部分职能机构和所属部分企事业单位基础上组建的大型国有企业。依照《中央储备粮管理条例》第 6 条规定："国家粮食行政管理部门负责中央储备粮的行政管理，对中央储备粮的数量、质量和储存安全实施监督检查"，根据该项规定，基层粮食行政管理部门则对近在咫尺从事粮食收购、储存、运输的中央储备粮企业的粮食购销活动只享有业务管理权而无行政监管执法权。事实上，对于散居各地的中储粮，国家粮食行政管理部门虽然有权监管，但碍于人力物力的限制，其在监管上却是鞭长莫及。此外，地方粮食行政部门有能力却无职权的监管，很容易影响到粮食行政管理部门职能的履行。例如，当国内粮食市场出现波动时，由于储备粮的粮权掌握在国务院手中，等到国务院批准后，应对粮食波动危机的行动可能已经错过了最佳时机。

6. 可问责性缺乏

虽然监管机构的独立性是保证监管有效的基本要求，但依法享有并行使着较大公权力的政府监管机构也很容易产生滥用和监管俘获的风险。政府监管，作为权力义务的统一体，只有保持权责一致才可以真正有效地发挥监管实效，如果没有责任追究，市场主体的权利就很难得到保障。也正是因为此，笔者认为对粮食安全监管的落实，必须建立科学可行的行政问责机制。至于应当如何建立，学者施蒂格利茨（Joseph E. Stiglitz）认为其首先要有法律明确规定的监管目标；其次，要有可靠的途径评估以证明其是否实现了上述目标；最后，针对不同的行为应设计不同的行为后果。[1]

---

[1]　See Joseph E. Stiglitz, "*Democratizing the International Monetary Fund and the World Bank: Governance and Accountability*", Governance, vol. 16, No. 1, 2003, pp. 111—139.

具体如表 3 – 2 所示。

表 3 – 2　　　　　　　政府监管机构可问责性的衡量指标体系①

范围	变量	考察指标
激励机制	监管政策的目标	（1）适用的法律是否规定了监管的目标？
		（2）如果存在多重目标，是否规定了明确的监管次序？
		（3）目标是否被量化（或用明确的语言表述）？
	评估程序	（4）对监管目标的实现程度是否有定期评估程序？
透明度	经济上的透明度	（5）公众是否能获得制定监管政策的基本数据资料（比如价格上限的计算）？
		（6）监管机构是否公布用来进行政策分析的正式经济模型？
		（7）监管机构是否发表它的经济预测？
	程序上的透明度	（8）监管机构是否提供表明其监管政策的明确的监管规则或策略？
		（9）监管机构是否在合理的时间内解释其政策决定？
		（10）监管机构是否公开每一个决定做出的过程？
		（11）监管机构是否会公开未来可能采取行动的明确的迹象？
		（12）监管机构对监管目标的实现程度是否进行定期评估？
决策的公开	参与	（13）监管机构是否征求咨询委员会的意见？
		（14）咨询委员会是常设的还是临时的？
		（15）咨询委员会由哪些组织的代表组成？各自的比例如何？
决定的审查	申诉机制	（16）对监管机构的决定可以申诉吗？
		（17）如果可以，可以向哪些机构申诉？
		（18）申诉理由有哪些？

对照表 3 – 2，可以发现当前我国粮食安全政府监管机构可问责性不强。比如，公众很难获知监管的基本数据；监管机构决策的制定过程并不公开，也缺乏相应的解释；对监管机构的决定没有申诉的路径等等。

---

① Fabrizio Gilardi, "*Evaluating Independent Regulators*", On OECD Proceedings of an Expert Meeting in London, United Kingdom, 10—11 January 2005, pp. 114—115.

二　域外粮食安全监管机构的模式选择

在我国粮食安全监管机构存在诸多问题的情况下，粮食安全究竟应该由谁来监管？在此先分析域外的粮食监管模式，以资借鉴。基于粮食安全的重要性，许多西方国家诸如美国、加拿大、澳大利亚、日本等国家的政府都通过相关立法设立某一权威的行政机构对粮食安全实行高度统一的监管。这些监管机构的特点，通常会因国家和监管领域的不同而不同，但其共同的特点就是监管机构都有意地脱离于政治控制，在面临新的监管任务时，大多数政府均会建立特别的权力部门，使之处于"授权链（chain of delegation）"之外。其实，设立独立性的监管机构并非全新模式，在美国已存在许久，在欧洲一些部门中的适用也日趋成熟。但整体说来，它们大规模形成是在 20 世纪 80 年代末，现已成为所有欧洲国家政府监管的一种常设机构模式。其之所以能够迅猛发展，部分是为了应对新型市场的监管和应付监管政策制定的可信度压力（credibility pressure），更重要的是维护其合法性（legitimacy）来处理监管政策制定时产生的实际后果。[1]

（一）域外粮食安全监管机构的设置模式

1. 美国的"独立监管"模式

美国农业部是其联邦政府具体负责粮食安全监管（包括粮食生产和流通）的部门，其职责主要包括负责制定粮食生产和流通中、长期规划，从事粮食补贴等事宜，但不直接参与粮食经营管理。[2]从发展脉络上看，1994 年以前农业部是美国最大的政府职能部门[3]，其职能范围可以涵盖"从田间到餐桌"各个环节。作为美国联邦政府机构的重要组成部分，美国农业部的工作完全是依据议会立法而开展的，其一切权力均来自于法律的明确授权。具体来说，美联邦法律明确规定了农业部的成立、机构的设

---

① See Fabrizio Gilardi, *Delegation in the Regulatory State：Independent Regulatory Agencies in Western Europe*, Edward Elgar Publishing, 2008, pp. 1—5.

② 参见李俊玲《美国的粮食经营和财务管理》,《中国商贸》1992 年第 10 期。

③ 1994 年美国政府出台了大幅度调整农业部的法案，对美农业部进行精简。它原本下属 43 个局，在全国各地设有 3700 个地方办公机构，全职人员达 11 万。这次精简裁掉 15 个局，将近总数的三分之一，只剩 28 个局组成农业部，而分布于各地的 3700 个办公机构也只保留 2600 个，其他 1100 个或撤销或并入其他机构。对于 11 万职员，政府决定解雇其中的 7500 人，这一措施不仅能为政府节省开支，更重要的是提高了办公效率。参见南宁《美国农业（粮食）政策的变迁》,《中国审计》1998 年第 7 期。

置和调整（包括调整步骤和过程）、各内设机构的工作职能、计划和项目的设置，以及部长的权力界限、机构之间的协调和财产管理等。如此，法律赋予了美国农业部以充分的工作职权，同时依法行政的法治传统也在一定程度上减少了人为因素对粮食安全监管的干扰、偏差和随意性。为了保障粮食安全监管职能的有效实施，美国联邦政府授权农业部可以利用财政、金融、税收、外汇储备、外贸、法律、行政、宣传等多项政策手段，对本国各项农业经济活动进行独立管理与调控。其授权内容主要包括"监督和指导农业生产，确保向生产者和消费者提供公平的粮食价格、稳定粮食市场，提高和保持农场主的收入，开发海外市场"。[①]同时，相关法案中还对农业部与其他行政部门、农业部各内设机构的职能划分，以及各部门与机构之间的协调事宜等均做了明确具体的规定，这充分体现了"协调和沟通"的精神，也有效防止了各联邦政府部门之间因为工作职能划分不清而导致的工作效率低下等问题的出现。[②]

另外，美国的粮食行业协会等民间组织在粮食监管方面也发挥了比较重要的作用。具体来说，它作为连接政府与粮食生产者和经营者的桥梁，在现实中其主要扮演着为生产者提供咨询服务、向政府提供政策建议、为农民提供普及农业科技教育的机会和市场信息的角色。比如，"美国小麦协会、谷物协会、大豆协会以及北美出口协会，都在海外设有办事处，他们通过技术推介、人员培训和宣传等手段，拓展海外粮食市场，促进国内粮食出口。"[③]

2. 澳大利亚的"分级管理"模式

澳大利亚联邦政府设置了一个综合的农业管理部门称为农业、渔业和森林部（The Department of Agriculture, Fisheries and Forestry of Australia, 简称 AFFA），由其统一协调对农林牧渔业进行综合管理，对粮食市场严格实行从农场收购、装运出口直到消费食用的全过程质量监管。同时，澳大利亚作为一个联邦制国家，各州均具有比较大的独立性，因此，其粮食安全监管机构采取的是"分级管理"模式。具体来说，其是按照市场经

---

① 国家粮食局课题组：《粮食支持政策与促进国家粮食安全研究》，经济管理出版社 2009 年版，第 79 页。

② 参见马有祥《国外农业行政管理体制研究》，中国农业出版社 2008 年版，第 73—74 页。

③ 国家粮食局赴美意粮食政策考察团：《对美国欧盟粮食政策的考察》，《中国粮食经济》 2001 年第 3 期。

济的内在发展要求分别设置联邦政府和州政府的粮食管理机构，并赋予其不同的监管职能。其中，前者主要负责全国粮食生产和销售的立法和有关政策的制定，包括粮食生产、贸易、质量检验、营养健康和科研等5个方面；后者则负责各州粮食的生产、储运和销售等具体工作。在规范依据方面，澳大利亚的"分级管理"模式认为粮食安全监管必须实行依法监管，即粮食安全监管机构的设立、职能等都应有相应的法律依据，这主要可以体现在：一是在监管机构设置方面，比如粮食储运机构有《储运经营法》，粮食科研机构有《粮食研究与开发法》，生产者组织有《全国农场主联合会法》，农村综合发展有《乡村调整计划法》等；二是在具体的监管行为方面，比如小麦销售有《小麦市场法》，大麦销售有《大麦市场法》等。此外，在规范运行方面，该机构模式还非常重视严格依法办事的规则，即凡是法律明文规定的，都要严格执行，不得违反，否则就会追究法律责任。总之，上述这些法律条文的规定都非常清楚，易于操作。完备的法律体系及有效的执行，不仅保证了澳大利亚粮食市场的正常健康发展，而且有力地保障了其国家粮食安全。[①]

3. 加拿大的"相对独立"模式

加拿大的粮食安全监管机构主要有：一是联邦政府农业食品部。农业食品部作为加拿大政府内阁成员，主要负责制定粮食政策和法律，负责处理贸易和农业政策问题，其横向和纵向监管的领域都比较宽泛，其中横向主要涉及环境、食品质量与安全、科技等方面；而纵向其体现为"从农田到餐桌"的一体化监管思路[②]，这与我国的"分割式"管理完全不同。

二是小麦局，其是负责加拿大谷物收购和销售的专门服务机构。小麦局的主要任务是代表农民利益进行经营，它由15名成员组成管理委员会，其中10名委员由农民选举产生，另外5名委员由加拿大政府任命。按照规定，加拿大小麦局对于那些每年要求进入小麦局经营的农民，必须对其进行资格鉴定，按照许可证管理模式，与具备许可资格的农民签订收购合同。在谷物的购销方式上，其强调实行垄断经营、统购统销；在价格上，其强调实行统一价格、分期付款、二次结算。[③]

---

① 参见聂振邦《世界主要国家粮食概况》，中国物价出版社2003年版，第17—27页。

② 马有祥：《国外农业行政管理体制研究》，中国农业出版社2008年版，第82页。

③ 马晓燕：《国外农业市场的开发与经营》，中国社会出版社2010年版，第58页。

　　三是谷物委员会。它是向加拿大农业食品部部长负责的政府机构，负责对加拿大谷物的质量管理和控制工作。其具体职能是：制定谷物的国家标准、检验和计量办法；负责进出口谷物的质量和重量检验，签发最终检验证书；负责粮食中转站和终点站的资格审查及注册登记；负责粮食优良品的审查和品质鉴定及技术推广等。按照《加拿大谷物法》规定，加拿大谷物委员会和其他粮食监管机构既有分工，又密切合作，它们共同管理着加拿大的粮食流通，形成了高效运行机制，确保谷物从生产到流通各环节的高质量、高效益，也有效地稳定了谷物生产，保护了农民的利益。[①]

　　4.日本的"直接监管"模式

　　日本的粮食安全监管机构——农林水产省，是依据日本《国家性质组织法》和《农林水产省设置法》设置的负责包括粮食在内的农业事务管理的政府职能部门，其主要职能是："促进农林水产业的稳定发展，进一步发挥农林水产业的作用；保障农产品的正常供给，不断提高国民的生活水平；推动农林牧渔业及农村、山村、渔村的经济、文化建设与振兴；保证国家的产业政策、区域政策、高新技术开发及国际合作政策的实施。此外，农林水产省还对农业的产供销实行一体化管理，全面负责农产品的生产、流通、加工、进出口以及农业生产资料的供应。……日本农林水产省在其国内各地均有派出机构。都、道、府、县一级设有农林水产部，市町村一级根据所在地的经济类型，或单设农林水产课，或和工商管理合一设产业课。"[②]

　　农林水产省内部设综合粮食局，其主要职责是："增加国内粮食产量，确保稳定的进口和储备；实现有效的分配以应对需求，保证一个稳定的食品供应；发展有活力的食品生产工业，减少食品生产中垃圾促进再生利用，加强食品工业与农业之间的联系，在食品工业中全面执行质量控制，支持食品工业的技术发展，保证安全可靠的食品生产；推动满足消费者和市场需要的粮食生产，检查政府所进口粮食是否符合有关残留杀虫剂标准；保证在发生灾难或粮食歉收时的粮食储备。"[③]

---

　　① 参见冯志强《中国粮食经济问题研究》，世界文明出版公司 2002 年版，第 158 页。

　　② 国家粮食局课题组：《粮食支持政策与促进国家粮食安全研究》，经济管理出版社 2009 年版，第 105—106 页。

　　③ 中央编办事业发展中心，北京大学电子政务研究院：《世界百国政府机构概览》，北京出版社 2006 年版，第 206 页。

另外，从中央到地方的农林水产部门都有一些诸如地方农协等民间组织配合粮食监管。比如，日本进入粮食市场流通的主要有"政府米"、"自主流通米"和"黑市米"。其中，"政府米"的流通虽然是由日本政府控制，但其收购和大部分储存保管工作，实际上是由"农协"代为完成的，而"政府米"的销售，又是由粮食批发商、零售商完成的。除了农林水产省粮食厅有一些粮食仓库外，粮食管理、经营系统没有自己的基层组织。这大大节约了国家控制粮食的成本及各项费用支出，并保证了粮食的高效益流通，使粮食基层经营单位完全按照市场原则进行经营，降低了成本，提高了效益。①

（二）域外粮食安全监管机构设置的基本经验

1. 强调依法设立监管机构

首先，体现在设立上。对于绝大多数国家而言，其在创设粮食安全监管机构前都制定或修订了相关法律，换句话说，在逻辑上是先有创立依据，然后才能设立相应的监管机构。其次，体现在内容维度上。国外关于粮食安全监管的立法，大都对粮食安全监管机构的地位与组织结构、职责权限、监管手段，以及程序和纠纷解决机制等做出了明确的规定，这显然有利于规范监管机构的运作，确保监管权力的行使有法可依。比如，对此美国先后制定了《粮食仓储条例》、《农业公平生意法》、《农业调整法》、《美国粮食标准法》以及其每隔 5 年左右都会修正的《粮食安全法》等；加拿大则制定有《加拿大谷物法》、《加拿大小麦局法》、《农业稳定法》、《农业信贷法》、《农产品合作销售法案》等；日本制定有《粮食、农业、农村基本法》、《新粮食法》、《粮食法修改案》；澳大利亚制定有《储运经营法》、《粮食研究与开发法》、《全国农场主联合会法》、《乡村调整计划法》等。这些国家粮食立法的共同特点是，根据其自身实际国情，依靠经济和法律手段并重的方法来发展粮食生产和增强粮食调控能力，确保本国粮食安全，并根据这些法律规范设立相应的监管机构以保证法律的实施。

2. 强调监管机构的独立性

域外发达国家鉴于粮食安全的重要性，其大都通过粮食立法设立了具

① 参见杨欢进《社会主义市场经济理论专题研究》，河北人民出版社 2003 年版，第 333—334 页。

有独立性的粮食安全监管机构，因为"具有高度专业性的独立管制机构客观、中立、超然、不易受到政治上的干扰，能够公正地做出价值判断，制定科学的管制标准，对受管制企业的不当或违法行为能够做出明智、快速的审议和裁决。"①这种独立性的粮食安全监管机构模式主要可以分为两类：一是设立独立于传统行政部门的监管机构，比如美国的农业部、澳大利亚的农渔林业部，其只对国会（议会）负责；二是设立隶属于政府部门的相对独立的监管机构，如加拿大的谷物委员会、日本的农林水产省等，虽然它们并没有完全摆脱政府部门的干预，但是其可以依法在一定范围独立行使自己的监管权，且与其他政府职能部门是平行的关系。此外，其独立性还体现在监管机构的组织安排和人事任免都有法定程序规定，非经法定事由和程序不得随意变更；以及拥有独立且足够的经费来源等等。

3. 机构组成人员具有专业性

粮食安全监管具有高度的专业性和技术性，其监管机构通常都是由粮食专业人士所组成。在域外，专业的粮食安全监管机构比司法部门具有更多的专业知识，能够节约大量的调查取证成本，保证纠纷的高效解决。从上文相关国家粮食安全监管机构的人员组成来看，其人员结构一般都包括粮食领域的专业人士、技术人员以及其他知识精英，他们通过集体的讨论和决议做出监管决策，保证决策的科学性和公正性。比如，加拿大农业产品部组成人员从全部为财会和农业统计人员发展到现在五分之一的工作人员为专业人员，专家遍布农业科学的各个领域；日本农林水产省的一般职位共有 20232 人，包括 52 个指定职位、18438 个行政职位以及 1742 个技术职位（指检查官、检疫官等技术人员）；澳大利亚联邦政府的农渔林业部工作人员主要包括核心司局的高级行政人员、政策官员和项目管理者，附属研究机构的科研人员（科学家和经济学家），以及执行机构中的食品检验员、兽医人员和检疫员等专业人员。以澳大利亚新南威尔士州为例，其农业部门机构组成人员一共 2205 名，其中高级技术人员则有 777 名，一般技术人员有 545 名，技术人员占了一半以上。②

---

① 王俊豪、肖兴志、唐要家：《中国垄断性产业管制机构的设立与运行机制》，商务印书馆 2008 年版，第 103 页。

② 参见马有祥《国外农业行政管理体制研究》，中国农业出版社 2008 年版，第 78—193 页。

4. 重视粮食行业协会作用

粮食行业协会，作为粮食市场监管中一支不容忽视的力量，是粮食安全监管机构设置的创新。随着社会经济的发展，行业协会在粮食安全监管中的作用已经越来越大。从域外相关经验来看，粮食行业协会的有效发展将促使粮食资源的配置手段从传统的"市场"或"国家"这样的单极治理模式转向"市场调节——协会治理——国家干预"的三元模式，在不少国家中，比如美国、日本，粮食行业协会不仅是政府粮食监管机关和粮食企业、政府和粮食消费者间的联系纽带，而且其自身也承担着部分相关方面的监管职能。由粮食行业协会进行监管，并不是说要用粮食行业协会代替政府进行监管，相反，它只是政府监管的一种有益补充。

三　中国粮食安全监管机构的完善

（一）完善我国粮食安全监管机构须遵循的基本原则

1. 法治化原则

坚持粮食安全监管机构的法治化，就是指粮食安全监管机构的组建及其监管职权的运行都必须要有法律依据。质言之，粮食安全监管机构必须依据宪法和法律而设立，其监管范围、方式、程序以及救济机制等都必须在立法层面予以明确规定。同时，着眼于粮食安全监管对象的广泛性、复杂性，监管立法即使不能对监管机构的所有权力运行均予以明确规定，但其至少必须对政府粮食安全监管的总体目标和基本内容做原则性规定，然后由"监管机构在相应的监管法律原则框架下，制定较为具体的产业监管规章，颁发企业经营许可，制定并监督执行价格监管政策，对进入与退出市场实行监管等，以形成高效率的政府监管机制。"[①]推进粮食安全监管机构的法治化，是保障公民粮食权和防止政府监管权滥用和扩张的有力保证。

2. 独立性原则

所谓监管机构独立性原则，它主要包括两层意思：一是独立于政府；二是独立于监管对象。就我国粮食安全监管机构而言，前者是指粮食行政管理部门能够依法独立行使监管职能，不受中央政府和其他政府部门的不

---

① 肖兴志：《政府监管机构的设置模式与组织体系》，《中国行政管理学会 2005 年年会暨"政府行政能力建设与构建和谐社会"研讨会论文集》，2005 年 8 月 1 日。

当干预和影响；后者主要是指独立于利益集团，实现政企分开，防止监管俘获的发生。在现实中，独立性原则对于客观评判政府监管机构的角色、地位以及作用等具有重要意义，它是现代监管机构的核心特征。其优点表现在："第一，独立性可以减少各种利益集团的影响，从而减少政策的不确定性，并且使市场监管机构作出公平对待所有企业的承诺；第二，独立性还可以通过约束市场监管机构侵占企业的信息租金，硬化企业的预算约束，增加市场监管机构承诺的可信性；第三，具有独立性的政府监管机构或者反垄断机构将更加趋于专业化；最后，独立性还可以增加决策的透明度。"①在现实中，要实现粮食安全监管机构的独立性，就需要做到粮食安全监管机构职权独立、人事独立和经费独立。

3. 专业性原则

正如美国著名学者威廉·安德森（William R. Andersen）所言："需要监管的问题技术性太强、变化太快，以至于反应迟缓、非专家当道的立法进程无法有效应对。"②面对高度复杂的监管问题，政府监管机构坚持专业化原则至少存在以下好处：（1）知识的权威性可以使监管体系的作为免受外界（如民众或民意代表）的质疑；（2）专业的声明可以使监管机构的存在与运作取得一定程度的正当性基础；（3）专业的规范与标准可以增加监管官员的责任性，为公共利益服务资源的分配提供民主决定的原则，并可以同等对待相同环境下的个人或组织；（4）专业化可以解决一些官僚的问题，例如层级节制、寡头铁律、高压的组织文化等；（5）专业化有助于政治与科学的相互了解；（6）专业化可以为专业人员提供内在的鼓励；（7）专业化可以增进行政领域的公共地位；（8）增加专业化可以提高公共计划在学院中的地位；（9）专业化对于界定知识体系和建构适当的伦理行为会有较多的共识；（10）增加专业化可以改进组织的能力。③也正是因为此，笔者认为在粮食安全监管领域，面对更加复杂的监管对象，坚持监管机构的专业性，即由专业人员组成、以公开的程序按照

---

① 中国基础设施产业政府监管体制改革课题组：《中国基础设施产业政府监管体制改革研究报告》，中央财政经济出版社2002年版，第41页。

② ［美］威廉·安德森：《美国政府监管程序的宪法基础》，任东来译，《南京大学学报》（哲社版）2005年第4期。

③ 参见许樱纯《公共行政专业主义之研究》，硕士学位论文，台湾政治大学公共行政研究所，1998年。转引自马英娟《政府监管机构研究》，北京大学出版社2007年版，第99页。

法律授权对粮食行业实施专业化监管，乃是现代粮食安全监管的题中之意。

4. 合作原则

域外发达国家非常注重监管者与被监管者之间的合作，学者 Hawkins 曾指出法律制度在监管过程中的作用有限，英国政府的监管在很大程度上取决于与被监管者之间的合作。①要实现合作，需要在监管中更广泛地采取一系列非正式的手段，如说服教育、建议、劝说和协商等，并由监管机构作为多方利益主体的召集者和助成者，提供或安排提供信息的产出，推动合作、打破僵局并且推动形成合意。②这种合作还体现在民间组织的参与上，这是由于政府监管机构自身的局限性所决定的。

就粮食安全监管而言，粮食行业协会这种民间组织的优势在于其成员来源于本行业，它可以很好的解决粮食安全监管中的信息不对称问题。此外，行业协会代表的是本行业各企业的利益，不仅是连接监管者和被监管者的桥梁，还可以协助监管机构有效的实施监管。③域外的实践表明，粮食行业协会及其他中介组织，具备粮食行政管理部门所不具备的优势和职能。粮食市场主体对粮食行业协会和中介组织的信任度比较高，粮食行业协会的章程以及做出的相关决定能够得到其更好地执行和遵守。就我国粮食监管而言，加入 WTO 后，粮食市场全面开放，政府对市场的干预要弱化，对于政府"管不好、管不了"的事，相当一部分可以由粮食行业协会来承担，发挥粮食行业协会等中介组织的监督和协调作用，凡是能够由粮食行业协会等中介组织通过行业自律解决的问题，政府尽量不要进行行政干预。这不仅是市场经济的一个非常重要的特征，也是国际通行的做法。这样，不但可以减轻粮食安全监管机构的负担，而且可以降低监管成本。④

---

① See Hawkins, K. *Environment and Enforcement*, *Regulation and the Social Definition of Enforcement*, Oxford University Press, Incorporated, 1984. pp. 191—194.

② 参见［美］弗里曼《合作治理与新行政法》，毕洪海、陈标冲译，商务印书馆 2010 年版，第 47 页。

③ 包括"统计、分析、研究本行业基本情况及面临的问题、向政府传达企业的共同要求；还可以协助政府制定和实施有关法律法规和各类标准，帮助政府对本行业产品和质量、竞争手段、经营作风进行严格监督，维护行业信誉，鼓励公平竞争，打击违法、违规行为。"张婷婷：《中国食品安全规制改革研究》，中国物资出版社 2010 年版，第 138 页。

④ 参见聂振邦《粮食行政执法实用手册（上）》，中国农业出版社 2005 年版，第 308 页。

5. 责任原则

责任原则是法治社会的基本要求，建立相应的粮食安全责任追究机制，对于约束粮食安全监管机构依法行政、防止其权力滥用等具有重要的现实意义。在粮食安全监管中坚持责任原则，即是要求粮食安全监管机构行使行政职权必须要有法律依据，超越授权范围即要承担相应的不利法律后果；同时，如果其消极懈怠不履行法律明确规定的应当履行的粮食安全监管义务，则其将构成行政怠惰，亦需要承担相应的法律责任。正如美国学者鲁特所言，不加控制的行使这些权力是不负责任的民主，必须要让这些权力行使者承担相应的责任，"假如我们要继续保留权力有限的政府，这些管制机构本身就必须受到管制……公民针对它们的权利必须加以明确化，行政法体系必须得以发展。"①这种责任包括政治责任、道德责任和法律责任，但是主要是一种法律责任，即粮食安全监管机构及其工作人员没有依照法定的职权范围、方式、程序进行的违法监管行为必须承担的法律责任。

（二）完善我国粮食安全监管机构设置的具体构想

1. 理想的模式选择

如上文所述，域外粮食安全监管机构的模式选择主要有两种：一是以美国为代表的独立于其他传统行政部门的监管机构模式；二是虽然是隶属于传统政府行政部门但其仍具有一定独立性的监管机构模式。第一种设置模式，即设立一个独立的粮食安全监管机构，行使全部的粮食监管职能。质言之，采取此种模式乃是独立地对粮食安全实行"从田间到餐桌"的全程式监管，其他政府部门无权干预，这有利于彻底解决机构重复和监管盲区的问题。目前，这种设置模式是国际社会较为通行的做法。但是这一做法，是否能吻合中国的基本国情呢？

对此，笔者认为这种一步到位的模式与中国现行的行政管理体制肯定会存在冲突，因为，目前我国对于粮食安全监管职能的设置，是按照粮食产业链的各个环节来划分的，即"从田间到餐桌"不同的环节乃是由不同的部门负责，由于各监管机构存在历史长，考虑到人员、成本效益等因素，完全依靠即时性行政命令进而改变此种现状，这必然会对现有的行政

---

① ［美］肯尼思·F. 沃伦：《政治体制中的行政法》，王丛虎等译，中国人民大学出版社2005年版，第159页。

管理体制造成很大的冲击，自然其改革难度肯定会很大，而且，若一步到位新成立一个独立的专门性粮食安全监管机构，其权威性可能会存在不足。同时，因长时间的合作和交往，传统监管机构即使被新的专门性监管机构所代替，其仍可能与粮食企业等其他利益主体保持千丝万缕的联系。质言之，在这种情形下，原有的粮食安全监管机构仍然可能利用其"余温"在整个粮食市场产生影响。如果果真这样，那么这种设立独立的专门性粮食安全监管机构的模式，就只不过是在传统监管模式的基础上给市场主体增加了一道新的关卡，形成更大的寻租空间而已。

考虑到监管机构的内在需求以及我国粮食安全监管体制的现状，笔者认为比较现实的选择乃是选择上述第二种监管机构模式。虽然在这种模式中，监管机构仍隶属于传统政府行政部门，不能完全摆脱行政部门的影响，但与此同时法律亦赋予了它们很大的独立性权力，在权力范围内其可以单独地实施监管政策。在现实维度，这种模式在我国有隶属于国务院的监管机构和隶属于国务院组成部门的监管机构之分，其中，前者的独立性在一定程度上高于后者。①因为，后者存在监管机构组织位阶低，以及人事任免、经费来源和职权行使容易受到所属国务院组成部门直接或间接的影响的问题，很难真正保障其独立性。②至于前者，事实上其在我国早有实践，具体的体现就是各种议事协调机构的设立。例如，根据2008年《国务院关于议事协调机构设置的通知》，国务院现有议事协调机构29个，这些机构的主要职责就是加强该领域的监管以及协调各职能部门的工作。

就粮食安全监管而言，笔者认为完善其机构设置主要可以在现有机构的基础上设置一个直接隶属于国务院的粮食安全监管委员会，总体承担负责粮食安全监管以及相关各职能部门协调的职责。由粮食安全监管委员会牵头组织粮食、农业、卫生、工商等部门研究制定分工方案，整合监管权限，对职能不清的予以明确，尽力避免职能交叉和监管盲区的出现。同时，必须指出的是，监管机构整合是一个渐进的过程，并非一蹴而就。即使国家采纳了笔者的这一建议，但"监管机构的独立性、专业性以及监

---

① 参见马英娟《政府监管机构研究》，北京大学出版社2007年版，第107页。
② 参见马英娟《中国政府监管机构构建中的缺失与前瞻性思考》，《河北法学》2008年第6期。

管组织之间的协调性，均是我们应该持续考虑的问题，而非简单采取合并同类项的做法"。①待条件成熟，如有需要，可以再进一步谋求统一的独立于政府部门的粮食安全监管机构。

2. 科学的权力配置

粮食安全监管机构的权力配置主要涉及：监管机构之间的权力配置、监管机构与政策部门之间的权力配置、监管机构与反垄断机构之间的权力配置等问题。关于监管机构之间的权力配置，主要涉及监管机构之间的横向和纵向配置。就横向配置而言，目前主要存在设立专门的产业监管机构和设立综合性的监管机构两种做法。其中，前者的优势在于其更有利于对粮食信息以及专业技术资源进行实时掌握；缺陷在于容易被其监管的产业俘获，而且不同的产业监管机构之间的权责重复、管辖冲突问题不易协调。考虑到我国粮食监管权过于分散的现实以及经济性监管领域融合的趋势，笔者认为设立一个综合性的监管机构还是比较理想的。至于纵向配置，由于其涉及一个国家的国家结构，这在我国仍属一个政策问题，② 不是本文研究的重点，因此，本文笔者对此将不作分析。

至于粮食安全监管机构的具体权限配置，笔者认为为保证粮食安全监管机构的独立性，除由政策部门继续行使宏观粮食安全政策制定职能、反垄断机构行使反垄断职能外，其余的监管职能由新设立的粮食安全监管委员会行使，通过立法明确其职能界限，防止交叉监管、互相扯皮现象的出现。

3. 优化内部治理结构

对于粮食安全监管而言，其独立的监管机构到底应当被赋予多大的自主权，这在不同的国家基于其国情的不同，其答案也可能不同。不过，不论出于何种考虑，要保证粮食安全监管机构在职权行使过程中获得相对独立性，除了合理的制度安排之外，合理的内部治理结构也非常重要。

第一，组织类型。监管机构的组织类型，主要有首长制和委员会制这两种。首长制又称为独任制，是由行政首长一人掌权，决定行政机关的各种事务的行政组织体制。其优点在于权责集中、明确、统一，行动灵活迅

---

① 傅蔚冈、宋华琳：《规制研究》（第1辑），格致出版社、上海人民出版社2008年版，第78页。

② 参见中国基础设施产业政府监管体制改革课题组《中国基础设施产业政府监管体制改革研究报告》，中国财政经济出版社2002年版，第140页。

速，行政效率高，而且成本低；其缺点在于由行政首长一人独揽所有的决定权，容易出现权力滥用，而且囿于个人能力等的限制，其对问题的考虑难以周详。委员会制也称合议制，是指行政组织的决策权由地位平等的多数委员掌握，并按照"少数服从多数"的原则讨论形成决定的一种行政组织体制。其优点在于集思广益，考虑问题周全，各委员互相监督，不易发生营私舞弊；其缺点相较于首长制存在责任不明确，成本高效率低下等弊端。

就粮食安全监管而言，考虑到粮食安全的重要性以及监管的实质等问题，笔者认为若要新设立粮食安全监管机构，其也只适宜采用委员会制。具体来说，其理由大致包括以下几个：一是采取委员会制有利于粮食安全监管机构准立法职能的实现；二是委员会制有利于保证粮食安全监管政策的一致性和稳定性；三是委员会制有利于确保粮食安全监管机构的独立；四是委员会制有利于实现公平公正的监管。[1]

第二，人事安排。监管机构的人事安排，涉及决策层和执行层这两个层面。其中，前者掌握了最终的决定权并对外承担责任，其成员的任命方式、任职资格以及任期都在很大程度上对监管机构的独立性产生影响；在任命方式上，政府监管机构决策层成员的任命方式主要有一个或两个部长任命、政府集体任命、议会任命、议会和政府共同任命、已经产生的主管委员任命以及其他方式。[2]从各国的实践经验来看，通常第三种和第四种任命方式更有利于保证监管机构独立性。

为此，本书建议在我国，若要设立粮食安全监管委员会，则其委员会主任可采取由国务院总理提名，全国人大批准的任命方式。在任职资格上，决策层人员的能力直接影响到监管实效，因此，对其任职资格必须从严把握。具体来说，笔者认为设置我国粮食安全监管委员会的任职资格，我们必须从监管的专业性和技术性角度出发，在要求其符合公务员任职的一般性条件的基础上，还应要求其具备专业的粮食安全监管知识。在任期上，各国为保证监管机构的独立、稳定与连续性，其通常不仅规定了较长的任期（一般在 5 年以上），而且实行交错任期制。就我国而言，当前我

---

① 参见马英娟《政府监管机构研究》，北京大学出版社 2007 年版，第 113—114 页。

② See Stephane Jacobzone, *"Independent Regulatory Authorities in OECD Countries: An Overview"*, on OECD Proceedings of an Expert Meeting in London, United Kingdom, 10—11 January 2005, p. 85.

国监管机构的执行层人员主要是公务员，但并不全部来自公务员，考虑到粮食安全监管的专业性、技术性以及公务员编制的有限性，对于粮食安全监管委员会执行人员的任用方式，笔者建议最好采用录用与聘用相结合，管理岗位录用公务员，技术性岗位可以聘请专家。

第三，经费来源。充足的监管经费是保证粮食安全监管有效展开的前提。从世界范围看，各国粮食安全监管机构的经费来源主要是有政府预算、监管者收费、以政府预算为主同时收费弥补机构开支这三种形式。其中，对于第一种形式，在监管活动日益增多的今天，仅靠政府财政拨款是远远不够的，采取此种方式不仅容易增加政府负担，而且不利于监管机构的独立。对于第二种方式，完全依靠向监管企业收费，很容易出现监管机构滥用收费权的情形。鉴于我国目前行政机构普遍存在经费不足的问题，笔者建议粮食安全监管委员会应当实行经费来源多元化，通过收取许可证费、监管费等弥补经费不足的问题。不过，为了防止收费权滥用，监管机构的收费权应是于法有据，而且允许政府审计部门定期对其账目进行审查。

4. 健全的监督机制

监管机构的独立性是监管有效的保证，但是独立性是一个相对的概念，而非绝对的概念。监管机构的独立性，是指监管活动不受外界因素的干扰和影响，但并不是监管机构不受任何制约。笔者所设想的粮食安全监管委员会，作为直接隶属于国务院的一个事业单位，其首先就要接受最高行政机关——国务院的统一领导，最高行政机关可以通过人事任免、财政预算、行政管理方式、非正式的沟通等途径影响监管机构。[①]其次，向立法机关负责，接受人大的监督与制约，这是现代民主法治社会的基本要求，而且通过人大监督可以使各级政府部门更加重视粮食问题，保障国家的粮食安全。立法机关主要通过立法控制、预算控制、人事控制、调查控制以及监管机构对立法机关负责等方式制约粮食安全监管机构。再次，其要接受人民法院的司法审查。司法审查作为防止粮食安全监管机构权力滥用、维护社会公平正义的最后一道防线，当相对人不服粮食安全监管机构

---

① 为确保监管机构专业而公正地完成监管任务，一般说来，最高行政机关对监管机构只有所谓的"影响关系"，可以通过各种渠道牵制监管机构，也可以运用各种方法影响监管机构，但不存在"控制关系"。参见马英娟《政府监管机构研究》，北京大学出版社2007年版，第132—134页。

的决定，其有权向法院提出司法审查请求，即要求法院对监管行为的合法性进行审查。关于此点，可以考虑学界关于仿效法、德等国设立行政法院的设想，以满足有效监督监管机构的需要。复次，来自社会的监督。社会监督主要是由新闻舆论、民主政党、社会团体和公民个人为主体，通过批评、建议、检举、揭发、申诉、听证、复议等方式，对粮食安全监管机构的监管行为进行监督。

最后，必须指出的是，在新的粮食安全监管委员会成立前，基于"立法先行"的法治原则，应当在即将制定的《粮食法》中对上述内容进行明确的规定。

第二节　中国粮食安全监管的范围

所谓粮食安全监管的范围，就是指粮食安全监管权的界限，即"度"的问题，它主要表现为政府可以监管什么，哪些事项需要监管，对于可以监管的事项其监管程度如何。强调粮食安全监管的范围，主要是因为"如果政府干预不足，会导致政府缺位；如果政府干预过度，会导致政府越位；如果政府干预不当，会导致政府错位。"[①]同时还必须指出的是，在现实中，主张由粮食安全监管机构对粮食市场进行干预，虽然其干预的目的是为了纠正市场失灵，但是这并不意味着市场解决不好的问题，政府就一定可以解决得好，即粮食监管机构进行监管所能发挥实效的范围是有限的。

一　粮食安全与政府监管范围的有限性

现代国家主要是通过立法和行政的方式履行国家保护义务。其中，行政活动是以公益目的为主，在法治国家的理念下，这一行为自然受到法律的规制。市场经济的运行实践已证明了市场失灵的存在，现代市场经济的运行既需要"看得见的手"，也需要"看不见的手"。主张政府对粮食市场进行监管，这并不是要弱化市场的作用，更不是要取代粮食市场，而是要弥补粮食市场的缺陷和不足。因当今粮食安全所涉议题之繁杂，世界各

---

① 郭连成、周铁赢：《经济全球化与转轨国家政府职能转换研究》，商务印书馆 2011 年版，第 132 页。

国政府无不在行政行为时选择与之相适应的监管方式，通过事前或事后的介入，以达到维护粮食安全的目的。随着社会的发展，各国政府对于粮食市场的监管范围更广、程度更深。依照传统监管理论，公共利益是政府监管行为正当性和合法性的基础。但就目前而言，事实上政府监管并不总是服从于公益这一目标，基于其他目标进行的不适当监管可能造成各种监管弊端，如因具体机制设计不良而造成反向效果的情况，以及在经济性监管中存在利益集团寻租行为或监管俘获等监管失灵或失范现象。

在现实中，由于各种监管机制良莠不齐，若不及时针对上述政府监管所产生或衍生的问题而制定新的因应策略，则很可能导致其负面影响远远超过其当初设计时的正面价值。有时候政府监管失灵或不当所导致的问题，甚至比其本欲解决的市场失灵问题更为严重。正如吉登斯所考量的那样，"监督活动的日益加强反倒提供了许多民主参与的途径，但是，也增加了垄断暴力手段并把它作为恐怖工具的利益集团支配政治权力的可能性。"[①]因此，在对粮食市场进行监管时，国家必须意识到政府监管的有限性，即粮食监管机构的监管权行使应当是有边界的，在粮食市场能够有效调节的领域，不需要政府介入；在粮食市场调节失灵的领域，则需要"看得见的手"干预予以纠正和弥补。只有在合理的界限内，监管机构的功效才能发挥其实效。

除此之外，随着具有非官方性、非营利性、自治性和自愿性特征的相对独立的公民社会的逐渐兴起，各种非政府组织，如粮食行业协会等在粮食监管领域中的作用越发明显，其社会自主性和自治能力正在不断加强。对此，笔者认为在粮食市场领域，政府绝不能单纯地因为对统一性或对公益的追求而过多的干预到其中。正如哈耶克所说，现代意识更多的是强调尊重社会的自发秩序和自发规则。[②]因此，不需要政府在非公共生活领域有太多的作为。

二　确定粮食安全监管范围的基本原则

在确定粮食安全监管的范围之前，首先必须明确确定粮食安全监管范

① ［英］吉登斯：《现代性的后果》，田禾译，译林出版社2000年版，第150页。
② ［英］弗里德利希·冯·哈耶克：《自由秩序原理》，邓正来译，生活·读书·新知三联书店1997年版，第67页。

围的基本原则。笔者以为，以下原则应当遵循：

第一，必要性原则。粮食安全监管的范围，应限定在粮食市场失灵领域。即在粮食市场机制完善且运行得很好的领域，不需要政府监管；只有市场机制存在缺陷，无法很好的调节市场的时候才需要政府的介入。世界各国的经济发展经验已经证明，"市场机制是迄今为止人类社会所拥有的最有效的资源配置工具。"[1] "在充分竞争的条件下，市场可以比政府更好地进行资源配置，更有效地组织生产，更好地满足消费者的需要。"[2]而且，"公益精神未必总是意味着要求政府采取行动或支持政府采取行动"。[3]在某些情况下，市场失灵存在着"自发解"——不需要依靠政府的强制行为，市场也能够很好的运作。[4]在理论上，粮食市场留给政府干预的空间并不大。尽管如此，但是市场不是万能的，无法有效的解决有关粮食安全的所有问题，在理论上完美的市场经济在现实中并不能达到这一理想状态。因此，政府适当的介入是必要的。从基本逻辑而言，政府监管只有基于纠正市场失灵为目的才是正当的。凡是市场机制能解决好的领域，政府就不应该介入。粮食安全政府监管的边界，应该确保在粮食市场失灵的范围之内，不能超越这个范围，否则会适得其反。而且在监管范围之内，政府应该是介入到自己能够起到积极作用的领域，否则的话就不要干预。因为，并不是所有市场失灵的领域，政府干预都可以解决。"存在许多由于政府介入而造成市场资源配置无效的例子。比如，在铁路、航空、货车、公共汽车以及出租车等运输业中，政府监管的结果是行业价格上升和效率降低。"[5]实践证明，对于市场失灵，并非所有的政府监管都能起到实效。所以，政府这只"看得见的手"在介入之前，应当清楚什么地方应该介入，什么地方应当"无为"；并且顺应市场这只"看不见的手"的

---

[1]　赵劲夫：《市场经济中的政府形象》，中共中央党校出版社1996年版，第121页。

[2]　王红玲：《当代西方政府经济理论的演变与借鉴》，中央编译出版社2003年版，第273页。

[3]　[英] 弗里德里希·冯·哈耶克：《法律、立法与自由》，邓正来等译，中国大百科全书出版社2000年版，第345页。

[4]　参见 [美] 乔·B. 史蒂文斯《集体选择经济学》，杨晓维等译，上海三联书店、上海人民出版社1999年版，第117页。

[5]　张千帆等：《宪政、法治与经济发展》，北京大学出版社2004年版，第100页。

运行规律，谨慎地介入，才有可能发挥其功能。①

　　第二，最优原则。粮食安全监管的范围，除了遵循必要性原则以外，还应当限定在监管效益大于监管成本的粮食市场失灵领域。如前，将监管限定在政府能发挥实效的市场失灵领域还不能获得逻辑上的满足，因为此种实效的获得还需要支付一定的成本。正如学者科斯所言："政府有能力以低于私人组织的成本进行某些活动。但政府行政机制本身并非不要成本。实际上，有时它的成本大得惊人。"②质言之，任何监管都需要一定成本，包括人力、物力、财力等，这些都是社会财富的消耗，而政府的介入可以有效地改善经济运行的状态，增加社会财富，这就是监管的收益。只有监管的效益大于监管成本，监管政策和监管行为才是必要的，才具有可行性和合理性。否则就是多余的，甚至是有害的。③所以，笔者认为在确定粮食安全监管范围时，必须进行成本效益分析。所谓监管的成本效益分析，就是指"相关政府部门运用所获得的数据和合理的技术方法为监管政策或监管行为提供实际运用之前的决策依据或之后的评价的一种程序性制度设计"。④通过成本效益分析权衡得失，在监管成本大于监管效益的领域，我们应当坚决将其设定为粮食安全监管的禁区。

　　第三，行业性原则。粮食安全监管融合了经济性监管和社会性监管，以目前的发展趋势而言，经济性监管呈放松监管的趋势，在确定粮食安全监管范围的时候应当以社会性监管的内容为主，兼顾经济性监管的内容。具体而言，粮食是维持人类生存的不可缺少的不可替代的物品，也是维持国家独立自主与社会稳定的特殊产品。历史经验证明，粮食不足不仅直接影响民生，而且极易导致动乱与战争。粮食问题虽然牵涉极广，但其主要是涉及数量和价格两个方面。前者因为人口的增长，要关注如何增产以及改善分配，以适应人口增加的需要；后者在于谷贱伤农，谷贵伤民，如何平衡利益，尤其是监管生产者和消费者的利益，乃是其重点。

---

①　参见陆丁《看得见的手——市场经济中的政府职能》，上海人民出版社、智慧出版有限公司1993年版，第159页。

②　[美]科斯等：《财产权利与制度变迁》，刘守英等译，上海人民出版社1994年版，第22页。

③　参见李杨《西方经济学》，四川大学出版社2007年版，第187页。

④　刘新少：《公法视域内行政监管范围研究》，博士学位论文，中南大学，2012年，第98页。

　　总之，粮食安全监管是解决粮食安全问题的一种政府行为。虽然当前我国粮食生产势头良好，但是存在分配不均的问题，若监管不到位则很可能对国计民生以及经济发展产生重要影响。也正是因为此，在现阶段，笔者认为应当强化政府对粮食安全的社会性监管，使其监管范围能够覆盖粮食生产、流通、消费的全过程。此外，对于经济性监管，在某种程度上可以对其放松监管，比如对于粮食企业的市场进入和退出、粮食价格、实现粮食高产优质高效的科技创新等，可以充分利用市场作用，或者通过加强政府与民间组织的合作实现监管。

三　中国粮食安全监管范围之审视与调整

　　根据《粮食流通管理条例》和《中央储备粮管理条例》，目前我国粮食安全监管的范围主要包括粮食收购市场准入、粮食库存、粮食质量监管等几个方面。根据世界粮食市场的发展趋势和我国粮食市场现状，笔者认为我国粮食安全监管的范围需要做出相应的调整，以下逐一进行分析论证。

　　（一）粮食收购市场准入监管

　　由于粮食是人类的生存之本，因而，在粮食产量有保障的前提下，粮食流通安全对于粮食安全的意义不言而喻。而粮食收购作为粮食流通的首要环节，也是粮食流通的关键环节，其扮演着连接粮食生产者和消费者的"中间人"角色，而它的发展又关系到粮农的收入，直接关系到粮农的种粮积极性，继而影响粮食生产和粮食安全。

　　也正是因为此，我国历来对于粮食的收购主体资格管理都比较严格。从1955年开始，一直到1984年我国对粮食收购都是采取的统购统销政策。在实践中，这一政策对于确保粮食供应和粮价稳定的确产生了非常明显的效果，但与此同时，在粮食统购统销的制度下，只有国有粮企才可以从事粮食收购，由此很容易形成买方垄断，即国有粮企为了追求利润最大化进而直接压价，这无疑会直接影响粮农收入，进而严重挫伤了粮农种粮积极性，不利于粮食增产。为此，1985年，国家取消了粮食统购统销，实行合同定购，即购销双轨制。这一举措打破了统购统销的僵局，标志着我国粮食流通开始从计划经济向市场经济过渡。1998年国务院15号文件指出，由于国有粮企管理落后、政企不分、严重亏损，给国家造成了巨大的财政压力[1]，因而有必要放开粮食收购市场。

2004 年，为了规范粮食收购、维护正常的粮食流通秩序，国家全面放开了粮食收购市场，同时依照我国《行政许可法》、《粮食流通管理条例》、《粮食收购资格审查管理暂行办法》的相关规定，国家对粮食收购者开始实行市场准入制度（见表 3 - 3）。

表 3 - 3 　　　　　　　　　粮食收购市场准入的变化[2]

		[国发（1998）15 号]		[国发（2004）17 号]	
		市场准入	资金支持	市场准入	资金支持
国有粮食购销企业		农村粮食收购主要由国有粮食企业承担，严禁私商和其他企业直接到农村收购	所需贷款由农业发展银行供应和管理	带头执行国家粮食政策，尽可能多地掌握粮源	农业发展银行给予贷款支持
非国有粮食购销企业	国有农业企业	可以收购本企业直属单位所生产的粮食	自筹	县级或县级以上粮食行政管理部门审核入市资格，在工商行政管理部门登记注册，可从事粮食收购和经营活动。其权益依法得到保障	农业发展银行可根据企业风险承受能力提供贷款支持
	国有农垦企业				
	粮食加工企业	可以委托当地粮食企业收购原粮用粮，但只限自用不得倒卖			
	饲料、饲养、医药等用粮单位				
	其他粮食经营企业	须到县以上粮食交易市场购买			
	用粮单位				
	私商	严禁直接到农村收购粮食			自筹

具体来说，粮食收购市场准入制度规定申请从事粮食收购活动，应当向与办理工商登记的部门同级的粮食行政管理部门提交书面申请，并提供资金、仓储设施、质量检验和保管能力等证明材料。上述机制意味着粮食收购可以按照市场机制进行，国有粮企和非国有粮企一起均有机会进入市场，参与竞争，它们在收购当中应当实行"最低价收购"政策，即当市

---

[1] "1996 年，国有粮食企业当年新增亏损挂账为 197 亿元，1997 年新增挂账猛增至 480 亿元，1998 年一季度就新增了 270 亿元，增势迅猛。据审计部门披露，到 1998 年 3 月底，粮食收购贷款余额 5431 亿元，而粮食库存只有 3291 亿元，亏损挂账和挤占挪用加起来是 2140 亿元"。罗守全：《中国粮食流通政策问题研究》，博士学位论文，首都经济贸易大学，2005 年，第 31 页。

[2] 刘颖：《基于国际粮荒背景下的中国粮食流通研究》，中国农业出版社 2008 年版，第 148 页。

价高于最低收购价时，按市价收购；当市价低于最低价时，政府按二者差价直补给粮农。这一转变对于增加农民收入的意义尤其明显。但是必须指出的是，粮食收购市场的全面放开，意味着粮食经营主体的多元化，尤其是民营主体的积极加入，这必将导致粮食购销领域的激烈竞争。在现实中，由于粮食这一商品的特殊性以及其关系国计民生的战略品格，这一切均告诫我们尤其在我们这样一个人多地少、农业基础薄弱的国家，保障粮食的供应和价格是何其重要，对于粮食收购市场必须加强监管。

事实上，我国2004年实行的市场准入制度，也是国际上控制粮食收购的通行做法。作为例证，在西方，一些经济发达国家，诸如加拿大、欧盟、日本、韩国等对粮食收购都进行了不同程度的监管。比如，加拿大对粮食收购企业就采取资格认定的办法，没有获得收购资格的企业严禁从事粮食收购；日本《关于主要粮食的供需及其价格稳定的法律案》规定，"对从事稻谷等主要粮食品种收购业务的，实行登记核准制度，并对登记的必要条件以及相应的责任和义务等都作了详尽的规定。"[1]

另外，需要指出的是，在现实中，如果无限制的放开粮食收购市场，任何人都可以从事粮食收购，那么由于私利的驱动就会出现：粮多，无人购粮，损害粮农利益；粮少，粮价大幅度提升，损害消费者的利益。为此，笔者认为建立粮食收购市场准入制度十分必要。从我国目前来看，全国各地基本上都制订了粮食收购资格审核管理办法，结合各地实际，可以发现其对个体工商户收购粮食资格的规定主要有如下四种形式：一是年收购量50吨以下的个体工商户无须申请粮食收购资格；二是年收购量50吨以下的个体工商户无须申请粮食收购资格，但要实行备案制度；三是对以营利为目的常年从事粮食收购的个体工商户实行粮食收购资格许可，但申请条件放宽；四是对个体工商户与法人、其他经济组织的收购条件同等要求。[2]

总体而言，目前我国粮食收购市场准入监管尚存在一些弊端：

第一，粮食收购经纪人的监管不明确。在粮食收购市场放开后，出现了大量的粮食收购经纪人（农村俗称粮贩子），主要活跃在乡村和城乡两级粮食市场，他们从走村串户到坐镇设点收购粮食，已经逐渐成为粮食收

①　季良实：《为什么不能放开粮食收购市场》，《人民日报》1999年9月3日。

②　参见聂振邦《2005中国粮食发展报告》，经济管理出版社2005年版，第45页。

购主力军。然而，依据《粮食流通管理条例》第 7 条和第 9 条的规定，只有获得收购资格并经过工商部门登记的个体工商户、法人和其他经济组织，才能从事粮食收购，但是目前粮食收购经纪人到底属于哪一种，现有的法律法规并没有明文规定，而是由各地根据规章和行政规范性文件自行其是。据有关统计，现在全国大约有近一百万的粮食收购经纪人，其大部分都没有相应的专业知识，也没有专业设备，收购时不问国家政策不管粮食质量，只管收进卖出，赚取差价，甚至弄虚作假，严重损害了粮农利益。因此，在今后的制度完善中笔者认为必须将其明确纳入粮食监管的对象中，比如，规定凡是从事粮食中介的粮食经纪人均需申请、取得粮食经纪人资格，如此才能规范其行为，更好地发挥粮食收购经纪人的作用。

第二，中央储备粮承储企业收购监管不科学。按照我国《行政许可法》的有关规定，具有中央储备粮承储企业收购资格的行政许可机关应当有权对其收购活动实施监督检查。从实践层面来看，当前我国绝大多数中央储备粮承储企业的收购资格均是由地方各级粮食行政管理部门许可的，作为收购许可机关，地方粮食行政管理部门理所当然是其收购活动的监管者，但是我们知道《粮食流通管理条例》和《行政许可法》都是在《中央储备粮管理条例》制定之后颁布的，为了达到法制的统一，《粮食流通管理条例》规定关于中央储备粮的管理，依照《中央储备粮管理条例》的相关规定执行。按照这一规定，中央储备粮承储企业的收购行为应由国家粮食局负责监管，而地方各级粮食行政管理部门对于近在咫尺的中央储备粮承储企业的收购行为有许可权却无监管权，而国家粮食局对全国范围的中央储备粮承储企业的收购行为虽负有监管之责，但从现实出发，不论是基于人力还是物力考虑，其都无法很好的实施监管。对于上述这一制度设计，我们认为其毫无疑问是错位的、不科学的，因为它导致了粮食监管的盲区。因而，在后续的完善过程中，笔者建议国家应当在相关法律法规中明确规定地方各级粮食行政管理部门对中央储备粮承储企业的收购行为享有监管权。①

第三，粮食收购市场准入后的监管比较薄弱。粮食收购市场准入，实际包括准入前的粮食收购许可和准入后对收购行为的监督检查以及法律责

---

① 参见周仕鹏、周泳兴《完善粮食收购市场准入制度的法制思考》,《粮食科技与经济》2007 年第 6 期。

任的追究。因此，在实践中，国家不仅对于粮食收购市场准入要严格把关，而且还应该完善准入后的监管。比如，对违法收购行为的查处，应从立案到行政处罚需要的人员、设备配备等多方面加以考虑，这是对准入许可的保障。此外，现有的准入后监管不到位的状况，会导致大量的从事粮食收购的主体无视粮食收购许可的规定，进行无证收购，粮食安全造成隐患。在后续的制度设计中，我们亦必须对其予以进一步完善。

（二）粮食质量监管

粮食质量，主要包括以下两个方面的内容："一是粮食的基本组成成分及含量，如水分、灰分、蛋白质、脂类、碳水化合物、维生素、微量元素等物质，不同的成分与含量决定其营养价值；二是粮食的品质状况，如成熟度、淀粉分子的结构、蛋白质的质量、酶的活性等，不同的品质状况决定粮食的食用品质和工艺品质。由于粮食在收购、储存、运输、加工、销售等环节中受外界因素影响，粮食组成成分、含量及形态发生变化，甚至产生有毒有害物质，如粮食霉变产生黄曲霉毒素，不良杂质的混入，搬运过程中籽粒的破碎或受潮生霉，储存过程中脂肪酸值增加、熏蒸药剂残留，加工过程中不良工艺造成的污染或使用过量添加剂、溶剂残留超标，销售过程中掺杂使假、以次充好等，这些变化都将影响到粮食的商用价值和食用价值，有的甚至威胁到人们的身体健康。"[1]

众所周知，粮食质量的好坏直接关系到人的健康甚至是生命安全。以2013年的"毒大米"事件为例，此次事件中的"毒大米"是指大米中的重金属镉超标，镉具有强致癌性，长期摄入会直接危害人的肾脏和骨骼，尤其是慢性镉中毒出现的"痛痛病"，对人体的损害非常大。因此，需要政府监管机构对粮食质量加以监管。

从域外来看，多数发达国家对粮食质量监管都是非常重视的。比如，美国设立有联邦谷物检验局（Federal Grain Inspection Service；FGIS），专门负责国内和国际贸易中的谷物质量标准的制定和谷物质量的检验。加拿大则设有谷物委员会（Canada Grains Council；CGC）负责管理和控制谷物质量。

在我国，目前《粮食流通管理条例》和《粮食质量监管实施办法（试行）》对粮食质量监管都做了相应的规定，但是从实施的现状来看，

---

① 聂振邦：《〈粮食流通管理条例〉培训教程》，中国物资出版社2004年版，第193页。

我国粮食质量监管仍存在诸多问题，例如粮食质量监管意识不强、多头监管、交叉监管等。总体而言，我们认为其中最主要的问题就是存在多部门共同监管①，没有专门的责任机构，在实践中，此种制度安排容易导致粮食流通领域中的质量监管被人为条块分割，在此基础上若再加上分工方面的不明确，其就不可避免地会出现粮食质量监管错位、不到位的问题。

针对这一问题，笔者建议健全粮食质量监管体系，应由粮食行政管理部门负责粮食质量全过程监管，加强粮食、工商、质检和卫生等部间的协调，明确粮食质量监管职责，切实保障履行粮食质量监管职责，乃是当务之急。关于此点，上文作出过阐述，因此，在此处不再赘述。

（三）粮食库存监管

粮食储备是否安全，其首要制约因素即在于粮食库存的数量。粮食库存，就是指国家粮食行政管理部门掌握和管理的全部库存粮食。对粮食库存的监管，是粮食安全监管的一个非常重要的组成部分。因为，粮食库存数量的充实、质量的好坏，直接关系到国家粮食安全、国民经济发展和社会稳定。具体来说：

首先，粮食库存信息为国家宏观调控粮食市场提供了依据。"通过检查，掌握粮食库存总量和不同性质、不同品种粮食数量、质量家底，就能为国家制定粮食生产和流通的宏观政策，推进农业结构调整，提供准确、可靠的依据，就能在国家需要动用粮食时调得出，用得上，保安全。反之，如果不清楚粮食库存的现状，就可能影响对粮食工作的正确判断和决策。其次，通过库存检查，有利于掌握国家粮食政策的落实情况，并能及时针对存在的问题，采取相应措施，进行深化改革，从而为进一步完善储备调节体系和流通体制打下基础。再次，通过库存检查，可以发现企业管

---

① 《粮食流通管理条例》第35条、第36条、第38条等条款规定：粮食行政管理部门负责粮食收购、储存过程粮食质量和原粮卫生的监督检查；产品质量监督部门依照有关法律、行政法规的规定，对粮食加工过程中的以假充真、以次充好、掺杂使假等违法行为进行监督检查；工商行政管理部门依照有关法律、行政法规的规定，对粮食销售活动中的掺杂使假、以次充好等扰乱市场秩序和违法违规交易行为进行监督检查；卫生部门依照有关法律、行政法规的规定，对粮食加工、销售中的卫生以及成品粮储存中的卫生进行监督检查。《粮食质量监管实施办法（试行）》第4条规定：各级粮食行政管理部门依法履行对粮食收购、储存、运输活动和政策性用粮购销活动中粮食质量及原粮卫生的监管职责，定期对粮食质量监督、监测结果进行通报。工商行政管理、产品质量监督、卫生、价格、认证认可监管、财政等部门依照有关法律、行政法规的规定，在各自的职责范围内负责有关粮食质量管理工作。

理，尤其是库存管理中存在的薄弱环节和漏洞，及时督促企业进行整改，促进企业经营管理水平的提高。"[1]

另外，由于粮库中存储的都是原粮，而粮食市场中供应的都是成品粮，因而在现实操作中，还应当配备粮食加工设备和销售渠道。尤其在粮食购销市场全面放开以后，虽然经营主体已经形成多元化，在市场正常状态下可以分担国家粮食购销负担，但是也必须看到一旦粮食供应偏紧，经营者囤积居奇，全社会用粮稍微增加，国库存粮即使充沛，也会捉襟见肘难以招架。[2]因此，对粮库的监管绝不能放松。

过去，我国粮食库存监管对象主要是国有粮企，在粮食购销市场全面放开之后，这个范围已经有所调整。例如，2004 年《粮食流通管理条例》明确规定粮食行政管理部门对全社会粮食流通享有监督检查职能。在此基础之上，2006 年出台的《粮食库存检查暂行办法》将粮食经营企业定义为纳入粮食行政管理部门库存统计范围的从事粮食收购、销售、储存、运输、加工等经营活动的企业，粮食储备企业以及转化用粮企业。由此，粮食库存监管的范围被涵盖到所有的粮食经营企业。

虽然我国对于粮食库存非常重视，目前已投入了大量的人力、物力和财力，但是在管理中其仍然面临一些急需解决的问题。

第一，粮食库存数量大以及储存时间过长引起的陈化粮的处理问题。粮食在储藏过程中会出现陈化现象，需要采用先进的科学技术来延缓陈化的速度，保障粮食质量。在实践中，由于粮食市场机制的不完善，粮食推陈储新的目标很难实现，致使我国目前很多粮库中储备的大量的粮食超长时间存储在粮仓中，粮食陈化现象严重。甚至有的地方由于仓容不足，有一部分的粮食露天存放，来自生虫、霉变以及鼠雀危害的影响非常大。这些影响不仅造成了存储粮食数量的减少，更加快了粮食陈化的速度，使库存的粮食失去了其应有的价值。

第二，粮食存储设施落后。据有关调查，我国全国现存粮仓还有部分是 20 世纪 60 年代建设的，甚至还有三四十年代修的，就使用状况而言，有的需要大修，有的甚至已经不能使用。设备的陈旧、技术的落后，加大

---

① 任正晓：《粮食库存检查实务》，中国商业出版社 2007 年版，第 2—4 页。

② 参见郑励志《居安莫忘思危——对粮食库存要科学剖析》，《粮食问题研究》2004 年第 5 期。

了粮食库存的风险，虽然在全国范围内目前已有部分设施先进的粮库，但是其很大部分仍是平方仓，而根据世界先进经验来看，平方仓并非最佳的粮仓模式。此外，现有的粮库还无法满足现代粮食库存的需要，且其布局亦不尽合理，这主要体现在："粮食主产区与主销区粮库仓容分布不均衡，粮食储备与加工区域分布不协调，储备粮品种结构不合理。"①目前，我国粮库主要分布在粮食主产区，受到运输条件的限制，出现了主产区的粮食运不出去，而主销区的粮食需求得不到满足。这也直接导致有些地方粮仓闲置，有些地方仓容不足，全国有数百亿斤的粮食露天存放，储粮的安全状况令人担忧。

第三，粮库从业人员技术水平低，根本无法满足现代粮仓管理的需要。在笔者的走访中，发现一些粮库尤其是老库的从业人员大多数文化水平低，很少配备专业技术人员。而新型的粮库，都配备了先进的设施、仪器，技术含量很高，需要的是具有较强专业理论知识和操作技能的人员。

第四，粮食库存数据失真。这主要体现在库存的账面信息不能反映实际库存的粮食数量，会计、统计、储运等部门的数字不统一，影响了粮食库存的真实性。②甚至有的地方的粮库实际是无粮的状态，比如 2008 年检查出的安徽当涂县粮食储备严重亏空。究其根源，这主要是因为"一是有的单位和有关当事人出于自身局部利益等方面的考虑，没有如实反映粮食库存的实际数量；二是极个别企业存在的诸如套取财政补贴、收购资金体外循环、擅自动用政策性粮食等问题，造成粮食库存统计不实；三是由于管理不够规范，统计人员业务不精或责任心不强，对有关粮食业务的统计处理不及时或不正确而导致库存统计数据失真；四是由于政策或历史等原因，对粮食的损失、损耗等问题没有及时进行处理而出现的账实不符。"③

第五，粮食库存监管人员自身腐败。这主要体现在：一是某些粮食行政管理部门的工作人员在上报粮食库存等统计数据时，弄虚作假，掩盖有关问题和矛盾，甚至还有的还伪造单据，虚报储备粮数量以攫取私利，这无疑会对国家粮食库存统计数据以及国家宏观调控政策产生消极影响；二

---

① 曹宝明等：《中国粮食安全的现状、挑战与对策研究》，中国农业出版社 2011 年版，第 106 页。

② 参见魏象遂《加强国家粮食库存管理之我见》，《粮食问题研究》1998 年第 3 期。

③ 任正晓：《粮食库存检查实务》，中国商业出版社 2007 年版，第 49 页。

是部分监管人员为了谋求个人私利，擅自动用国家粮食库存，造成粮仓亏库或长期空库，国家利益受损。

针对上述这些问题，笔者认为我国要实现市场化的、科学有效的粮食库存监管，除了要加大各种投入（包括财政、人员培训等）以外，还必须努力做到：

第一，明确粮食储备的目标。即一个国家到底需要多少储备粮的问题，储备量不够，将危及粮食安全；储备粮过多，将造成陈化粮增加，资源浪费，也加重了国家财政负担。

第二，合理布局和建设现代化粮仓。我国幅员辽阔，地区差异大，一方面要抓紧建设现代化粮仓，另一方面要依据地域差异合理设置粮仓。具体来说：一是加强在京、津、沪及东南沿海等粮食主销区省份的粮食储备比重；二是加大中西部资源贫乏地区特别是少数民族地区的粮食储备。[1]

第三，大力发挥农村储粮、私人商业库存和私营企业在粮食库存中的作用。在我国农村绝大多数地区，仍然实行的一家一户储粮，这些农户储粮，条件简陋、缺乏专业的储量知识，储存的粮食损失严重。根据调查，农户储粮大约占我国粮食储备的60%。[2]再加上粮食市场放开之后，个体工商户还有私营企业基于商业目的控制了可观的粮食储备。如何对这些粮食储备进行合理的监管，并使其在实现粮食安全的目标中发挥作用是当前不可忽视的问题。

第四，强化对各种粮食储备管理备选方案的影响评估。对于粮食库存的监管，同样应当遵循监管影响评估制度，对各种备选方案进行成本效益分析，选择最优方案，并考虑到其可能带来的各种影响，尽量减少与土地和水资源有关的环境损害。[3]

第五，加快推陈出新。"按照国家链式储备的要求，储备粮以三年为周期实行均衡轮换、同时采取补贴包干、驾空轮换、滚动管理、费用包干

---

① 　参见王健、陆文聪《市场化、国际化背景下中国粮食安全分析及对策研究》，浙江大学出版社2007年版，第177页。

② 　参见曹宝明等《中国粮食安全的现状、挑战与对策研究》，中国农业出版社2011年版，第143—144页。

③ 　参见黄季焜《21世纪的中国农业与农村发展》，中国农业出版社2006年版，第97页。

等办法，做到常储常新。"① 适时适用上述办法，有利于保障库存粮食的质量、减少粮食储备成本。

　　第六，加强对粮食监管者的监管。完善对权力有效监督的体制和机制，加大对粮食行政管理部门及其工作人员的监督和制约，争取做到"权力运行到哪里监督就要延伸到哪里，确保人民赋予的权力真正用来为人民谋利益"。②

　　此外，我国粮食监管机构还对政策性用粮的购销活动、粮食运输活动、粮食批发市场准入和粮食零售市场准入等进行监管。总之，通过上文分析，笔者以为在粮食安全监管上，对粮食收购市场准入、粮食质量、粮食库存监管应当适当加强，而对政策性用粮的购销活动和粮食运输活动的监管可以基本维持现状，此外由于对粮食收购市场准入实行严格把关，因而，对粮食批发市场准入和零售市场准入的监管可以逐渐淡化。

---

　　① 魏礼群：《国家行政学院决策咨询成果选 2010 年》，国家行政学院出版社 2011 年版，第 181 页。

　　② 温家宝：《深化改革　健全制度　加大预防腐败力度》，载《中华人民共和国年鉴 2005》总第 25 期，第 294 页。

第四章　中国粮食安全监管的方式

当前，中国粮食安全的现实监管存在诸多"失灵"或失范的现象，如何提高其监管效率是理论与实践工作的重中之重。在某种意义上，在整个粮食安全监管中，监管方式是影响其监管效果最重要的因素之一，政府监管必须选择有效的监管方式，如果政府没有找到合适的监管方式，就会产生非预期的结果，出现监管"失灵"或失范。为此，本章拟从选择粮食安全监管方式应考量的因素出发，重点考察当前我国既已存在的粮食安全监管方式，主要包括其不足与改进空间，并在此基础上结合域外相关成功经验，提出除进一步完善上述传统的命令控制型监管方式外，还有必要引入非正式行政行为等柔性监管方式。

第一节　决定粮食安全监管方式的因素考量

一　现代服务行政导向

从监管走向服务，建设服务政府已经成为我国政府体制改革的基本目标，中共十八大报告明确提出要"建设职能科学、结构优化、廉洁高效、人民满意的服务型政府。"所谓服务型政府，其核心就是为公众服务，它是全面回应当前社会经济发展需求的一种全新的政府管理模式，与传统的"以命令——控制为手段、严格限定社会组织和个人行为方向与活动空间"[1]的政府管理模式有着本质的区别，政府职能向服务转变。具体来说，"服务是一种社会交往过程，管理是一种指导社会交往的能力。服务

---

[1] 石佑启：《论公共行政与行政法学范式转换》，北京大学出版社2002年版，第90页。

组织可能比其他社会组织更注重管理的质量。"①从本质上看，服务型政府的建设就是要实现从官本位、政府本位向民本位、社会本位的转变；由全能型政府向有限政府的转变；由传统的命令管制型模式向服务监管型模式的转变。

粮食安全监管作为社会行政管理的重要组成部分，其理念和制度势必受到整个社会行政管理思想变革的深刻影响。如何把监管和服务结合起来，融监管于服务中是当前粮食行政管理部门面临的首要任务。解决这个问题的关键，就是要摒弃过去计划经济时代的旧观念，树立与中国粮食市场化进程相一致的新观念，强化服务意识、法律意识，使监管思维紧跟时代步伐，实现从一般行政管理部门到行政执法部门的转变，做到依法行政、依法监管。尤其是随着粮食行政管理部门的工作重点从过去的管理国有粮食企业转变到管理全社会的粮食行业，粮食行政管理部门应当结合自身的优势及时转变职能，针对不断变化的市场，改变过去的那种行政命令式的工作方式，强化服务理念，尊重粮食经营者和其他利益相关者的权益，及时听取他们的意见，以平等协商、共同参与的方式开展工作，比如在日常工作中，加强与监管对象的联系沟通，在监管中发现问题，应当以说服教育为主，行政处罚为辅，并努力向各种市场主体提供相关信息和指导，取得粮食监管对象对监管工作的理解和支持，促使他们变消极应付为积极配合，从而构建二者之间的和谐关系，减少执法阻力，树立良好的执法形象。

二 "刚柔并济"导向

传统西方国家解决监管问题的基本路径是：在总体上放松监管，并以诱因取向（incentive based）的监管模式取代命令控制（command-control）的监管模式；在局部领域强化监管，并对监管方式进行改良，引进激励机制。就粮食领域而言，激励性监管（incentive regulation）与政府单方面的命令控制型监管相比，虽然其目的都在于弥补粮食市场缺陷、纠正粮食市场失灵，但是前者更加注重运用激励和引导的手段，通过引入竞争和明确

---

① ［美］理查德·诺曼：《服务管理 服务企业的战略与领导》（第3版），范秀成等译，中国人民大学出版社2006年版，第52页。

的奖惩方式来诱导和刺激被监管者遵照政府的意志进行经济活动。[①]这种构筑于放松监管基础上的激励性监管，能够通过公正的行政程序以及公正、公平等行政法原则，最大限度地将竞争引入激励性监管之中。在方式上，激励性粮食安全监管主要包括特许权竞标、区域间粮食竞争、粮食价格上限监管等。同时，亦必须指出的是，激励性监管虽然将激励和引导的手段引入到监管中，有机地将粮食市场与政府组合在一起，并产生了非常显著的效果，但是仍然有一个关键的问题没有解决，即被监管者在此过程中仍然是扮演着被动从属角色。

总之，传统意义上政府监管的基本点在于"为了实现公共利益，政府采用法定的行为模式，依据法律规则对企业或其他市场主体的经济活动进行干预，并影响其决策与运行的强制性行政行为。"[②]在这一过程中，被监管者相对于监管者来说其是处于被动从属地位的，它们所建立的行政法律关系事实上是不对等的。而现实中，如果能够采取某些方式，促使其在建立法律关系时地位是平等的，显然这样更有利于提高粮食安全监管的效率。对此，域外部分国家正在试行的协商性监管似乎可以为我们提供某些思路。

所谓协商性监管（negotiated regulation），就是指在粮食安全监管中，监管者和被监管者按照粮食市场的基本规律，以充分协商的形式达成政府监管目标的一致性。在此种监管中，被监管者由原来的纯粹被动接受监管转化为主动参与决策，制定监管政策，从而与传统监管方式和激励性监管方式形成互补。这一方式主要是为被监管者提供直接的、正常的途径与监管者协商，在这个平台，各种意见交融，被监管者可以有机会充分的表达自己的意见，而不需要通过各种寻租活动以及扭曲的行为来参与到监管政策的制定中去，[③]这就比较好地解决了监管中存在的信息不对称问题。

三　成本效益分析导向

粮食安全监管方式不能以传统的方法来衡量，而是要以成本效益分析

[①]　参见刘华《知识产权制度的理性与绩效分析》，中国社会科学出版社 2004 年版，第126 页。

[②]　郭志斌：《论政府激励性管制》，北京大学出版社 2002 年版，第 49 页。

[③]　参见雷晓康《公共物品提供模式的理论分析》，陕西师范大学出版社 2005 年版，第117 页。

的方法来确定。域外发达国家一直都注重对政府监管机构进行监管成本与效益的分析，比如美国国会就通过立法以及总统通过行政命令要求其政府监管机构对监管进行成本效益分析，来确定必要的、合理的监管方式，只有在效益高于成本的条件下，才可以以此种方式实施监管，降低监管成本。再如韩国有专门的委员会审查各部委的《监管成本效益比较报告书》，该报告书中有一项重要内容即依据成本效益标准实现这一监管目标是否有其他替代手段。因为，在监管中，并不是付出成本越大，效益就越大，监管就越有效。所以在进行监管方式选择的时候需要进行成本效益分析。监管方式成本效益分析的内容主要即依据要实现的监管目标，对行政立法、行政许可、行政奖励、行政检查、行政处罚、行政合同等监管手段进行比较、权衡和选择最优方式。

事实上，我国已经开始了成本效益分析的实践。除了《中华人民共和国行政许可法》中要求对行政许可事项进行成本效益评估之外，主要体现在立法成本效益分析。比如国务院 2004 年发布的《全面推进依法行政实施纲要》第 17 条明确指出："积极探索对政府立法项目尤其是经济立法项目的成本效益分析制度。政府立法不仅要考虑立法过程成本，还要研究其实施后的执法成本和社会成本。"2010 年《国务院关于加强法治政府建设的意见》再次强调："积极探索开展政府立法成本效益分析、社会风险评估、实施情况后评估工作"。具体落实成本效益分析方法的是国务院法制办。必须指出的是，我国在监管实践中运用成本效益分析方法面临的几个现实问题：分析机制的组织化和程序化、分析与评价标准的技术化以及分析报告格式化。就我国学界和官方而言，这几个方面的准备是不足的。单就国务院法制办内部机构来讲，以国务院发展研究中心为例，虽然聚集了一批优秀的专家学者，但是它着重于宏观的政治体制的研究，而成本效益分析意味着"一个国家对制度研究方向的转变，从政制——体制——规则的路径就是从宏观到微观的路径，也是一条通向精细实证主义分析的路径。"[①]

---

① 于立深：《成本效益分析方法在行政法上的运用——以〈行政许可法〉第 20、21 条为例》，《公法研究》2005 年第 2 期。

第二节　传统粮食安全监管方式的检讨与改进

总体说来，当前我国粮食安全监管的方式多是以命令控制型为主。这种传统监管方式大致可以分为两类：一是抽象行政行为方式。通常认为，抽象行政行为是具体行政行为实施的规范依据之一，具体包括行政立法和规章以下规范性文件的制定。在本节，基于篇幅以及粮食行政执法多是依据法律、法规和规章等因素的考虑，我们对抽象行政行为监管方式的探讨将集中在行政立法方面。二是具体行政行为方式。在现实中，粮食执法机关对粮食安全问题的监管，主要是通过行政许可、行政检查以及行政处罚等具体行政行为方式进行的。以上各种监管方式，不论是以抽象行政行为还是以具体行政行为表现出来，它们在实践中都容易出现效率低下、监管成本增加、监管滞后等问题，需要加以检讨和改进。

一　抽象行政行为方式

抽象行政行为是指行政机关针对不特定的对象制定具有普遍约束力的行为规范的行为。它一般包括两方面：一是行政机关制定行政法规、行政规章的行政立法行为，二是行政机关制定具有普遍约束力的其他行政规范性文件行为。鉴于行政立法在现代监管中的重要作用，本部分重点探讨粮食安全监管中的行政立法方式。正如美国学者盖尔霍恩所言："在过去的20年里，行政法最重要发展之一是行政机关日益依赖于规则制定——将其作为制定政策的一种手段。"[①]在我国，行政立法包括行政法规、部门规章和地方政府规章。根据我国《立法法》第56条和第71条规定，不管是现今作为国务院组成部门的国家粮食局还是如第三章中笔者建议设立的作为国务院直属机构的粮食安全监管委员会，都拥有规章制定权。实践中，我国粮食政府监管机构也制定了一系列的规章，对粮食监管起到了一定的作用。但是，目前粮食业行政立法中还存在较大的问题，这突出表现在以下几个方面：

第一，从行政立法内容来看。一是某些既已制定的粮食行政立法规定

---

① ［美］欧内斯特·盖尔霍恩等：《行政法和行政程序概要》，黄列译，中国社会科学出版社1996年版，第188页。

得既不明确也不合理。例如,《粮食流通管理条例》第 13 条规定:"粮食收购者应当向收购地的县级人民政府粮食行政管理部门定期报告粮食收购数量等有关情况。跨省收购粮食,应当向收购地和粮食收购者所在地的县级人民政府粮食行政管理部门定期报告粮食收购数量等有关情况。"从条文规定看,我国已经确立了粮食收购登记备案制度,但是遗憾的是,对于哪些事项需要备案、如不按规定备案作何处理等具体问题,其却没有作出明确规定。此外,该《条例》授予粮食行政管理部门以粮食收购资格的许可权和对无证收购粮食的查处权,但处罚权却在工商部门,这是典型的行政许可、行政查处和行政处罚相脱节的现象,权责不一,导致粮食部门对无证收购粮食无力监管。又如,《粮食收购资格审核发管理暂行办法》对于粮食收购许可证的时效问题及是否进行定期审验,有关规定也不明确。再如,《粮食流通监督检查暂行办法》第 20 条第 2 款规定:"粮食收购者有涂改、倒卖、出租、出借《粮食收购许可证》行为的,粮食行政管理部门应当依法给予行政处罚",但该条文并未对处罚的具体内容进行明确规定。①

二是现有行政立法对粮食安全监管机构及其工作人员自身法律责任的规定不够。这主要体现在:(1)粮食安全责任主体的确定具有片面性,当前多数立法都只规定了粮食行政主体的法律责任,而对于直接责任人员是否应当承担过错责任却没有规定;(2)有关责任内容的规定具有片面性,比如,现有行政法规范对于粮食行政侵权损害行为之法律责任的规定较少;(3)责任形式规定得不是很完整,具体而言,现有行政立法对于粮食监管主体及其工作人员以何种形式承担法律责任的规定较少。

第二,从行政立法程序来看,当前粮食安全监管立法缺乏公众的有效参与。公众参与作为行政立法程序的重要一环,它是行政立法正当性的重要保证。"行政立法只有在听取了民众的意见之后,并与民众进行沟通,才能取得民众的理解和认同,才能在实施中得到民众的配合与协作。"②虽然我国《立法法》、《行政法规制定程序条例》、《规章制定程序条例》以及《全面推进依法行政实施纲要》等规定了行政立法应广泛听取意见,

---

① 按照行政处罚法定原则的要求,对于法定应予处罚的行为,必须对之科以法定种类和内容。详见姜明安《行政法与行政诉讼法》(第 3 版),北京大学出版社 2007 年版,第 314 页。

② 姜明安:《行政程序研究》,北京大学出版社 2006 年版,第 62 页。

对行政立法中的公众参与做出了明确规定。[①]但是在整个粮食立法中，其使用得还不是很广泛。在具体实践中，粮食行政法规、规章的制定绝大部分仅仅是小范围的邀请专家进行讨论，更遑论普通民众的参与，"关门立法"的色彩非常浓厚。究其根源，这主要是因为现有立法规定很难对行政立法产生实质性的约束力量。质言之，上述《立法法》等规定都规定得过于笼统，缺乏可具体操作的程序或标准的规定。例如，在整个粮食安全行政立法中，诸如"谁参与？如何参与？参与的有效性？如何在各种意见之间寻求某种均衡？如何在公众参与的民主性与行政成本的节约性之间寻求协调？在平衡和协调中，各种利益如何表达，什么样的利益能得到表达，什么样的利益能在立法中得到体现，如何在各种利益冲突之间寻求共赢？等等"[②]问题没有定论。

第三，从行政立法评估来看，我国粮食安全立法欠缺成本效益分析。在经济学的视野中，成本效益分析一般是指通过权衡成本与收益来评价公共项目的可取性的一种系统经济分析方法。[③]行政立法，作为对政府活动和社会个体的行为和损益进行"设计"的阶段[④]，对其进行成本效益分析尤为重要。以规章制定为例，规章制定中的成本效益分析，乃是指在规章制定的决策过程中，通过比较规章制定的预期成本和预期效益，以决定是否制定规章，如何制定规章，并在规章生效之后，政府还要对其进行评估，考察是否取得了预期绩效、达到了预期目标。当前域外许多国家在对

---

①　比如，《行政法规制定程序条例》第 12 条规定，起草行政法规，应当深入调查研究，总结实践经验，广泛听取有关机关、组织和公民的意见。听取意见可以采取召开座谈会、论证会、听证会等多种形式。《规章制定程序条例》第 14 条规定："起草规章，应当深入调查研究，总结实践经验，广泛听取有关机关、组织和公民的意见。听取意见可以采取书面征求意见、座谈会、论证会、听证会等多种形式。"第 15 条规定："起草的规章直接涉及公民、法人或者其他组织切身利益，有关机关、组织或者公民对其有重大意见分歧的，应当向社会公布，征求社会各界的意见；起草单位也可以举行听证会。"

②　姜明安：《行政程序研究》，北京大学出版社 2006 年版，第 84 页。

③　1844 年法国工程师杜普伊发表的《公共工程的效用计量》，被认为是最早提出成本效益分析思想的文献。1936 年美国开始在水利建设中运用成本效益分析方法。20 世纪 60 年代，成本效益分析方法被推广到各种民事和军用项目，至 70 年代，该方法风靡欧美各国，法学领域亦开始引入。参见于立深《成本效益方法在行政法上的运用——以〈行政许可法〉第 20、21 条为例》，《公法研究》2005 年第 2 期。

④　参见王学辉、邓华平《行政立法成本分析与实证研究》，法律出版社 2008 年版，第 14 页。

粮食安全乃至整个行政立法过程中，都进行了成本效益分析。①不过在我国遗憾的是，虽然 2004 年国务院发布的《全面推进依法行政实施纲要》首次明确提出要"积极探索对政府立法项目尤其是经济立法项目的成本效益分析制度"，但在整个立法实践中其实都很少应用到成本效益分析，更遑论对粮食行政规章的制定。

针对上述存在的问题，笔者主要提出如下建议：一是在立法中明确规定粮食行政管理部门的法律地位，并赋予其独立的执法权，此外，还应明确规定地方各级粮食行政管理部门享有对当地中央储备粮企业的粮食购销活动的监管权。二是强化粮食行政立法中的公众参与，规定听证程序。"监管机构必须给予相关者对法规的发布、修正及废止的申诉权，以及使相关个人有机会通过提供书面或口头的资料、建议参与规则制定的过程。"②听证不仅使公众参与到粮食安全规则的制定过程中，并有机会表达不同的观点，而且各种相关利益主体之间的利益冲突也可以在这里得到调和。同时，听证会是粮食安全监管机构收集信息的有效手段，而且这种信息收集方式的成本比较低。三是需要引入行政立法的成本效益分析制度，增加所制定的粮食安全法规、规章的科学性和合理性。在具体执行上，可以综合考虑域外的相关经验③，在行政立法起草时，委托专业的评估机构进行分析与评估，最后交由国务院法制办审查。

---

① 比如，在美国，行政立法的成本效益分析制度体现在立法程序的各个阶段。具体来说，在立项阶段，根据美国 12866 号令第四章《计划机制》规定，对每一个重要的行政立法项目在立项时就要进行成本效益先期评估。在起草阶段，行政立法主要由联邦政府各部门负责起草，各部门起草时必须进行成本效益评估，其评估报告应报送联邦政府管理和预算办公室。之后，联邦政府管理和预算办公室下属的信息规制办公室负责对法规草案和评估报告进行审查。经审查合格的法律草案和评估报告，要向社会公布征求意见，起草部门要根据公众意见进行修改，并由信息规制办公室再审查，合格的才能颁布施行。而且，为了保证立法的科学性与合理性，有关部门还要对正在实施的行政法规进行立法后的评估，对不合时宜的法规，要及时地进行改与废。（参见钟雅婷等《国外行政立法的成本效益分析及其启示》，《中外企业家》2008 年第 7 期。）在德国，联邦政府规定，不论立什么法，也无论重要与否，都必须进行成本效益分析，包括法律实施前的预评估、伴随性评估和法律实施后效果评估三个阶段，以实施前的预评估为重。

② ［美］丹尼尔·F. 史普博：《管制与市场》，余晖等译，上海三联书店 1999 年版，第 102 页。

③ 德国立法成本效益分析与评估工作，就是由专门的法规评估委员会和执行成本评估委员来负责；美国则明确规定各部门起草行政立法时必须进行成本效益评估，并报送联邦政府管理和预算办公室审查。

二　具体行政行为方式

(一) 行政许可

行政许可已经成为当今世界各国管理社会、经济、政治以及文化等事务的最为普遍的一种手段。[1]处于社会转型期的中国，行政许可更因其自身的优势备受政府青睐。行政许可，不同于其他行政行为的显著功能体现在："一是预防和控制危险；二是限制权利任意行使；三是控制资源合理配置；四是设定市场准入规则；五是提供政府公信支持。"[2]在粮食政府监管手段中，行政许可同样占有重要的位置。从实践来看，《行政许可法》实施以来，我国粮食行政许可得到了很大规范与改进，但是依然存在问题，这主要表现在：

一是实施许可的范围和标准不明确。这显然是我国粮食行政许可制度存在的致命缺陷。由于对许可的范围以及标准缺乏明确的规定，一切都由监管人员进行自由裁量，这种状况与现代法治国家对规范行政、标准行政、公平行政的要求相差甚远，特别是在有限政府、市民社会等概念得以确立和普及，要求党政分开、政企分开、责任政府、市民自治的情况下，是不容许这种状况的存在的。[3]以《粮食收购资格审核管理暂行办法》为例，其第 8 条规定："凡常年收购粮食并以营利为目的，或年收购量达到50 吨以上的个体工商户，必须取得粮食收购资格。年收购量低于 50 吨的个体工商户从事粮食收购活动，无须申请粮食收购资格。"或许这样的规定在当时粮食市场刚刚放开的情况下，能够促进粮食收购主体的多元化，对粮食收购市场化有一定的积极作用，但笔者认为这模糊了对粮食收购资格要求的标准，导致了目前在粮食收购资格监督检查中，出现的诸如"如何确定是常年收购并以营利为目的?"、"50 吨收购量是如何衡量的?"等困惑问题，增加了行政执法部门监督检查的难度，弱化了粮食收购许可资格证的重要地位。在笔者实地赴江西省 J 市粮食局调研中，该局监督检查科的负责人就说，这样量化的标准，并不利于操作，对于遍布的走村串户的粮贩子，很难掌握其收购粮食的具体数据，除非抓现行，否则很难对

---

[1]　崔卓兰、吕艳辉：《行政许可的学理分析》，《吉林大学社会科学学报》2004 年第 1 期。

[2]　顾爱平：《行政许可制度改革研究》，博士学位论文，苏州大学，2005 年，第 4 页。

[3]　杨建顺：《行政规制与权利保障》，中国人民大学出版社 2007 年版，第 361 页。

其进行查处。这也就容易使很多无证收购粮食者钻法律的空子，形成了监管盲区。

二是行政许可的后续监管不到位。粮食行政监管部门对粮食收购许可证的发放是比较重视的，但是对发证后的监督工作重视不够，对于被许可人从事许可事项的活动仍旧缺乏足够的监督。行政主体实施行政许可后，对行政许可持有人的监督环节的缺失，在现实中导致各种严重危害公众健康和人身安全的事故频频发生。①例如 2013 年广东的毒大米事件；再如 2011 年黑龙江兰西县 14 个国有粮库有 12 个粮库基本空仓事件以及河南"周口粮库案"等无不暴露出后续监管存在的问题，即在认可了企业的代储资格后，缺乏有效的监督检查。

面对实践中我国粮食行政许可的上述问题，笔者认为可采取以下应对方法：

第一，明确粮食收购许可标准。笔者建议取消《粮食收购资格审核管理暂行办法》第 8 条的规定，并严格按照《条例》第 9 条的要求，明确规定"凡以营利为目的的粮食收购，都必须办理粮食收购许可证"，确实把好粮食收购准入关口，从而进一步规范粮食收购市场秩序，维护粮食市场稳定，保障粮食安全。

第二，强化许可后的监督。许可当事人的申请，并不意味着监管工作已经结束，而是一系列监管工作的开始。行政许可的后续监管，对于实现行政许可制度设定的目的具有很重要的意义，事前的许可和事后的监管应齐头并进，通过两者的结合，才能完成行政许可制度的使命。针对当前粮食许可中不重视许可实施后监督的顽疾，一方面应明确粮食许可机关的事后监督职责，完善监管机构不依法履行监督职责的或者监督不力的责任追究机制；另一方面也要解决许可机构存在的监督人员配备不足、监督设备不全等客观问题。

（二）行政检查

行政检查，又称行政监督检查，是指"行政主体为实现行政管理职能，对相对人是否守法和是否履行行政法义务的情况，进行单方面

---

① 关保英、梁玥：《论行政主体对被许可人的监督》，《上海行政学院学报》2006 年第 1 期。

强制性了解、督促和疏导的具体行政行为。"①它是国家为了实现既定的行政管理目标而赋予行政主体的一项重要职权。"行政检查既是执行法的措施和活动，又是检验法的实践活动，还是制定法、认可法和变动法的重要的信息来源，具有推动法制建设，完善社会主义立法的积极作用。"②

现代监管活动的实施，都必须建立在掌握充分的信息基础之上的。因此，任何对外行政权的行使必然伴随着行政检查的实施。行政检查是这些有对外管理权机关当然拥有的权力。但实践中，由于多数法律规范对于行政检查的时间、范围、手段等均没有明确规定，行政机关在此享有极大的自由裁量权，加上行政检查是实施其他行政行为的辅助和基础，并没有引起应有的重视。在立法上，现有法律、法规对行政检查的规定过于抽象，不具可操作性；"在实践中，执法者偏重于行政处罚和行政强制等手段，对一般性监督检查手段不够重视。"③具体到粮食监督检查，这主要表现为：

一是启动随意。《粮食流通监督检查暂行办法》虽然规定了各级粮食行政管理部门、工商行政管理、质量监督、卫生、价格以及财政等部门对从事粮食收购、销售、储存、运输和加工等经营活动的监督检查权，但是其并没有规定何时启动、启动的具体程序。随意检查的制度设计，容易导致各部门为了各自的利益重复检查、多头检查甚至是乱检查现象的出现，这将严重影响粮食经营者的正常经营活动。

二是行政检查不作为、不到位、有时甚至越位。由于法律对于什么条件下可以检查，采用什么手段检查，在什么时间检查，是抽检还是普遍性检查等没有具体规定，这些事项都是可以由粮食安全监管机关自由裁量的。近年来，在湖南、安徽、河南、云南等地爆出的"粮库空仓"现象，充分暴露了粮食监管部门对于粮库检查的不到位和不作为。即使作为，也主要仅限于年检和随意性的抽检，难以发现存在的问题，无法有效的维护粮食市场的稳定，保障粮食安全。此外，极大的自由裁量权，很容易导致实践中行政检查权的滥用，监管机构为了私利动辄检查，严重扰乱了粮食

① 应松年：《行政法与行政诉讼法学》，法律出版社2005年版，第257页。

② 杨生、孙秀君：《行政执法行为》，中国法制出版社2003年版，第619页。

③ 胡东、李雪沣：《行政执法问题研究》，黑龙江人民出版社2008年版，第120页。

经营者正常的经营秩序。

三是人员以及设备配备落后。一方面是监督检查人员配备不足，且素质有待进一步提高。在笔者实地调研的江西省 J 市，该市粮食局监督检查科仅有科长一名，办事员一名。面对越来越多的粮食经营主体以及粮食监督执法的季节性和时效性，两名工作人员显然难以满足需要。比如，在收购季节，有些无证经营者直接到农村进行收购活动，现收现卖，几乎不存粮。此外，粮食行政管理部门的工作人员又无法做到随时随地进行收购数量的跟踪调查，这样就导致了粮食行政管理部门在实际工作中难以操作，无法获取真实的粮食收购数量。另一方面粮食监督检查设备跟不上。比如，根据我国现行法律规定，粮食监管机构要承担粮食质检任务，就必须取得相应质监部门的授权，但现实情况是目前我国区县粮油质检部门普遍达不到上述要求，而粮食质量监管工作又主要是发生在区县，此时如果粮食样品需要送检，其就必须将上述样品送至有相应的授权的质检部门，无疑这在无形中会影响到工作的时效性，并增加监管的难度。

针对上述问题，笔者认为可以针对性地采取以下完善对策：第一，在粮食立法中，明确规定行政检查权的行使程序，包括什么情况下需要检查，什么情况下不需要检查，检查的手段可以采用书面检查、抽样检查、定期检查、监测和实地检查相结合的方式。完善、公开行政检查程序，可以有效地防止行政执法人员滥用检查权，既保证行政效率，又最大限度地维护公民的合法权益。第二，加大投入，保障实施行政检查的人员和设备的配备。同时鼓励公民、法人或其他组织举报被监管企业的各种违法行为，以弥补监管机构不能全天候执法、全区域巡查的局限。

（三）行政处罚

"行政处罚，是现代各国政府保障其法律秩序的重要手段。……在英美法系国家，……行政处罚权逐渐也出现了由司法机关向行政机关局部转移的趋势"。[①]粮食领域的行政处罚，是指粮食行政管理部门依据《中华人民共和国行政处罚法》、《粮食流通管理条例》、《中央储备粮管理条例》以及《粮食流通监督检查暂行办法》等有关法律、法规、规章以及其他

---

① 姜明安：《行政程序研究》，北京大学出版社 2006 年版，第 161 页。

规范性文件的规定，对应受处罚的粮食经营者作出的处罚行为。目前，我国粮食行政处罚存在的问题主要在于：

一是粮食监督检查权和行政处罚权的分离。《粮食流通管理条例》第41条规定："未经粮食行政管理部门许可或者未在工商行政管理部门登记擅自从事粮食收购活动的，由粮食行政管理部门查出的，移交工商行政管理部门予以处罚。"把"未经行政许可"的监督检查权赋予了粮食行政管理部门，但是将行政处罚权却赋予了工商行政管理部门，监督检查权与行政处罚权的分离，导致现实中粮食行政管理部门在行使监督检查权时举步维艰，大部分相对人基于此无视粮食行政管理部门的监督检查。

二是规定不明，不易执行。在现行的与《粮食流通管理条例》配套的一系列规范性文件中，其虽然有粮食监管部门行政处罚权的规定，但是并无处罚种类和标准的规定，这不仅不易操作，而且容易使得监管机构自由裁量权过大，不利于公平公正的监管，也影响到政府的公信力。比如，《粮食流通管理条例》规定粮食行政管理部门对违规的粮食经营者可给予责令改正、警告、罚款、暂停或取消粮食收购资格等行政处罚，但在具体实践中，通常上述监管机关均具有较大的裁量权，它们对于违规经营者罚款的处罚幅度都比较大，如何做到过罚相当难以拿捏。又如，《粮食监督检查行政处罚程序（试行）》第13条则仅仅规定粮食经营者违反粮食流通法律、法规、规章依法应当给予行政处罚的。再如，《粮食流通监督检查暂行办法》第20条规定："粮食收购者有涂改、倒卖、出租、出借《粮食收购许可证》行为的，粮食行政管理部门应当依法给予行政处罚"，但其并未规定处罚种类。

针对上述问题，笔者建议通过以下途径加以完善：一是修改现有规定，明确规定粮食行政管理部门在行使监管检查时，可以行使处罚权，比如规定针对拒绝接受监督检查、无证购销以及出租、出借、倒卖、涂改收购许可证等行为的行政处罚权，以增加其威慑力和可操作性。二是规范行政处罚自由裁量权。首先立法明确规定对具体的行政违法行为应当追究的相应的行政处罚责任，明确处罚的标准和种类。同时，尽量缩小法律、法规授予粮食行政管理部门行政处罚自由裁量权的范围和幅度。

第三节　非正式行政行为：粮食安全监管方式的革新

除了对传统监管方式进行改进之外，为提高我国粮食安全监管质量和效率，还有必要在粮食安全监管中引入"非正式行政行为"（Informal administrative action）这一监管方式。

一　非正式行政行为的域外经验

"非正式行政行为"作为一个域外词汇，在对其内涵进行界定前必须对其予以一定程度的域外考察，从而明晰其语义上的渊源。

（一）德国法上的非正式行政行为

大陆法系国家受到形式概念和制度概念的拘束，对于行政行为的建构主要考虑其概念、特色、本质、种类、效力以及瑕疵的类型等形式面向，并提供解答行为形式的问题，却忽略了行政行为与实际行政动态过程的关联性，[①]行政行为形式上的拘泥导致很多时候无法真正的解决实践中的问题。在行政行为类型的演变过程中，一方面是将实定法上的行政行为通过其性质与特征归纳到已经形式化的行政行为，如上文提到的行政立法、行政许可、行政处罚等；另一方面是因为行政行为并无法列举穷尽，往往随着政府职能的变迁，基于实际的需要，由行政机关创设新的行政行为形式以为因应。比如被归类于行政事实行为的行政合同，其主要功能就在于行政机关与私人之间的合作、协商、接受与冲突的解决上。[②]

面对日益复杂的监管对象，行政监管范围的扩大，监管方式也随之要求更多的多样性和复杂化，为确保这些行政活动的正当性及对其规控的需要，要求在监管过程中有公众的参与，如行政机关对人民提供资讯时，需要人民的主动协力，以达成双方满意之效果。[③]上述行政活动乃是行政机关与相对人之间作成行政决定前的一系列协议行为，它在性质上是一种合作行为，且由于其外延相当混乱且不具有法律上的拘束力，因此，德国行

---

① 　刘宗德：《行政法基本原理》，学林文化事业有限公司 2000 年版，第 63 页。

② 　参见李建良等《行政法入门》，元照出版有限公司 2006 年版，第 325 页。

③ 　参见陈春生《行政法之学理与体系（一）》，三民书局 1996 年版，第 12 页。

政法学界将其归于行政事实行为①。平特纳将其表述为"非正式行政活动"，认为"从正式的行政活动中区分出非正式的行政活动，后者用于为前者提供辅助和补充，也可以独立地以与正式的活动没有任何联系的形式出现"。②

（二）美国法上的非正式行政行为

在美国，非正式行政行为也被称为"非正式行政程序"（informal administrative process）或者"非正式行为"（informal action），它是指"APA 调整的制定行政规章程序以及正式裁决程序以外的所有其他行政行为。"③按照 1941 年美国总检察长委员会有关行政程序最终报告（the Final Report of the Attorney General's Committee on Administrative Procedure）中的观点："非正式程序构成了行政管辖的主要内容，的的确确是行政过程的血脉"。这些非正式行政行为至少构成了美国政府机构工作的90%，并且在大多数情况下，个体（private parties）受非正式行动的影响比正式行动的影响更严重。尽管如此，在美国行政法教科书中仍很少关注到非正式行动，究其根源，其不受重视的原因即在于不论是宪法，还是法律或是法

---

①　W. Hoffmann Riem1982 年在"行政自我拘束"一文中认为从行政自我拘束的不同类型来看，有解决问题的正式剖析和解决问题的非正式的剖析。后者主要就是指的正式行政程序外加入的行政机关与利害关系人之间的协商、协议，比如提供资讯和提供咨询等，此种行为不过是行政机关对人民提供的对于事物的一种法律上的判断，对外并不具有法律拘束力。E. Bohne 分别在 1981 年和 1984 年撰写的"非正式法治国家"和"非正式行政行为与非正式统治行为当作是环境保护手段"两篇文章中指出，非正式行为是正式行为的补充，是国家为实现特定目标在现有法律制度中所准备不具法律上规制的事实行为。H. Bauer 在 1987 年撰写的"公经济行政之非正式行政行为"一文从公经济法的角度指出非正式行政行为包括沟通联系、合意、协商、决议、事先说明等多种合作方式。其在行政实务中扮演这重要的角色，但并未引起法学界的重视。M. Bulling 于 1989 年"合作的行政行为"中继承了前者的观点，认为非正式行政行为是合作行为，不具有法律规制性。由于现代行政事务的复杂化，越来越需要合作的方式达成行政目的。H. Maurer 在《行政法总论》中明确指出行政机关在正式做出行政决定之前，与人民之间的协商或其他形式的行为是非正式的，因不具法律拘束，而被归入行政事实行为中。详见李介民《税法上非正式行政行为之研究》，博士学位论文，东海大学，2008 年，第 9—11 页。

②　［德］平特纳：《德国普通行政法》，朱琳译，中国政法大学出版社 1999 年版，第 87—88 页。

③　［美］恩斯特·盖尔霍恩、罗纳德·M. 莱文：《行政法（第四版）》（影印本），法律出版社 2001 年版，第 156 页；史蒂文·J. 卡恩：《行政法原理与案例》，张梦中等译，中山大学出版社 2004 年版，第 318、324 页。

规，都很少有关于非正式行政行为的规定。尽管现在情况慢慢有所改变，但非正式行动仍相对于正式行动要少受制于诸多法律的制约（legal constraints）。①在美国，非正式的行政行为方式主要有：②

（1）即决行为（Summary Action），也被称为紧急或临时行为。其主要特征是允许行政机构在当事方有机会进行听证之前马上采取行动。一般来说，如果该行动有明确的法律授权，或该行动在"紧急情况"下采取的，法庭会支持允许这一行为。另外，即决行为是很迅速的，能使行政机构采取快速措施来避免对公众造成巨大的无法弥补的伤害。但是快速行动也意味着高风险，很可能会造成冤案。错误的即决行为可能会导致企业被毁、名誉被毁、个人生活严重被毁。尽管如此，像其他非正式行政行为一样，即决行为的存在大大地方便了行政机构的法律强制执行能力。

（2）提供咨询（Advice and Advisory Opinions）。美国每天联邦机构的雇员们都要收到无数的电话、信件和来访来咨询有关联邦机构强制实施有关法律法规的解释，如这种交易是否要交税？或这开销可以减税吗？这名员工可以给最近工资吗？这种广告会误导消费者吗？等等。联邦雇员除需要回答这些问题，其还应有给个人和企业提出建议哪些行为联邦机构会认为是合法和许可的。几乎所有询问的问题都依照询问方提供的信息来给予回答；没有听证、没有律师、没有通知有关的利益方。联邦机构避开正式程序，完全依靠非正式的建议来解决问题和行使职责。提供咨询并提供建议是监管机构使用的非正式行政行为中最常用的一种形式。其优势对于监管机构和利害关系人是显而易见的。在新的监管领域，若监管机构既无时间又无有关专业知识来制定"正式"的条例，那么上述咨询建议无疑会使之能指导被监管者的行为直到制定正式的监管指南。但是因为这一行为的过程不正式，缺少对咨询方的约束力，且不是最终决定，这就意味着在大多数情况下，该行为不接受司法审查。

（3）政策声明（Policy Statement）。当监管机构希望对其职权范围内的某一具体问题作出澄清，但又不想该解释像正式规定的监管行为那样对自己或他人具有法律约束力，在这种情况下，它可以发表政策声明。政策

①　See Florence A. Heffron and Neil McFeeley, *The Administrative Regulatory Process*, Longman Publishing Group, 1983, pp. 201—202.

②　Ibid., pp. 202—214.

声明是按《美国行政程序法》中的条例制定程序规定的第 553（b）（3）
（A）款获得豁免的。政策声明允许行政机构对某一问题陈述自己的立场
而不去走漫长的、高度结构化的条例制定程序，且通过政策声明监管机构
有更多的余地来构建自己的条例。在 20 世纪 70 年代，美国联邦通信委员
会（Federal Communications Commission，known as FCC）夹在广播公司和
公众利益团体不断升级的冲突之间，就通过政策声明说明了此一行为在监
管中的普遍效用。①

　　（4）协商解决（Negotiated Settlement）。协商解决是为数不多的在美
国《行政程序法》中有具体规定的非正式行政行为之一，法律规定在投
诉案件中如果时间、诉讼的性质为公众利益所允许，机构应当给予被投诉
方解决纠纷的机会。当监管机构调查一个投诉案，觉得该案子有价值，打
算在裁决之前采取正式行政行为时，应当允许当事方和监管机构的代表会
面并达成非正式协议。如果可以协议解决而不用诉诸于正式听证，那么当
事方和监管机构都可以避免一个既耗时又耗钱的过程。

　　关于这种非正式的协商解决的行为方式的效用和意义，SEC 的前主席
Ray Garrett 这样解释："在法律上（争端）解决处处重要，在证券监管方
面尤其重要。如果我们的职员每个案子都要一路打下来，我们委员会的监
管执行就会陷入停顿。我们现在不会有、将来也不会有这么多资源消耗在
每一个耗时耗力的诉讼上。"②但是协商解决却越来越引起公众利益团体的
不满，因为需要协商解决的问题对他们而言非常重要，然而他们却常常被
排除在协商之外无法有效参与。通常来说，协商解决都不会要求除监管行
为中涉及的个人或公司之外的主体参与，而且协议也都是闭门谈判达成
的。但是其重要性往往相当于甚至超出了正式程序的结果。尽管这种
"秘密决定（secret decision）和秘密达成协议（secretly arrived-at）"的方

---

　　①　20 世纪 70 年代，美国公众利益团体对现有的广播公司的电视、广播的节目内容和质量
非常不满意，迫使 FCC 起到采取紧急措施来监管这些节目，而 FCC 并不情愿监管。这些团体不
依不饶，最后哥伦比亚地区上诉法院介入（因国会授权其处理所有的广播执照案件），明确裁决
这些公众利益团体有资格成为"利益相关方"，其有权力介入关于发放广播执照决定和挑战 FCC
的行为。为了安抚这些利益团体，FCC 采取了许多非正式行为，其中主要一个方式就是发布政策
声明。政策声明中包括 FCC 对于这些利益团体所要求的对于节目中的广告、节目时间和节目数
目的解释，但没有强制要求新的改变。See Florence A. Heffron and Neil McFeeley, *The Administrative
Regulatory Process*, Longman Publishing Group，1983，pp. 201—208。

　　②　Jeremy L. Wiesen, *Regulating Transactions in Securities*, West Pub. Co. ，1975，- p. 28.

式有悖于民主原则，但在美国政治和经济生活中，闭门谈判并不少见。例如，劳资谈判就很少让公众参与。①尽管如此，关于协商解决的私密性目前在美国仍是一个极具争议的问题。

（5）申请（Applications）。部分法律对有关申请过程，以及批准或拒绝申请的理由有明确规定。此外，《行政程序法》也要求行政机构应向被拒绝的申请人出具拒绝申请理由的说明书。

（6）友善劝告（Friendly Persuasion）。有时候监管机构会通过耐心劝说的方式来劝说被监管者去做机构认为符合公众利益的事情。当然，监管机构是有监管权作为其行为支撑的，如果被监管者不按他们所愿来做的话，监管机构则可采取正式行政行为。由此可见，非正式施加压力是有效的，因有可能采取正式行动这点来支撑。同时非正式方法可以避免监管机构采用那些漫长的、涉及范围广并极具争议的正式的行政行动。

（三）日本法上的非正式行政行为

日本同样存在非正式行政行为的概念，对此室井力将其表述为"非权力行政行为"，并明确指出行政指导、行政合同甚至行政计划都属于非权力行政行为。②传统日本行政法受大陆法系影响较深，其对"正式"以及"非正式"行政行为的区分，主要是以其行为是否超越法律授权为依据。③二战后，行政指导蓬勃发展，其作为非正式行政行为的典型，在日本甚至有"同约化"的倾向。④然而现实中，是否所有的行政指导在日本都会被认为是非正式行政行为呢？或者非正式行政行为其是否还包括其他行为方式？

对此，大多学者认为，首先，在日本并不是所有的行政指导都属于非正式行政行为。作为例证，学者中川丈久即指出其国内立法既已规定的诸如以推荐、建议或要求等为形式的行政指导，就属于"正式"的行政指

---

① See snow and Weisbrod, *Consumerism, Consumers, and the Public Interest Law, Public Interest Law*, University of California Press, 1978, p. 420.

② 参见［日］室井力《日本现代行政法》，吴薇译，中国政法大学出版社 1995 年版，第 51 页。

③ See Takehisa Nakagawa, *Administrative Informality in Japan: Governmental Activities Outside Statutory Authorization*, 52 Admin. L. Rev. 2000, p. 175.

④ See Michael K. Young, *Judicial Review of Administrative Guidance: Governmentally Encouraged Consensual Dispute Resolution in Japan*, 84 Columbia L. Rev. 1984, p. 925.

导。其次，日本法上非正式行政行为的范围要大于行政指导。因为，在逻辑上，行政行为只要是在无法律明文规定的情形下作出，那么其即属于非正式行政活动。在现实中，日本行政部门为积极应对和处理风险社会所存在的各种危机，其不得不频繁运用的内部规范或政策声明、契约式进路、公告警告或教示制度、要纲行政和确约行为等即属此种情形。①

二 非正式行政行为的基本内涵

上述各国对"非正式行政行为"的表达方式并不一致，例如，其有"非正式程序说"、"非权力行为说"、"非正式行政行为说"以及我国台湾地区的"未型式化行政行为说"等多种学说。经过比较，本文采用"非正式行政行为说"。②按照韦氏字典对"informal"的定义，它是"不正式；没有按正式的、通常规定的、或有仪式的过程而进行或执行"（not formal；conducted or carried out without formal，regularly prescribed，or ceremonial procedure）③。该定义与非正式行政行为的定义有很大的关联。

行政行为，是行政主体为达到行政目的所有的行为的总称。④依据其实现手段和方式是否类型化，可以将其分为正式行政行为与非正式行政行为。其中，行政行为的非正式性不是与行为结果的严重程度相关联，而是与该行动是否受《行政程序法》所明确规定的正式程序所约束这一事实相关联。⑤非正式行政行为虽没有法律轮廓，但是却是和正式行政行为相对的、补充的概念。所谓非正式行政行为，它是指"行政机关在作出具

① 相关阐述请见陈春生《行政法之学理与体系》，三民书局1996年版，第242—245页。

② 理由在于：一是"非正式程序"的提法具有片面性，且是基于德国本土法律文化得出，虽然行政指导、行政合同等行为中非正式程序是基本点，但并不是这一类行为的全部，其同样还存在着权力因素、法律效果方面的特性，这些都需要纳入到概念表达之中，这显然是"非正式程序说"难以办到的，因此其并不可取；二是"非权力行为说"这一概念本身是有问题的。这一提法早在非强制性行为概念提出时，就遭到了我国学者崔卓兰教授的否定。笔者认同崔教授的看法，认为在行政合同、行政指导等行为中同样存有行政权的运行，只是此种权力相对弱小，但弱权并不等于无权。参见熊樟林《"非正式行政行为"概念界定》，《行政法学研究》2009年第4期。

③ Philip Babcock Gove ed.，*Webster's Third New International Dictionary：Of the English Language. Unabridged*，Könemann im Tandem，1993.

④ 陈新民：《行政法学总论》，三民书局2005年版，第267页。

⑤ See Florence A. Heffron and Neil McFeeley，*The Administrative Regulatory Process*，Longman Publishing Group，1983，p. 201.

体行政行为以前，为代替行政决定，而与公民达成的协议或其他接触。"①
其主要有别于传统的类型化的正式行政行为，通过运用协商、公告、建
议、劝说等不具有法律拘束力和强制力的方式，达成行政目的的行为。

需要指出的是，非正式行政行为是否就是我国事实行为中的行政指
导？对此，笔者通过研究发现行政指导作为学术术语最早出现在日本，它
是指"行政机关并非基于给予法令的根据而就某个行政领域内的迫切希
望和期待相对人按行政意图去做的事项，以指导、劝告和建议等方式向相
对人做工作，促使其自愿协力和同意去行动。"②在德国，对于行政指导的
定性，多将其称为"非正式行政行为"，尤其二战以后，德国兴起了"指
导式行政"的概念，"在具体的个案时，行政机关可以透过给予没有拘束
力的建商，称为'指导'，来避免公民违法或是作为事业经营的参考，通
常这一概念被纳入服务行政的概念中。"③在美国，行政指导主要是涉及行
政机关使用劝告、诱导的方式，来使企业或个人按照政府认为可取的那些
方式进行活动。④按照我国学者的研究，行政指导具有如下特征：职权性、
非强制性、相对人自愿性、手段多样。从行政指导的特点来看，其最大
的特色在于非强制性以及相对人自愿。⑤若从此点加以考虑，以上二者应
当具有重质性，但与此同时，笔者认为非正式行政行为的方式较之行政指
导更加广泛，因此，非强制性的行政指导可归属于非正式行政行为的概念
之下。

从国家监管手段来看，"法律管制的优点在于形式理性，藉此可以担

---

① 沈开举：《行政实体法与行政程序法学》，郑州大学出版社 2004 年版，第 303 页。

② ［日］林修三："所谓行政指导"，《行政和经济》，昭和 37 年，第 8 期。转引自王维达、
刘杰《中国行政法学教程》，同济大学出版社 2006 年版，第 164 页。

③ 覃红：《非关税壁垒行政指导》，广东经济出版社 2009 年版，第 23 页。

④ ［美］休·帕特里克等：《亚洲新巨人》，布鲁金斯学会 1976 年版，第 236 页。转引自莫
于川等《法治视野中的行政指导》，中国人民大学出版社 2005 年版，第 8 页。

⑤ 详见罗豪才《行政法学》，北京大学出版社 1996 年版，第 275 页；姜明安：《行政程序
研究》，北京大学出版社 2006 年版，第 322 页；杨海坤：《中国行政法基础理论》，中国人事出版
社 2000 年版，第 276 页；胡建淼《行政法学》，法律出版社 2003 年第 2 版，第 359 页；包万超：
《转型发展中的中国行政指导研究》，载罗豪才《行政法论丛》（第 1 卷），法律出版社 1998 年
版，第 288 页；郭润生、宋功德：《论行政指导》，中国政法大学出版社 1999 年版，第 59 页；莫
于川等：《法治视野中的行政指导》，中国人民大学出版社 2005 年版，第 10 页；崔卓兰：《试论
非强制行政行为》，《吉林大学社会科学学报》1998 年第 5 期。

保决定的可预测性和平等性，但是对于社会行政中之给付无法化约成金钱或劳务对价有关，特别是在儿童、青少年福利或社会救助领域，往往需要受监管队形的自发性行为，在此，法律管制中最典型的'条件模式'显然无能为力"。①传统的行政结构以及行为形式因功能上及效果上的缺陷，②已不足以适应现代行政监管的需要了。因为，现在监管事务的专业性和多样性，单靠传统的行政行为方式很难实现监管目标。基于立法者知识能力的欠缺、法律的滞后、法条中不确定概念和概括性条款的存在、行政机关设定实质的基准等理由的存在，在行政机关执法中，利用非正式行政行为可以使当事人事先了解，从而节省时间、费用，并可尽能避免执行上纠纷的产生，或代替法律所设定的严格基准，或降至最低的法定标准。③因此，在监管实务的需求下，非正式行政行为应运而生。

三　非正式行政行为的实益与风险

（一）非正式行政行为的实益

从上述各国法治实践可以看出，目前非正式行政行为在监管中所占比重很大。在现实中，由于行政机构仅能支配有限的正式行政行为，而且正式行政行为具有"过度抽象性、过度集中性、缺乏对行政过程及行政法律关系之研究"④，监管机构所做的除行政立法和行政处分以外的大部分非正式行政行为对于公众、被监管者和监管机构自身都很重要且很具优势。"如没有非正式行动，监管就无从谈起，正式行动也会负担重重且缺少民众对其信用度，以致监管无效。"⑤实际上，非正式行政行为相对于正式行为有诸多优势：

首先，从被监管者的角度来看。一是非正式行为比正式行为更快捷、更灵活。比如，监管机构及时给予建议，个人可以按照建议迅速行为起

---

① Ritter, Der cooperative Staat, AoeR 104（1979），S. 390 ff. 转引自张桐锐《合作国家》，《当代公法新论——翁岳生教授七秩诞辰祝寿论文集》，元照出版公司2002年版，第568页。

② 参见陈春生：《行政法之学理与体系（一）》，三民书局1996年版，第13页。

③ 参见林宗晖《合作国家中经济手段—经济行政法上之协议（Absprach）》，东吴大学法律学系研究所教学报告，台湾，2006年，第12页。

④ 林明锵：《论型式化之行政行为与非型式化之行政行为》，载《当代公法新论（中）——翁岳生教授七秩诞辰祝寿论文集》，元照出版公司2002年版，第352页。

⑤ Florence A. Heffron and Neil McFeeley, *The Administrative Regulatory Process*, Longman Publishing Group, 1983, p. 215.

来，以免浪费时间。且非正式行政行为中不一定非得请律师，即使请律师也比正式行为所需的时间和费用要少得多。二是非正式行政行为更加易于接受。对于那些不习惯跟政府部门打交道的企业和个人而言，非正式行为显得没那么咄咄逼人（如劝告等）。而且，非正式行为不受严格的程序要求限制，可按个人的情况进行调整，来满足当事人的需要，其程序的灵活性使得普通民众能更好地接受行政机构的执法过程。三是非正式行为没有强制性质，至少形式上没有。被监管者或当事人都是"自愿"与监管机构达成协议（如咨询建议、申请救济、寻求协商解决等）。此外，监管机构的行为，也不是强制被监管者采取或不采取某种行为（如公告和政策声明等）。

其次，从行政机构的角度来看。一是可以减轻行政程序负担、提高行政效率。行政机关在依法行政与法治国家的要求下，在法律严格的控制下，有时候额外烦琐的行政程序运作会造成时间、费用与多余行政成本的支出①，而非正式行政行为可以使本已人员配置不足、资金不够和工作负荷过重的行政机构完成更多的任务。二是对正式行政行为的补充和弥补作用。非正式行为的存在可以使得正式行为更加有效，因为通过非正式行政行为的行使，正式行为就可以集中去解决那些重大的或者频发的问题。尤其在新的监管领域，由于行政机构没有足够的时间来制定新的规章和制度，因而依赖非正式行为就显得特别必要。三是非正式行政行为具有灵活性、迅速有效性、低成本、易于获得的功能。基于此，在某些情况下非正式行政行为是实现行政目的比较适当的方式。在社会事务瞬息万变的今天，它能帮助行政机构对潜在的危险迅速地做出回应。另外，今天的政府职能正在转向以服务为主，非正式行政行为也能使监管机构通过使用非正式协商、协议、公告、劝说等方式来实践其服务者的角色，做到更加公平公正。

最后，从公众的角度而言。公众也能从非正式行为中获益。如对有毒食品或危险物品采取即时强制扣押或没收，可以及时保护公众健康和安全；监管机构的公告活动可以为公众提供必要的信息，进而避免经济损失、人身伤害、企业或雇主的不公平待遇等等。

---

① 参见林宗晖《合作国家中经济手段—经济行政法上之协议（Absprach）》，东吴大学法律学系研究所教学报告，台湾，2006年，第11页。

（二）非正式行政行为的风险

借由非正式行政行为的运用，行政主体和相对人可以进行事先的协商，这有利于减少各种冲突的发生，其优点显而易见，但是这种基于行政实务之需求而产生的行为，它并不一定具有实定法上的法源，且没有实体程序的约束，故也有风险的存在。①

第一，缺乏程序上的规制，致使权利保障上的困难。现代法治的经验往往将公正与程序等同，而非正式行动其最大的缺点就在于缺少程序上的保障。非正式行政行为与正式行政行为的最大区别就在于其没有立法上的程序保障。以美国为例，虽然其行政行为90%是采取非正式方式，但是APA并不适用于大多数的非正式行动。因此，非正式行政行为大都没有程序控制，一旦出现权力滥用，非正式行政行为即存在破坏法治的可能。同时，立法上的缺失致使非正式行政行为不受司法审查，司法部门一般更多的是关注正式的行政行为。"由于非正式行政行为往往未经法制化，一旦透过非正式行政行为所作成法律上的让步，将弱化法治国家对行政行为内容自我强制和司法部门控制的要求，甚至是全部倾覆。"②这样就导致现实中因非正式行政行为侵权的相对人权益救济艰难。比如，在现实中因非正式行政行为造成了冤案或伤害，受害方可能获不到赔偿。

第二，缺少谨慎的审查，行为容易出错。不仅是司法部门、还包括其上级行政部门，它们均很少会对非正式行政行为进行仔细地审查，因此，很多非正式行为在实施中可能出现各种错误。比如，有时候很多基层行政人员面对当事人的咨询给出的建议可能并不准确，但此种行为不会面临起诉，其上级主管也不会知道此事；一些申请可能会弄错，而遭到拒绝，但在工作负荷繁重的福利部门没人会注意到这点。

第三，缺乏透明度，容易产生各种负面作用。非正式行政行为的私密性，在现实中产生了很多问题。比如，协商解决很多都是秘密进行，拒绝其他公众介入参加，媒体、其他民众和政治人物都无从了解。即使在美国按照《信息自由法》的规定，许多非正式行为，比如政策声明、提供咨询等都可以不向公众披露。而实际上，此类案例虽然是发生在监管者与被

---

①　李震山：《行政法导论》，三民书局2007年版，第227页。

②　李介民：《税法上非正式行政行为之研究》，博士学位论文，东海大学，2008年，第38页。

监管者双方之间，但除此之外其还极可能涉及第三人利益。这时，因其私密性以及多数非正式行政行为没有记录，这将很容易致使不论是行政监管内部监督还是司法部门外部监督都非常困难。正是如此，现实中经常会出现民众因受非正式行政行为侵权而求诉无门的情况，这显然违反了"法治国家权利救济保障之基本原则"。①

第四，由于缺乏足够准确的信息，这很容易致使行为过于草率。非正式行为的优势之一就是迅速快捷，但这也有可能因信息收集不足而致使整个决定过于草率。比如，有时候非正式行为"先斩后奏"，没有认真核实相关法律法规就匆匆给出建议，没有确认产品是否危险就进行扣押等等。除了偶尔信息不准确和缺少可靠性外，非正式行动还可能出现行政处理结果的不一致和不公正。因为，非正式行政行为给予了监管人员较大的行政自由裁量权，这很容易滋生随意性和不负责任的行为后果。比如，公众在咨询相关建议时，其得到的答复取决于不同办事处以及不同工作人员给出的建议，这样结果就很可能不一致。

四　非正式行政行为在我国粮食安全监管中的运用

（一）运用的前提和基础

正如德国知名行政法学者 Maurer 所言，非正式行政行为并不是新兴事物，新的是把它放到了行政法学的范畴来研讨。②随着粮食安全监管模式从命令控制型向激励型再向回应型监管转变，其监管方式也发生了从正式向非正式，从行政决定到提供资讯的转变。非正式行政行为在粮食安全监管过程中具有关键性作用，鉴于非正式行政行为的实益以及风险，其在粮食安全监管中应当如何运用和规范乃是当前学界急需面临的问题。因此，在粮食安全监管中，适用非正式行政行为应当谨慎，不要破坏其已有的优势并应尽量保存其优势，减少其劣势。针对上文所述非正式行政行为存在的风险，以及其在我国粮食安全监管中发展的需要，我们以为首先应当解决以下几个问题：

① 林明锵：《论型式化之行政行为与非型式化之行政行为》，载《当代公法新论（中）——翁岳生教授七秩诞辰祝寿论文集》，元照出版公司2002年版，第355页。

② 参见许宗力《双方行政行为——以非正式协商、协定与行政契约为中心》，载《新世纪经济法制之建构与挑战——廖义男教授六秩诞辰祝寿论文集》，元照出版有限公司2002年版，第266页。

第一，非正式行政行为的程序规制。参照域外监管之经验，对非正式行政行为的程序规制主要包括：力求行为公开、保证第三人参加、尽量以书面作成，以及要求监管机构在做出非正式行政行为的时候说明理由。在粮食安全监管中，尽管具体说明理由可能会增加粮食监管机构的工作量，也可能会对其是否决定采取非正式行政行为产生消极影响，但笔者认为如果能够真正做到在事先说明理由的话，则实际上不仅不会浪费时间反而更有利于粮食安全监管效率的提高。质言之，此种做法，不仅有利于避免非正式行政行为与"私密性"之间存在的冲突，而且能够避免这些程序流于空洞、成为徒具形式之预防性调节机制。①作为例证，学者 Gelhorn 就建议在行政监管过程中，监管机构应建立清晰的程序来规定公告的时间、方式以及发布者，应允许被监管方起诉因行政机构错误公告而导致的损失。②此外，在粮食安全监管中，粮食监管机构还有必要增加非正式行政行为的透明度。比如，其在向种粮者和粮食企业发出建议时，该建议也应向其他利害关系人公开，并自觉接受公众的审查。

第二，将非正式行政行为纳入司法审查的范围。这样做的目的主要是迫使执法人员在非正式行政行为中行动更一致、更公平、更准确，更有利于对当事人的权益保护。当然，这也可能会导致监管机构不敢采用非正式行政行为，从而增加行政过程的成本、时间和复杂度。我国目前关于此类行政行为司法审查的研究并未成形，甚至有学者提出将其拒之门外。③依目前学者的见解，除了部分以"行政指导作为行政处分解释之公权力措施"可以谋求撤销诉讼救济之外，其余"请求行政机关不再为行政指导"的消极不作为给付之诉④，以及"以行政指导为原因所发生公法上给付或请求作成行政处分以外之其他非财产上之给付"的一般给付诉讼⑤都被排

---

① 黄俊凯：《协商性行政活动之类型化与法治国之挑战及因应（下）》，载《台湾本土法学杂志》2001 年第 25 期。

② See Ernest Gellhorn and Ronald M. Levin, *Administrative Law and Process：In a Nutshell*, West Publishing Company, 1972, p. 112.

③ 例如，我国 1999 年通过的《最高人民法院关于执行〈中华人民共和国行政诉讼法〉若干问题的解释》第 1 条第 2 款规定："公民、法人或者其他组织对下列行为不服提起诉讼的，不属于人民法院行政诉讼的受案范围，……（四）不具有强制力的行政指导行为……"

④ 参见翁岳生《行政法》，翰芦图书出版有限公司 2000 年版，第 780 页；李震山：《行政法导论》，三民书局 1999 年版，第 464 页。

⑤ 蔡茂寅等：《行政程序法实用》，学林文化出版有限公司 2000 年版，第 377 页。

除在现行救济机制之外。

依照"有损害必有救济"的原则，笔者认为在粮食安全监管中，只要国家认可非正式行政行为作为粮食安全监管方式的正当性，那么在现实中，只要上述非正式行政行为对相对人造成了实际的不利影响，就都应该纳入司法审查范围。具体来说，为解决当前粮食安全监管中非正式行政行为总是与正式行政行为相伴而生的状况，对其司法审查机制的探讨，笔者以为美国的"复审时机成熟理论"，即以此类行为的非正式程度（即复审时机成熟程度）为标准来判断是否对其进行司法审查，[①]可以为其提供一个理解和解决问题的框架。

（二）非正式行政行为在粮食安全监管中的具体适用

1. 行政合同。尽管我国私法学界多对行政合同或行政契约（Administrative Government Public Contract）的提法持排斥态度，我国的《合同法》亦没有将行政合同纳入，但是，"行政合同在行政实践中的大量存在是不争的事实"。[②]"私人和行政主体之间的权利变动，并不是仅通过行政行为这种法行为形式来进行的。实际上，在相当广泛的范围内使用着契约这种手段。"[③]行政合同作为现代行政法中合意、协商等行政民主精神的具体体现，"在一定场合、一定条件下借助于行政合同实现行政管理的目的，是现代社会中行政主体不可不用的一项行政手段。"[④]事实上，"在一个混合式行政的时代，在一个对公权力和私权力的创造性相互作用极其依赖的时代，合同乃行政法之核心。"[⑤]域外法、德、日、美等国都极为重视行政契约的运用。

在粮食安全监管领域，美国不少州就将行政合同作为激励性监管的重要手段加以使用，并取得了良好的效果。具体来说，在域外，行政合同之

---

① 在其著名的"医学界人权促进会诉证券交易委员会案"中，上诉法院明确驳回了证券交易委员会的关于"对其非正式的'不采取行动'程序进行司法审查，会在此类程序中增加没有必要的正式手续，而且随之会改变行政机关资源的用途"的观点。（详见［美］理查德·B. 斯图尔特《美国行政法的重构》，沈岿译，商务印书馆2002年版，第118页。）因为，其"不采取行动书"这一行为是依据详尽的行政程序公布的，属于比较正式的行为，应当受到司法审查。

② 姜明安：《行政执法研究》，北京大学出版社2004年版，第147页。

③ ［日］盐野宏：《行政法》，杨建顺译，法律出版社1999年版，第134页。

④ 马怀德：《行政法与行政诉讼法》，中国法制出版社2000年版，第352页。

⑤ ［英］卡罗尔·哈洛、理查德·罗林斯：《法律与行政》（上卷），杨伟东等译，商务印书馆2004年版，第554页。

所以能够在粮食安全监管领域产生如此旺盛的生命力，一方面在于粮食安全所涉问题的日益复杂化和专业化以及粮食监管资源的有限性等，使得粮食安全监管机构不得不改变传统监管行为方式，进而转向寻求与被监管方的沟通与合作，质言之，正如某学者所言："官方习惯上通过规定和禁令来调节经济参与者的行为，但是，这种传统的行为方式在许多情况下，已不起作用，尤其是因为它们往往不能刺激人们去遵守，并且几乎没有估计生活的多层面"；①另一方面在于行政合同能够缓和监管机构具有强制性的职权行为，使得民众可能在行政目的的实现上更乐意服从上述监管机构的决定。

就目前而言，虽然我国尚不存在专门规定行政合同的法律，但是相对于传统计划经济体制下的指令性行政管理中相对人只有绝对服从的义务，改革开放以后，随着政府职能的转变，政府与行政相对人之间的关系得到了重构，带有合意性的行政合同监管方式已经开始在我国生根发芽。具体至粮食安全监管领域，笔者认为可以借鉴域外国家的相关实践经验，在粮食收购、粮食库存监管领域尝试运用行政合同手段。同时需要指出的是，行政合同虽然在粮食安全监管中具有积极作用，但是不能忽视其隐藏的弊端：比如契约中粮食监管机关的优越地位、以契约的名义侵害公共利益或第三人利益、以契约规避法律等等。因此，必须完善相关制度防范其弊端，发挥其优势。正如毛雷尔教授所指出的："尽管不时存在着批评或者反对的论调，现代的主要课题不是行政合同原则上的适法性，而是行政合同法的理论细化，特别是明确行政合同的合法要件、法律形式和违法后果。阐明这些问题是行政合同在实践中得到有效适用的前提。"②

2. 行政指导。与传统行政处罚等刚性监管方式相对应、相配合，行政指导近年来在我国行政实务中已经运用得越来越多、越来越广。究其根源，这乃是由于"行政主体和行政客体双方所认可的温情主义"，③同时亦必须指出的是，行政指导还具有其他方面的意义，例如行政机关为获得当事人的理解，而放弃使用诸如行政立法等正式行为形式，进而灵活地利用

---

① ［德］罗尔夫·斯特博：《德国经济行政法》，苏颖霞、陈少康译，中国政法大学出版社1999年版，第272页。

② ［德］哈特穆特·毛雷尔：《行政法学总论》，高加伟译，法律出版社2000年版，第361页。

③ ［日］盐野宏：《行政法》，杨建顺译，法律出版社1999年版，第142页。

非正式行政手段加以处理。

正如有学者所言，行政指导可以说是"从主张完全排斥政府干涉到主张政府强硬干预再到主张政府进行柔软干预的产物"。[1]行政机关通过其掌握的各种资源引导市场主体去实施有利于监管目标实现的行为，有利于协调各方利益关系，化解社会矛盾，维护社会和谐。行政指导方法的实质在于，"一个负责任的政府机构或官员在不具有明确的合法权力的情况下，能够而且确实可以指导或诱导私营企业或个人采取或不采取某些行动，以达成行政目标。"[2]

行政指导在粮食安全监管中的作用更加明显，其概念发源地日本在农业领域的行政指导行为证明了这一监管手段的有效性。[3]面对日益复杂的粮食市场，粮食安全监管机构监管职能的实现越来越依赖于相对人，权利保障理论限制了政府权力干预的领域，监管事物的复杂性和监管手段的多样化给予了行政指导存在的空间。粮食安全监管机构可以通过"指导、引导、辅导、帮助、通知、提示、提醒、提议、劝告、规劝、说服、劝诫、劝阻、建议、意见、主张、商讨、协商、沟通、赞同、表彰、提倡、宣传、推荐、示范、推广、激励、勉励、奖励、斡旋、调解、调和、协调、指导性计划（规划）、导向性政策、纲要行政和发布官方信息、公布实情"[4] 等各种形式实施行政指导，比如：种粮和储粮技术指导、粮食作物技术推广、粮食高产示范区建设、粮食生产建议、粮食生产奖励、粮食经纪人队伍的健康引导、帮助粮农售粮、粮食购销协调、节约粮食宣传等等。

---

① 王连昌：《行政法学》（修订版），中国政法大学出版社1997年版，第315页。

② 莫于川：《行政指导论纲：非权力行政方式及其法治问题研究》，重庆大学出版社1999年版，第73页。

③ 1947年日本国会通过了"农业协同组合法"。此后，在行政强有力的指导和奖励下，仅用了两年时间便在全国农村迅速建立了农协组织。政府常通过农协来推行农业政策。并以补助金、低息贷款、开发和普及新技术，无偿提供信息等手段为交换条件，获得农协及农户对政府宏观政策的配合。此外，日本农协还是联结农户与市场的中介。由于农户很难以个体身份进入流通领域，而农协在生产什么、生产多少、何时收获、收获多少，卖往何地等方面给农户以指导。这不仅可以实现规模经济效益，同时还能通过调控销售量稳定价格，并增强价格决定中的交涉力量。参见卫龙宝《农业发展中的政府干预》，中国农业出版社2001年版，第127页。

④ 莫于川：《行政指导论纲：非权力行政方式及其法治问题研究》，重庆大学出版社1999年版，第140—147页。

同时，由于现代行政法多认为行政指导可以在没有法律依据的情况下实施，因而其在很大程度上存在着使法治行政原理空洞化并逐渐崩溃的危险性。不仅如此，在现实中，还存在夹带着威吓性的行政指导，不恰当地要求相对方采取某种行为的苛刻要求；或者违背平等原则、诚实信用原则的行政指导；责任不明的行政指导等。①为防止这些风险的产生，有必要通过法律规定行政指导的基本原则、方式以及责任的承担等内容。

3. 信息披露。政府监管本身就是针对经济和社会生活中所普遍存在的信息不对称问题和外部性问题。②信息披露就是基于信息不对称而使用的一种监管手段。其主要用于社会性监管中，要求被监管者提供有关产品或服务的成分、特性、质量、价格、使用说明等方面的信息，以减少消费者的信息搜寻成本，给消费者带来直接的福利，同时促进市场竞争，给消费者带来间接的福利。

在美国，信息披露已逐渐成为监管的主要工具。凡是存在市场交易的地方就存在信息不对称，粮食市场也同样存在信息不对称——粮食生产者、经营者、消费者以及粮食安全监管部门之间也面临着信息不对称。比如粮农很清楚自身生产的粮食品种的质量、成本等信息，但是销售者和消费者就不一定清楚；再如全国农村大部分农民都是将粮食卖给"粮贩子"，后者再到市场上卖出，赚取差额，因为权威价格信息的缺乏，农民就在这里流失了大量的利润。另外，粮食加工企业和销售企业经过多年的经验以及设备的优势，对于自己经营的粮食的品质也有相当的了解，但是消费者因为时间、精力、财力的限制，在这当中就处于劣势，即使具备相应的专业知识，并花费大量的人力、物力与财力，想要全面掌握这些信息还是非常困难的。所有这些，都是粮食信息不对称的体现。粮食信息的不充分，直接导致了粮食监管机构监管难度的加大、监管成本的提高、粮食经营者粮食质量安全信用意识淡薄、消费者安全保障降低等一系列问题。对此，笔者认为信息披露是解决这一问题的关键，通过信息披露能有效缓解粮食交易双方信息不对称，防止信息优势方侵害信息劣势方的利益和公共利益。当然，按照有关法律规定，属于商业秘密等不得公开的事项，监管者应遵守相关保密规定。

①　[日]南博方：《行政法》，中国人民大学出版社2009年版，第85页。

②　参见[美]休斯《公共管理导论》，中国人民大学出版社2001年版，第133—135页。

　　总之，结合我国转型时期的发展实际，与我国粮食进一步市场化的进程相一致，粮食安全监管方式的创新在于更多地用具有现代监管理念的激励性监管和协商性监管来取代传统的命令控制型监管。笔者以为，理想的监管方式应该以服务为理念、以法律为依据，在命令控制型监管的基础上引入激励性监管和协商性监管，建设强制与非强制结合、刚性手段与柔性手段多方结合的行政监管体系，以达到更好的监管效果。一方面，监管者可以通过监管达到特定的目的；另一方面，被监管者积极参与到监管中去并获得充分的激励提高效率，达到双赢。改变过去那种"依法行政就是依法处罚"的监管方式，实现刚柔并济，在传统控制型监管方式的基础上，辅以激励性监管方式和协商性监管方式。尤其对于一些无法用行政强制等传统监管方式实施监管的粮食经营业户，通过运用劝告、协商等非正式行政行为方式，更容易得到行政相对人的理解支持和配合，有效地促使行政监管目标的实现，从而实现监管者与生产者、经营者、消费者共赢的目标。比如建立权威的粮食信息服务网络，及时、准确地向农民提供粮食价格、生产、库存等相关信息，引导农民合理调整粮食生产结构，保障粮食生产安全。再如继续加大对于粮食增产的奖励力度，保证粮食的稳定增长等。

第五章　中国粮食安全监管的程序

随着政府监管领域的不断扩大，其行政权亦在不断扩张，而且基于监管对象的复杂性及技术性要求，法律在赋予政府监管权的同时亦赋予其极大的自由裁量权。因此，确保政府依法公正地行使监管权力，有效实现其监管目的，一直是现代行政法学研究的重要内容。我国至今还没有一部系统的行政程序法典，现代监管制度仍在持续探索之中。从学理和经验来看，为了实现对粮食的良好监管，保障粮食安全，同样需要建立健全的粮食安全监管程序机制。在当前行政程序法空缺的情况下，粮食安全监管机构应如何因应其"程序真空"？其主要路径即是围绕粮食安全监管方式进而以构架其粮食安全监管程序。为此，本章对粮食安全监管程序的研究主要关注两个方面：一般程序和特殊程序。

第一节　粮食安全监管的一般程序

从逻辑上看，既然粮食安全监管的方式是多样的，那么不同的监管方式就应有不同的监管程序相对应。本节并不针对每种监管方式，逐个研究其具体程序，而是侧重研究其核心程序制度：公众参与、信息公开和监管效应评估制度，其中，信息公开主要是为了保证监管机构随时受到公众的监督，而公众参与使监管过程拟制了传统的代议制民主过程。这样不仅使监管机构获得了政治上的合法性，且其巨大的权力获得了民众的认同。"可以说，透明度与公众参与是现代监管程序的必备条件。"①此外，为确保监管质量，粮食安全监管机构在进行监管决策之时就必须对监管风险的处置机制等进行缜密地设计，以便使其能够及时应对经济发展和社会变迁的需要，否则其很可能成为前进的阻力。

---

① 周汉华：《政府监管与行政法》，北京大学出版社 2007 年版，第 96 页。

一　公众参与制度

现代行政机构的运作很多是不透明的,为了确保行政公开、公正原则之要求,应规定当事人参与之权利和责任。"只有利害相关人真正有意义地参与到政府过程之中,个人的尊严和自尊才能得到保障。"①而且在民主社会中,政府要获得民众对行政决策的支持和回应,也必须给予民众有效的参与政府事务的机会。否则的话,民众对决策知之甚少,皆由行政官员自行做出行政决定,恐怕会导致决策与民意的落差。目前我国现行法并没有规定参与的概念,学界普遍认为民众参与是指政府决策过程中,针对某特定议题或计划,民众被保有发言权与参与权,且其意见应受到相当程度的重视与采纳。就当事人参与权利而言,一方面是在坚持行政效能的基础上给予当事人陈述意见参与听证的机会,另一方面是查阅卷宗的权益。民众参与的功能至少包括以下几个方面:(1)使各方利益主体有适当的表达意见的途径,且有机会实现其目标,体现公权力的正当性;(2)各方利益主体参与进来,最终的行政决定乃是各方利益的折冲,有利于实现利益均衡;(3)能够提高行政决定的正确性。美国学者孙斯坦提出理想的监管模式,乃是强调其普适性或通过辩论来协调各方意见,以及公民参与公共生活。②实际上,保证相对人参与粮食安全监管最重要的一环就是如何对听证制度予以设计。

(一) 听证的基本含义

听证(hearing)这一概念,大约出现在 1723 年的英国。当时在 R. V. Chancellor of the University of Cambridge 一案当中,当事人本特利在未经告知并未能为自己辩护的情况下被剥夺了剑桥大学的学位,但他成功地获得了法庭发出的戒令确保其重申的机会。在审判过程中,主审法官福特斯认为"即使上帝本人也先听亚当为自己辩护才给亚当判刑。……上帝也听取了夏娃的辩护才惩戒她。……听了两人的辩护后,万能的上帝才继续惩治他们。他也希望我们也这么做。"质言之,听证来源于其自然正义法则中的"两造兼听"的理念,这一原则核心的是"任何人或团体在

---

① 〔美〕杰瑞·L. 马肖:《行政国的正当程序》,沈岿译,高等教育出版社 2005 年版,第190 页。

② See Ayres, I. & J. Braithwaite, *Responsive Regulation: Transcending the Deregulation Debate.* New York: Oxford University. 1992. p. 18.

行使权力可能使别人受到不利影响时必须听取对方意见，每一个人都有为自己辩护和防卫的权利；任何人或团体不能作为自己案件的法官。"①

从这一案件可以看到，听证最初是适用于司法，即法官在判决之前应当听取双方当事人的意见，不能只听一面之词，它是司法民主的重要标志。后来这一制度延伸至立法领域，即立法听证。在 20 世纪二三十年代以后，随着行政权不断膨胀，出现了"行政国"，为了规范和控制行政权，听证开始适用于行政领域，即行政听证，表现为当行政机关对行政相对方作出不利决定之前，应当听取相对人的意见，旨在保障当事人在行政机关作成行政决定前，有答辩或说明的机会。②

虽然世界各国以及学界关于听证的内涵不尽相同，但是他们在本质意义上的界定却都是一致的，即行政程序中的听证旨在给予当事人在行政机关作出不利于自己的决定之前有辩解的机会，即给当事人陈述事实和理由的机会是一种言辞的辩论，并且应当公开进行。此外，从听证发展的历史演进中可以看出，听证最初是指在司法听证，即使发展到现代的行政听证，其仍带有极强的法庭程序色彩，强调形式以及听证记录的拘束性。最后需要指出的是，在此处所讲的行政"听证"绝不是一种形式上的程序，但是为了保证其公正有效，听证必须是包含某些形式。正如美国联邦第二巡回区上诉法院的弗伦德列法官（J. Friendly）所总结的："听证必须由没有偏向的审判官主持，且当事人有陈述理由的机会；听证的通告必须具备事实与法律依据；当事人有权知道对立的证据，有权传唤自己的证人并对质对方的证人；听证决定纯粹基于证据。"③

在监管程序中，强调听证制度的"主要理由是保证将被管制市场中的个人利益的法规有一种稳定的形式"④，由于听证是公开进行的，通过听证使利益相关者有机会表达不同的观点，而行政机构则通过考虑各方意见，将尽可能的排除重要因素被忽略的风险而做出的行政决定。这一制度的运用有助于提高行政过程的透明度，保证行政决定的公正性和正确性。

---

① 王名扬：《英国行政法》，中国政法大学出版社 1987 年版，第 152 页。

② 参见汤德宗《行政程序法论》，元照出版有限公司 2005 年版，第 26 页。

③ 张千帆：《比较行政法：体系、制度与过程》，法律出版社 2008 年版，第 330 页。

④ ［美］丹尼尔·F. 史普博：《管制与市场》，余晖等译，格致出版社 2008 年版，第102 页。

（二）我国粮食安全监管程序中行政听证制度之检讨

目前在我国粮食监管领域，现行的《粮食流通管理条例》、《中央储备粮管理条例》、《粮食质量监管实施办法（试行）》、《粮食流通监督检查暂行办法》等相关法律规范都规定有粮食行政处罚权，但是它们几乎都没有规定相对人在受到不利处分时有要求听证的权利。[①]具体来说，其仅在国家粮食局颁布的《粮食监督检查行政处罚程序（试行）》以及部分地方粮食行政管理部门出台的一些粮食行政处罚办法中规定有听证程序，但是这些规定都过于粗略，并不适合实际操作。

立法的不完善，直接导致当前中国粮食安全监管听证制度仍然存在诸多问题。这主要体现在以下几个方面：

一是听证适用范围狭窄。首先，从当前的立法来看，听证仅适用于粮食行政处罚，而对于粮食行政许可、粮食价格决策等并无相关规定。虽然按照价格法的规定，粮食价格决策也适用听证，但是到目前为止，并没有举行过任何关于粮食定价的听证会。这也是目前的一个瓶颈，到底粮食应该怎么样定价，基于粮农的利益、消费者的利益以及整个粮食安全的考虑，需要各方参与进来，才有可能制定适合的价格。而且粮食监管中非常重要的粮食收购资格许可亦没有规定听证程序。其次，即已规定的听证程序的范围也是模糊的。按照《粮食监督检查行政处罚程序（试行）》第27条的规定：粮食行政管理部门作出较大数额罚款和取消粮食经营资格决定之前，应当告知当事人有要求举行听证的权利。其中的"较大数额"是一个不确定的概念，由省、自治区、直辖市结合本地实际情况确定。目

---

① 事实上，听证制度虽然在我国众多行政法律法规中都已有明文规定。例如，1996 年颁布实施的《中华人民共和国行政处罚法》第 42 条首次规定了听证程序，接下来 1998 年《中华人民共和国价格法》又将听证程序引入到行政决策领域。2004 年《中华人民共和国行政许可法》第 46 条，2012 年《中华人民共和国行政强制法》第 14 条都规定了听证程序。但是这些行政法中关于听证的规定还是过于抽象，不利于实际操作。尤其就行政立法、行政决策以及行政命令而言，法律并没有明确的规定听证程序，虽然关于行政立法在《行政法规制定程序条例》和《规章制定程序条例》之中有听证程序的规定，但是规定过于简单和笼统，仅仅只是规定在起草和审查阶段可以而非必须举行听证会，并且没有具体操作的程序规定。而《立法法》第 34、58 条的规定也是如此。而对于行政决策和行政命令，因其自主性和专业性，并没有设计听证程序约束行政机关，在这种情况下，行政机关拥有极大的自由裁量的空间，然而考虑到行政决策和行政命令与人民权益的高度相关，应该适用听证程序，而且经过听证不仅可以听取各方意见，做出更好的决定，而且可以很好地缓解矛盾，有利于公众对于决定的认可和接受。

前仍有为数不少的地方粮食行政管理部门没有相应的具体规定，这样模糊弹性的规定，赋予了监管部门极大的行政自由裁量权，显然是不利于相对人合法权益保护的。而有的地方做了具体规定，但是由于没有一个统一的标准，导致各行政区域的规定都不相同。如《山西省粮食局粮食行政处罚办法》第 35 条规定粮食行政机关对非经营活动中的违法行为处以 1000元以上的罚款；对经营活动中的违法行为，没有违法所得的处以 10000 元以上的罚款，有违法所得的处以 30000 元以上的罚款和取消粮食经营资格决定之前，应当告知当事人有要求举行听证的权利。而《四川省粮食流通行政执法与行政处罚程序》第 33 条规定：粮食行政管理机关拟作出取消粮食收购资格或陈化粮购买资格、给予 20000 元以上罚款的，应当发出《粮食行政处罚听证告知书》告知当事人有要求举行听证的权利。

　　听证作为保护公民权利的一种有效措施，其适用范围在一定程度上反映了其保护公民权利的范围。国家保障公民基本权利是一个法治社会的标志。扩大听证的适用范围实际上是目前各国的发展趋势，正如韦德认为的那样，行政听证的例外越少越好，因为"授予这种权利不会有什么害处"。[1]因此，笔者以为基于权利保护的视角，所有对相对人产生不利影响的行政行为都应当划入听证的范围。而因听证的进行需要一定的成本，此时可以借鉴美国行政法的正式听证和非正式听证的划分，其中前者需要经过完整的意见成熟、证据调查以及听证记录制作等步骤，而后者仅需给予当事人表达意见的机会，并且在做出行政决定的时候考虑当事人表达的意见即可。针对此，笔者建议逐步将正式听证程序扩大到对相对人利益影响重大的所有监管行为，其他的则可适用非正式听证程序。

　　二是听证主持人不独立。我国《行政处罚法》第四十二条规定："听证由行政机关指定的非本案调查人员主持"，但是非本案调查人员不等于无偏见，仍然是由当事一方行政机关指定的，无法产生公正性。而听证的目的在于确保各方利害关系人有公平论证的机会，故听证主持人的公信力和专业性是必不可少的条件。因此，很多学者提到为确保行政听证的公正性，仿效美国的行政法官制度，设置专职的听证官，笔者以为是值得考量的做法。《行政处罚法》还规定了"主持人与本案有直接利害关系的"，

---

　　① ［英］威廉·韦德：《行政法》，徐炳等译，中国大百科全书出版社 1997 年版，第230 页。

当事人有权申请回避，但是《粮食监督检查行政处罚程序（试行）》并没有明确"直接利害关系"的内涵和外延，以及回避的方式、回避决定权的归属、当事人若不服回避决定的救济等问题。主持人的不独立，是听证制度虚化的一个重要原因。

三是听证代表结构不合理。我国现行法对必须由哪些代表参与听证并没有明确的规定。笔者以为单就粮食监管听证程序而言，听证代表的组成应该包括专家、粮食生产者、粮食经营者、消费者以及其他利益相关者，之所以需要专家代表参加乃因其具有相关的专业知识，而消费者代表一般不具备相关的专业知识，而经营者代表又都是从其部门利益出发考虑问题，所以如果没有专家代表，一场听证会经常是打乱仗，而且专家代表并不像消费者代表、经营者代表那样，只从其自身利益考量，而是运用其专业知识和中立的地位，从社会利益的角度出发，综合考虑消费者和经营者利益，提出有利于整个社会利益的建议。一旦专家代表、消费者代表、粮食经营者代表、粮食生产者代表的人选确定，应该向社会公布名单以及确定的理由。因为听证代表并不是单纯的实行话语权，而是要通过参与实现民意。另外，实践中听证代表反映民意的能力较低。这一现象出现的原因在于一方面是听证代表的结构不合理，另一方面是公众实际上对于听证的代表选出的方式、标准以及过程均不知情。这样产生的代表其实行民意的能力自然受到质疑。因此，应当建构起完善的听证代表遴选机制，增加产生听证代表的透明度。

四是听证笔录的法律效力问题。目前关于行政听证笔录的效力的规定是不完善的，我国现行法最常见的规定就是"听证应当制作笔录"，对于行政听证笔录的法律效力没有明确规定，使得听证结果对行政行为并没有实际的法律效力，这也是出现"听了白听"等不良现象的直接原因。听证结果应该具有严格的法律效力，听证才会受到应有的尊重。纵观世界各国关于行政听证笔录法律效力的规定，主要有两种，一种是美国的案卷排他制度；另一种是充分考虑行政听证笔录，但是并不像美国那样完全依据行政听证笔录做出行政决定，比如我国台湾地区、德国、日本以及瑞士等国家。相较于世界其他国家而言，美国的行政听证制度是比较完善的，再结合我国的具体国情，笔者以为可以考虑借鉴美国的案卷排他制度，在相关法律中明确听证笔录的排他性法律效力，确定其是做出行政决定的唯一依据。

二　信息公开制度

（一）信息公开概述

"阳光是最好的防腐剂，一切见不得人的事情都是在阴暗角落里干出来的。"①公开原则已经成为我国行政程序法的一项基本原则，其广泛存在于《行政许可法》、《行政处罚法》，以及数量众多的行政规章等规范性法律文件中。监管行为的透明，对于监管机构的腐败、不作为以及低效都可起到很好的制约作用。

行政公开是指基于公民的知情权对事前、事后的相关信息进行公开。具体来说，除了预告公开，以及事后将决定告知相对人之外，主要的就是政府信息公开，就此而言，政府信息公开应坚持以公开为原则，以限制公开为例外。此处的"公开"应包括公开行政机关所持有的或保管的文字、图片、音影资料等，比如行政立法、行政决策、行政命令等对外发生效力的规则，行政行为相关的数据统计以及研究报告等等，应依法公开，或由人民申请提供。同时，基于公民的知情权，原则上在公民申请之时行政机关不得拒绝当事人申请阅览、复印、抄写或摄像相关资料和卷宗，当然这一权利以其主张或维护法律上的利益为限。此外，鉴于限制公开原则，涉及国防、外交等国家机密的文件，行政机关可以拒绝提供。

"使政府机关持有、保管之资讯——'公共纪录'（public records）或'公共资讯'（public information）自由流通，俾政府决策变得透明、弊端无所遁形，进而落实人民参政权，乃现代民主国家普遍追求的理想。"②在政府监管中，只有实现信息公开，使公众享有知情权，才可以保障其平等参与以及公平竞争的机会，从而保障市场经济中各利益主体利益均衡。如果被赋予了参与权，但是却没有相应的信息公开，参与只是一句空话。孙斯坦（Sunstein）就提出用一些创新的方法来实现监管目标，如依靠政府信息披露而不是命令控制式监管。③正如 1997 年英国政府独立咨询团体——更好监管小组（The Better Regulation Task Force；BRTA）经过九次最好监管的测试，最后指出最好的政府监管应该符合以下五个因素：

---

① 王名扬：《美国行政法》，中国法制出版社 1995 年版，第 960 页。

② 翁岳生：《行政法》（下），中国法制出版社 2009 年版，第 1058 页。

③ See American Bar Association, *Developments in Administrative Law and Regulatory Practice 2012*, ABA Publishing, 2013, p. 143.

比例性（proportionality）、责任性（accountability）、一致性（consistency）、透明性（transparency）和目标性（targeting）。①其中的透明性，就是指的监管过程对公众公开，一个透明的监管应当向公众公开充分的相关信息，使公众可以清楚地知道监管的理由和目的以及监管的过程。

目前很多国家诸如美国、英国、法国、德国、意大利、日本、新西兰等西方发达国家都有信息公开的程序要求，并且与监管有直接利害关系之人均有权主动请求信息公开（上述国家仅法国除外）。政府信息公开制度的目的不外乎以下几个方面：一是保障公民知情权。这一功能的重点是保证公民"知"的权利，而至于是基于公益还是私益，抑或公众将如何运用这些信息，则不是国家介入的范围了。二是有效监督政府的手段。关于这一点的证明古已有之，例如，孔子曾言："民可使由之，不可使知之。"②在过去威权统治之下，国家统治的首要任务即让老百姓知道的越少越好，但是在今天法治民主社会，在追求行政效率的基础上，更注重对公权力的规控，政府透明化成为了重点。"在当前群众时代的社会中，当政府在很多方面影响个人的时候，保障人民了解政府活动的权利，比其他任何时代都重要。"③因此，不论是从权利保障的角度还是行政监管正当性的角度，信息公开都可以说是一项基础性的制度。

---

　　① Reproduced in "*Better Regulation—from Design to Delivery*（annual report）2005", pp. 26—27. 其中，责任性是指监管必须对公众负责；目标性则是指监管应当集中于解决其所要解决的问题比如市场失灵，尽量减少监管失灵的出现，这有赖于良好的监管决策的制定，目前很多国家都建立了监管影响评估制度（详见下文所述）；比例性则是指监管手段应当与目的相符，即杀鸡焉用牛刀，我们除可以用监管影响评估来衡量监管的成本效益之外，还可以以激励性监管、回应性监管代替命令控制式监管；一致性则意指监管决策如果朝令夕改，则将出现监管风险，降低监管的公信力，从而减低监管的效能，为防止其不一致，需要在制定监管决策时审慎并且有相关监管措施的协调机制，以化解可能出现的冲突。事实上各国关于何谓更佳监管并没有一致的意见，比如澳大利亚监管评办公室则使用了7个因素作为好的监管的标准：适当的规定、透明性、连贯性和与法律一致性、可达到性、有效的沟通、考虑顺从负担以及可实施性。而爱尔兰官方白皮书（2004）则使用了6个因素来衡量什么是比较好的监管：必要性、有效性、比例性、透明性、连贯性和一致性。但是其实质主要还是在文中所述的这五个基本原则。

　　② 《论语·泰伯》。

　　③ 王名扬：《美国行政法》，中国法制出版社1995年版，第956页。

（二）粮食安全监管程序中的信息公开

1. 我国粮食政务信息公开的现状[①]

目前，我国由国家粮食局政府信息公开工作领导小组负责国家粮食局政府信息公开的领导工作。信息公开的方式，以公开为原则、不公开为例外。一般而言，主要是通过政府网站、政府公报、新闻发布会以及报刊、广播、电视等方式主动公开政府信息。国家粮食局根据需要设立公共查阅室、资料索取点、信息公告栏、电子信息屏等场所、设施，公开政府粮食信息，方便公众检索、查询、复制，并及时向国家档案馆、公共图书馆提供主动公开的政府粮食信息。除按规定的应主动公开的政府信息外，公民、法人或者其他组织还可以根据自身生产、生活、科研等需要，向国家粮食局申请获取相关政府信息。公民、法人或者其他组织依照《国家粮食局政府信息公开暂行办法》第9条规定向国家粮食局申请获取政府信息的，应当填写《国家粮食局政府信息公开申请表》（包括数据电文形式），可从国家粮食局政府网站下载或者从国家粮食局政府信息公开领导小组办公室领取。

根据有关法律规定，国家应主动公开的政府信息主要包括：涉及公民、法人或者其他组织切身利益的；需要社会公众广泛知晓或者参与的；反映本机关行政设置、职能、办事程序等情况的；国家粮食局制定的有关规章和规范性文件；其他依照法律、法规和国家有关规定应当主动公开的。而依申请公开的政府信息则是指国家粮食局主动公开以外的政府信息，例如资格证书、社会保障等与公民、法人或其他组织利益相关的政府信息，可以向国家粮食局申请获取。

粮食安全监管信息公开的目的，在于通过政府信息公开，监督粮食行政管理部门的工作。一方面，以公开改进服务，通过公开行政许可和服务的标准、程序、时限、结果等，提高工作效率和服务水平；另一方面，以公开促进依法行政，推动机关及工作人员转变工作作风、工作方式、管理方法等，提高了依法行政的水平。[②]笔者以为粮食安全监管信息公开还有

---

① 以下信息来源于《国家粮食局政府信息公开暂行办法》和《国家粮食局政府信息公开指南》。

② 国家粮食局政府信息公开领导小组办公室：《国家粮食局2012年度政府信息公开工作报告》，http://www.gov.cn/gzdt/2013-03/31/content_2367027.htm，最后访问日期：2014年1月12日。

一个层面的目的即在于保证粮农、粮食经营者、消费者获得更多的粮食信息，从而降低交易成本以及健康风险，保证公众的参与。如果没有足够的信息披露，公众参与就不充分，比如2013年上半年发生在广东的毒大米事件，毒大米就是镉超标，镉超标的大米到底吃了对人的健康有何影响，如何防止镉污染？如果缺乏相应的信息公开，不仅消费者难以维护健康安全，而且毒大米事件因这一信息的不充分，最后的结果是镉超伤农，乃至农业基础。

2. 我国粮食安全监管信息公开之完善

第一，目前各级粮食管理行政部门自行公布与其相关的信息，《国家粮食局政府信息公开暂行办法》仅对国家粮食局有效，地方各级粮食局又有自己的政府信息公开规定，虽然都是依据政府信息公开条例制定，但是很有可能出现对同一内容公布的信息不一致，不仅各级粮食管理行政部门之间存在这个问题，同时，因《粮食流通管理条例》的规定，工商行政管理、产品质量监督、卫生、价格等部门在各自的职责范围内负责与粮食流通有关的工作，这些部门也在各自的职能范围内公布相应的信息，现实中就会出现不同部门对同一内容公布的信息不一样。因此，应建立统一协调的粮食信息收集、归纳分析系统，并由相关部门统一对外公布，以避免因为发布的信息矛盾导致的政府公信力的减弱，也有利于民众在市场中的选择。

第二，粮食信息公开的内容应该包括两个部分：一是对于粮食和粮食企业的信息公开。公开粮食的相关信息在于使民众了解目前粮食现状，以及因粮食质量带来的安全性问题的详细说明，减少因为可能的谣言带来的恐慌而去抢购储备大米甚至去异地购买大米的不良后果。①因此，其公开的范围至少包括：首先，强制企业公开其销售的粮食中的转基因成分、有害物质残留量、粮食出入库的质检与计量等信息，并进行监管，确保信息的真实有效。其次，基于粮食的特殊属性，粮食一旦短缺将威胁人类的生存，政府必须对此负责，收集相关信息做出科学的预测，并及时预警。比如粮食库存信息，无论是政府还是粮食经营主体抑或是消费者，都希望能获知这一重要信息，"准确权威的粮食库存数据对于他们做出合理的决策

---

① 2013年"镉米"事件出现之后，一些珠三角市民跑去香港购买大米。其中，一个很重要的原因就在于民众并不是很清楚镉超标意味着什么。

均有重要意义。遗憾的是，国内粮食库存数据一直是一个谜"[1]，因此，需要定时公开此部分信息，稳定粮食市场。另外关于粮食企业信息的公开，主要是公开各粮食企业的信用信息。从近几年闹得沸沸扬扬的"毒大米"事件来看，我们的粮食安全监管有很多的漏洞，尤其是粮企和消费者之间的"信息不对称"，因此，需要公开粮食企业的市场信用信息，包括企业的内部信息，比如粮食企业商品销售、商品流转及人、财、物使用情况的有关资料和数据，以及企业主自身的评价报告等等，通过这些信息的公开，以维护粮食市场的良好竞争秩序，确保上市粮食的安全。

第二个层面则是粮食政务信息的公开。粮食政务信息公开，应当是公开粮食安全监管机关正在或者将要实施的粮食监管相关信息，它以公开为原则，不公开为例外。具体而言，粮食政务公开除了需要公开《国家粮食局机关政务公开暂行办法》第6条规定的七项需要公开的内容之外，还应该公开粮食监管法规规章制定的背景、目的、基本框架等信息，广泛征询公众意见，有义务公开监管部门监督检查的过程和结果、监管处罚的依据等。而免于公开的除上述《暂行办法》第7条的规定之外，与监管机构监管工作有关的可以不公开的信息包括：（1）因公开可能造成损害粮企权利、竞争地位以及其他正当利益的；（2）因公开可能对粮食监管机构及其内部的工作、意见交流等造成不当损害的；（3）因公开可能对特定粮企带来或造成不利后果，以及可能产生社会混乱的；（4）粮食监管机构有充分理由相信因公开可能妨碍其调查违法行为的。[2]同时，基于公民的知情权，当政府拒绝公开当事人申请的内容的时候，应负有举证责任，即需要说明信息公开会造成的不利影响，且这种影响大于公开带来的利益。

三　监管效应评估制度

（一）监管效应评估的基本内涵

监管效应评估制度（Regulation Impact Assessment；RIA），[3]在西方发达资本主义国家早已实行，目前至少有一半以上的 OECD 国家不同程度地

---

① 陈少伟、胡锋：《中国粮食市场研究》（第1辑），暨南大学出版社2009年版，第55页。
② 参见余晖《管制与自律》，浙江大学出版社2008年版，第134页。
③ RIA，也有学者翻译成"管制影响评估"、"管制冲击分析"、"规制影响评估"等等。

实施了政府监管效应评估制度和立法（OECD，2002）。虽然这些国家监管评估与立法的具体内容存在差异，但它们对于 RIA 的精神、目的及监管改革（regulatory reforms）重要性的认同基本是一致的（OECD，2003）。在我国，目前尚不存在体系化的 RIA 机制。具体来说，除在环境监管中存在环境影响评估外，在其他监管领域目前尚未施行任何具体的监管效应评估制度。在立法方面，除了《中华人民共和国行政许可法》与《中华人民共和国行政强制法》①有个别抽象规定外，其他立法均缺乏相应规定，以致实施过程中尚缺乏有效的技术指导。在理论层面，虽然我国有少数学者已经对国外一些发达国家的监管效应评估制度进行了介绍，但大多停留在实施经验的描述上，且"对监管效应评估的对象、内容以及方法的理解还缺乏统一、规范的认识"，②而对我国怎样构建监管效应评估制度的探讨更是几不可见。以上种种迹象表明，我国尚未形成较为一致的关于监管效应评估的理念，尚缺乏有效指引行政监管实践及其改革的科学评价标准。

依据 OECD 的建议，改善监管品质的方法有监管效应评估、决策过程透明化、简化行政监管、选择替代性方案以及对监管政策的事前事后审查等，但是首选方式则是监管效应评估。究其原因，主要是因为 RIA 更强调监管责任以及监管的公平，并具有申诉与审核的程序，同时 RIA 的负责机关为实现高品质的监管还提出必须坚持公开决策程序以及接受公共咨询。③

RIA 制度最早源于美国，1974 年美国时任总统福特为了解决国内通货膨胀、经济发展缓慢等问题，开始监督国内的物价以及工资，通过行政命令等方式要求各联邦机关制定政策，发布通货膨胀的影响声明，并接受薪资与物价稳定委员会的监督。后来，该委员会持续对超过 1 亿美金的重大管制政策进行成本效益分析，在当时成功阻止了许多不具共识即被部分

---

① 详见我国《行政强制法》第14条，《行政许可法》第19条、第20条规定。

② 肖兴志、何能杰：《英国规制影响评价体制与启示》，《云南财经大学学报》2008 年第 4 期。

③ See Baldwin, R., "Better *Regulation*: *Tensions Aboard the Enterprise*", in Weatherill (ed.), *Better Regulation*, and Portland: Hart Publishing, 2007.

特殊利益集团控制的管制方案。①根据上述事实可见，RIA 制度在美国诞生的原初目的及发展轨迹，即在于从考量政府干预的成本及其给被监管者带来的影响，到后来发展成同时注重成本和效益。

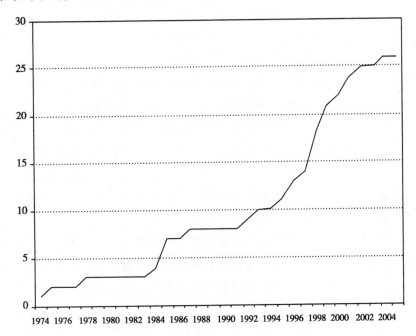

图 5 - 1　OECD 国家实施 RIA 趋势图②

此后，RIA 制度在世界各国，尤其在 20 世纪 90 年代以后的大多数 OECD 成员国中，得到了广泛的运用（见图 5 - 1）。之所以 RIA 能够获得如此迅速的发展，其主要是公共部门改革与追求善治的结果。根据学者 Kirkpatrick 与 Parker 对各种监管方案进行系统性的检验，其一致性结论即认为 RIA 是一种增强基于证据的决策制定工具，同时通过提高有关监管措施和政策的政治决策方面的透明度与责任性，来实现良性管理的核心理念。良好的政府监管，应该同时包括效率与效能两方面的内容。其中，前者是指以最小的成本达到目标，后者是指预期目标的实现作为。对此，

①　参见胡至沛《迈向更佳管制：以欧盟所推动的管制影响评估制度为例》，载 TASPAA 《全球化下新公共管理趋势与挑战：理论与实践》国际学术研讨会，2009 年。

②　OECD（2007d），*Indicators of Regulatory Management Systems*, OECD Working Papers on Public Governance, 2007/4, OECD.

RIA 则提供了一种方法，可以系统地评估监管的成本与效益，使决策制定者可以知道监管政策可能带来的影响。[①]

上述分析表明，RIA 是提高政府监管品质的关键和前提。在适当的体系框架内进行系统化、科学化的 RIA 分析能加强政府的监管能力，从而确保政府监管在时刻变化而又复杂的世界中做到高效、有力。政府监管效应评估，将有利于决策者了解监管政策可能的影响和冲击，从而优化监管措施，以使监管成本最低和效益最大。在具体评估中，RIA 通过对多元利益进行认定和整合，进而达到管理的均衡。监管效应评估，作为一项分析评价新的或修改后的监管法规可能带来的成本、效益的工具（tool），能够为决策者提供有价值的经验数据和全面框架，用于评估各项决策可能产生的正面或负面影响。在现实中，若对于所面临的问题或政府行动的间接效应缺乏了解，则可能会影响监管效果，甚至导致监管失败。监管效应评估被用于确定问题所在，确保政府行为是正当的。[②]

总之，RIA 是指在政府监管决策制定中对监管的背景、争议问题以及监管目标等进行正确的描述，并拟定各种可能的监管措施，扩大公众参与的机会，分析评估其实施可能造成的影响以及与之相关的成本效益，同时将各项监管措施的成本效益加以公开透明化，借以为决策者提供量化的信息，作为理性选择的基础。质言之，RIA 作为一种政策分析工具，其目的是对新的监管可能造成的后果和已有的监管所造成的实际后果进行评估从而来帮助政策制定者设计、实施和监督监管体系的改进。其优点在于能将可能的监管方案进行成本效益分析，评估其可能的风险，采取相应的对策，将风险降至最低。其核心在于对所有监管涉及的利益主体以改革咨商的方式取得经济利益与社会公益的平衡，更重要的是要求制定者受到监管效应评估结果的约束，明确其责任，防止将来责任之推脱。

（二）监管效应评估制度的整体构架

RIA 制度若是能够得到很好的实施和正确的运用，其对于增强监管决策的科学性等无疑是大有好处的。但是在现实中，有效使用 RIA 会遇到

---

① See Colin Kirkpatrick, David Parker, "*Regulatory Impact Assessment: An Overview*", in C. H. Kirkpatrick and David Parker (ed.), *Regulatory Impact Assessment: Towards Better Regulation?* Edward Elgar Publishing, 2007, p. 2.

② OECD (2002), *the Evolution of Regulatory Policy in OECD Countries*, available: http://www.oecd.org/gov/regulatory-policy/41882845.pdf.

一系列的技术问题及其他问题，包括如何获得有效数据、设想支撑 RIA
的价值理念、RIA 和社会法律目标的一致性、RIA 评估时间的选择、行政
对于 RIA 评估过程的抵制等内容。①因此，RIA 要想得到很好的实施需要
一套系统的运行机制予以配合。具体如表 5－1 所示：

表 5－1　　　　　　　　　从 RIA 获取最大收益：最佳做法②

1. Maximise political commitment to RIA.	在政治上对 RIA 作出最大化承诺。应在政府最高层面上批准通过改革方案和支持对 RIA 的运用，并且有明确的责任承担机制。
2. Allocate responsibilities for RIA programme elements carefully.	认真分配 RIA 计划的各项责任。确定监管者的责任，有助于提高决策制定的"主体身份"和统一性。同时，需要设立一个中央质量控制机构来监督 RIA 的运行以确保一致性、可信度和质量。此外，要想发挥其效能，还需要有充分的授权和技术能力。
3. Train the regulators.	培训监管者。其目的是确保有一个正式的、设计合理的培训计划（项目）能让监管者获得实施高质量 RIA 所需的技能。
4. Use a consistent but flexible analytical method.	分析方法要保持一致且富有弹性。成本效益分析原则，应适用于所有的监管，但分析方法可以灵活变化，只要能确定并且权衡所有正面和负面影响以及综合使用量化和质化的分析都可以适用，同时还应当制定强制性措施来确保分析方法的一致性。
5. Develop and implement data collection strategies.	发展和执行数据收集策略。数据质量是有效分析的关键。因此，必须明确规定可用数据的质量标准，并提出如何在有限时间内以最低成本收集高质量数据的策略。
6. Target RIA efforts.	明确 RIA 的工作重点。资源应要充分运用于那些影响巨大和能有效改变监管结果的领域。对所有重大的决策议案都要进行监管效应评估，即保证所有此类议案，不论是按法律或低层级规则执行的，还是部级的行为，都应受到评估。
7. Integrate RIA with the policymaking process, beginning as early as possible.	尽可能早的把 RIA 融合到决策制定过程中。监管者应该将 RIA 视为是决策制定的不可缺少的一部分，而不应该把它只视为外部性的附加要求。
8. Communicate the results.	公布 RIA 的结果。好的决策者不一定就是好的分析家。RIA 结果应通过具体的含义和明确的选项进行通告。最好使用常见的格式，这有助于有效的信息传达。
9. Involve the public extensively.	保证公众充分参与。及时而广泛地与利益团体进行协商讨论。
10. Apply RIA to existing as well as new regulation.	RIA 对现有的和新的监管同等有效。

①　See Robert Baldwin (2004), *Better Regulation*：*Is It Better for Business?* Federation of Small Businesses, London, UK. p. 17.

②　OECD, 1997, *Regulatory Impact Analysis*：*Best Practices in OECD Countries*, p. 215.

表5-2　　　　　　　　　　**OECD 监管决策审核要点①**

1. Is the problem correctly defined?	第一，问题是否经过正确的界定？（对于监管领域出现的问题首先要做精确的描述，尤其是对于问题的本质以及重要性等，不仅要有例证分析，还要有解释问题出现的原因。）
2. Is government action justified?	第二，政府的行为是否正当？（政府监管行为必须正当且能够经得起检验，政府必须根据监管问题的实质，分析其监管的成本与效益，并决定是否监管以及监管的方式，并决定监管的存废或者改革。）
3. Is regulation the best form of government action?	第三，监管是否是政府行为的最佳方式？（政府对于社会现实进行各种分析比较，尤其是进行成本效益的考量时，决定监管是否是最好的，还有没有其他的更好的替代方式。）
4. Is there a legal basis for regulation?	第四，监管是否有法律基础？（政府监管是不是存在立法基础，是否符合法律的要求。）
5. What is the appropriate level (or levels) of government for this regulation?	第五，什么是政府监管适当的层级？（监管的层级应当做适当的安排，具体包括是中央一级还是地方层级，或者独立机构，抑或是多个机关联合监管。）
6. Do the benefits of regulation justify the costs?	第六，监管的成本与效益是否相符？（通过成本效益分析选取最适当的监管措施。）
7. Is the distribution of effects across society transparent?	第七，监管的利益分配与成本分摊是否透明？
8. Is the regulationclear, consistent, compre-hensible and accessible to uses?	第八，监管法规政策是否清楚、一致、易懂以及能为相关主体所获得？
9. Have all interested parties had the opportunity to present their views	第九，监管中所有的利益主体是否有机会表达自己的意见？
10. How will compliance be achieved?	第十，监管的效能如何实现？

　　表5-1和表5-2作为 OECD 公布的监管效应评估的分析方法，这些内容可以用来作为衡量监管决策是否良好的基准，其监管的目的在于提升政府监管的品质，以加强监管效能。对于 OECD 的上述建议，各国的反响良好。

　　此外，监管效应评估的职责一般是由政府部门和质控部门共同承担。在大多数 OECD 成员国家，政府部门是监管效应评估报告和监管法规的主要起草者，因为政府部门更容易获得高品质监管效应评估所需要的专业知识和信息。而且，很多 OECD 国家发现，一个中央机构的设立往往对监管

---

① See OECD（1995），*the 1995 Recommendation of the Council of the OECD on Improving the Quality of Government Regulation*，Paris.

效应评估的质量监控起着重要的作用。例如，澳大利亚、加拿大、捷克共和国、匈牙利、意大利、韩国、墨西哥、荷兰、波兰、瑞典、瑞士、英国和美国等国家均设有独立的中央机构，负责监管效应评估的质量控制。尤其在加拿大、韩国和英国，它们的这些中央机构均有权要求政府部门修改所起草的监管法规，而此外，有的国家则是由监管机构自身进行评估，比如芬兰、奥地利等，甚至还有些是由国会或内阁来提供评估。

最有效的运用，就是将监管效应评估作为制定新法律法规的条件。要实现这一目标，必须通过更高层级的工具，如法律或者行政法规，来支持监管效应评估制度。例如，意大利 2000 年以总理令的方式确立了法律技术分析（Analisi tecnico-normativa）工具，所有向内阁提交的草案文本都必须经过完整的监管效应评估；而墨西哥在 2000 年将监管效应评估的运用规定到了《联邦行政程序法》（Federal Administrative Procedure Law）修订案当中。

纵观以上各国 RIA 制度采用的评估方法，可以发现其并非整齐划一。总体说来，各国 RIA 所使用的主要分析方法有：（1）使用利益成本分析、综合影响分析（IIA）和可持续影响分析等分析方法，把问题置于一个更大的分析框架内，这样有利于展示各个政策目标之间的联系和权衡关系。通过比较不同方案的成本效果，进而找到一个最佳解决方案，从而获得具体的结果。（2）部分分析方法。如中小企业测试（SME test）、行政负担预算、商业影响测试和其他对具体团体的影响分析。（3）风险评估和不确定性评估。

确定采用上述哪种评估方法是 RIA 制度运行的核心要素。在 OECD 中，各成员国所适用的具体评估方法通常各有侧重。例如，澳大利亚、加拿大、丹麦、意大利、日本、韩国、墨西哥、新西兰、挪威、波兰、英国和美国等国家主要采用（这些国家的监管效应评估相似，涉及了影响的范围、质量控制、成本分析和对竞争及市场开放的影响的考虑，这种方法应用得最广）成本效益分析或成本效能分析；荷兰、冰岛采用的是一般影响分析；捷克共和国采用的是衡量金融和经济影响的体系分析方法；法国和葡萄牙等采用的是财政分析，其重点主要是放在政府行政管理的直接预算成本上；芬兰采用的是各种局部影响分析，在其国内上述分析并不是统一的，而是由各地方政府的不同部门执行的；在比利时，其国家主要是对健康、安全和环境监管等领域出现的问题进行风险评估；西班牙则是对监管产生的影响进行评估检查。①总之，笔者认为以上国家对于不同方法的采用，主要是基于其国情以及监管的具体需要而导致侧重点略有不同而已。

尽管 RIA 具有上文所述的各种优点，但在具体实施过程中，一些国家还是发现其在行政和技术方面存在不少困难和挑战。例如，为因应当前监管改革朝向一种非善治的反方向发展，它们普遍认为监管效应评估不应当只局限于做成本效益分析，而应当将其置于一个更加宏观的框架内来分析，包括通过政治、经济、社会以及文化价值等多元视角来评估监管改革。为此，上述多数国家认为在民主法治进程中，监管效应评估不仅关注监管手段的创新，更要关注监管的正当性与合理性。也就是说，通过评估分析，不仅要找出最佳的监管方式，而且还要根据监管的真实目的设计相应的制度安排，以防止监管失范现象的产生。

在实践运作中，如果想要获得高质量的 RIA 评估，毫无疑问必须对其进行质量控制。事实证明，现实中很多 RIA 评估的失败，主要是因为其在实施中缺少有效的质量控制和激励机制。具体来说，提高 RIA 的监督和质量控制的主要途径有：（1）强化 RIA 中央监督部门的挑战功能；（2）让其他机构参与 RIA 的质量控制和监督；（3）做好 RIA 的早期规划和准备；（4）通过公众对监管成效的报告来监督监管服从情况；（5）通过同行评价来更好地使用科学信息输入系统；（6）坚持 RIA 的培训和指导。②

就 RIA 报告的约束力而言，虽然美国联邦行政机关在拟定重要的监管议案时必须进行监管效应评估并选择最有效的方案，但事实上，并非所有实施 RIA 的国家都将其视为决策的必要条件，即没有通过评估就无法形成决策。例如，在有的国家或地区，如澳大利亚昆士兰省等只是将其视为一种信息参考而非强制性的决策依据；在瑞典，它仅仅被视为利害关系人及公众咨商的程序。③质言之，在上述国家中，部分国家的 RIA 主要以

① See OECD（2002），*the Evolution of Regulatory Policy in OECD Countries*，available：http：//www.oecd.org/gov/regulatory-policy/41882845.pdf.

② See Scott H. Jacobs，"*Current Trends in the Process and Methods of Regulatory Impact Assessment：Mainstreaming RIA into Policy Processes*"，in C. H. Kirkpatrick and David Parker（ed.），*Regulatory Impact Assessment：Towards Better Regulation?* Edward Elgar Publishing，2007，pp. 19—25.

③ 参见张其禄《法规（管制）影响评估理论与实务之初探》，《研考双月刊》（台湾）2008年总第 264 期。

信息提供、意见资讯为主，但对于实现 RIA 较为完备的国家，其则有严格的评估分析方法，比如通过成本效益分析等进而对监管决策产生实质性的影响。总之，不管系处于上述哪一种情形，实施 RIA 的目的都在于为决策者提供监管可能带来影响的信息、监管成本预算、增强监管决策透明度，进而获得更优良的监管效果等。

在政府监管中确立 RIA 制度，其目的主要是为了透过对行政机关为特定行政行为进行事前规范，在实体上保障政府监管行为的正当性与合法性符合依法行政的要求；在程序上通过公众参与程序机制的设计，一方面能够保障公民、法人或其他组织的合法权益，另一方面能够提高政府监管行为的透明度和接受度，提高其效能。

（三）我国粮食安全监管领域适用 RIA 制度面临的挑战

1. 当前我国关于 RIA 制度的规定

目前在我国政府决策及立法制定领域，关于上述 RIA 制度的运用除了在《行政许可法》和《行政强制法》中有所体现外，还有就是 2004 年国务院制定的《全面推进依法行政实施纲要》第 17 条明确指出："积极探索对政府立法项目尤其是经济立法项目的成本效益分析制度。政府立法不仅要考虑立法过程成本，还要研究其实施后的执法成本和社会成本。"2008 年国务院发布的《关于加强市县政府依法行政的决定》第 11 条规定："建立重大行政决策实施情况后评价制度。市县政府及其部门做出的重大行政决策实施后，要通过抽样检查、跟踪调查、评估等方式，及时发现并纠正决策存在的问题，减少决策失误造成的损失。"2010 年国务院《关于加强法治政府建设的意见》第 12 条明确规定，鼓励"行政决策风险评估机制的运用。凡是有关经济社会发展和人民群众切身利益的重大政策、重大项目等决策事项，都要进行合法性、合理性、可行性和可控性评估，重点是进行社会稳定、环境、经济等方面的风险评估。建立完善部门论证、专家咨询、公众参与、专业机构测评相结合的风险评估工作机制，通过舆情跟踪、抽样调查、重点走访、会商分析等方式，对决策可能引发的各种风险进行科学预测、综合研判，确定风险等级并制定相应的化解处置预案。要把风险评估结果作为决策的重要依据，未经风险评估的，一律不得作出决策。"

2. RIA 制度在我国粮食安全领域面临的挑战

虽然 RIA 制度已经成为各国监管改革中不可缺少的一环，但对于我国而言，其尚处于引入和探索阶段。在具体操作实践中，要建立起适合我国粮食安全监管国情的 RIA 制度，其至少需要克服以下困难：

第一，RIA 的法律依据问题。如表 5 - 1 所示，OECD 总结的 RIA 最佳实践经验的第 1 点即要求政府在最高层面上批准通过改革方案和明确支持 RIA 的运用，并且规定具体的责任承担机制。因而，在粮食安全监管中，国家如果寄希望建立 RIA 制度，那么必然首先需要政府明确表态支持在粮食安全监管领域建立 RIA 制度。此外，若要克服监管中的官僚和政治惰性，其还必须获得清晰且强有力的政治支持。

第二，审查机构统一性问题。针对我国幅员广阔、粮食安全区域发展不平衡等基本国情，国家在决定奉行或制定 RIA 政策的过程中，其必须考虑是否应当成立专门的粮食安全监管效应评估办公室，针对各地区各部门的评估报告，制定和提供统一的评估标准和分析办法，并提出改善评估报告质量的建议。

第三，技术与资源问题。在粮食安全领域切实实施 RIA 制度，一方面必须保证有大批能够熟练运用 RIA 技术，比如评估成本和收益技能的工作人员。在实务操作中，相关工作人员技术缺乏的结果很有可能导致 RIA 减少，进而只对一些数目大的经济成本和收益进行评估，或者评估实际上被沦落到只看到实现监管结果的最廉价的方式（实际上只提供成本效益研究），而收益只是按给出的收益来算。这种简单的 RIA 形式可能会忽视不同监管形式可能带来的不同的重要收益。[1]另一方面是如何保证搜集来的相关数据真实可靠。在整个 RIA 制度设计中，可以说，最昂贵和最耗时的部分就是收集相关的可靠数据。数据收集是监管者日常工作中必做的，因为监管的实施需要大量的充分的市场信息。[2]也正是因为此，在粮食安全监管中，设计 RIA 制度必须考虑到如何利用数据收集技术以识别保证粮食安全的数据需要、来源以及与数据相关的不确定性因素。在监管过程中，选择收集什么数据和数据收集方法都将会影响到整个的监管过程。在某种意义上可以说，技术和数据是我国粮食安全监管领域适用 RIA

---

① See Colin Kirkpatrick, David Parker, "*Regulatory Impact Assessment: An Overview*", in C. H. Kirkpatrick and David Parker (ed.), *Regulatory Impact Assessment: Towards Better Regulation?* Edward Elgar Publishing, 2007, p. 4.

② 参见［美］丹尼尔·F. 史普博《管制与市场》，余晖等译，上海三联书店 1999 年版，第 98 页。

制度的两大难题。

第四，评估范畴问题。在现实中，粮食安全监管机构究竟应当如何确定 RIA 评估对象的范围和层级，即是只针对法律、行政法规、行政规章，抑或只针对行政决策、行政命令，还是只要与粮食相关而不论其系处于何种层级范围都应将其置于评估范畴之内，对此，不同国家往往会需要采取不同的现实策略。就我国而言，粮食安全监管评估范围的确定对整个 RIA 制度的推行至关重要，因为评估本身也是需要成本的，如果监管效应评估范围确定得过于广泛，则必然会需要耗费大量的资源，这显然会与我国社会主义初级阶段的国情相冲突。

第五，RIA 的约束力与程序问题。如前文所述，各国对于 RIA 评估结果约束力的认识并不一致。在我国，RIA 评估结果究竟是作为咨询参考，还是对监管决策有拘束力，以及是否应当有明确的程序规定来规范 RIA 实施等问题，都是目前亟待解决的问题。

第六，评估标准和利益考量问题。在实施 RIA 过程中，面对多元价值、多元利益主体时应该如何取舍和考量，亦是我国政府在粮食安全监管领域推行 RIA 制度必须重点考量的内容之一。

第七，健全外部监督的问题。在现实中，对于不适当的、可能违法的监管政策如何使其进行修正和矫正，并保证评估的中立客观乃至关重要。虽然 RIA 一直强调要按照实事求是和大公无私的要求严格决策，但事实上其仍面临"监管俘获"的可能性。因为，在市场经济条件下，资源往往会流向可期收益最高的领域，监管政策的制定也同样如此，特殊的利益团体完全有时间、资源和积极性来通过投资进而影响到监管过程。具体来说，在粮食安全监管领域，就存在政府不断迫于来自外部团体以及他们在立法机构和政府部门的代言人的压力，进而制定有利于提高其成员经济租金的监管。也正是出于这种原因，监管政策的制定并非总是体现如 RIA 所要求的那种客观和理性的过程。①

（四）RIA 制度在我国粮食安全监管领域的具体适用

RIA 作为今后我国粮食安全监管发展的重要方向和理想规制模式，对

---

① See Colin Kirkpatrick, David Parker, "*Regulatory Impact Assessment: An Overview*", in C. H. Kirkpatrick and David Parker (ed.), *Regulatory Impact Assessment: Towards Better Regulation?* Edward Elgar Publishing, 2007, p. 5.

其存在上述问题的解决并非一蹴而就，在具体摸索和实践的过程，上述域外国家所积累的 RIA 实践经验无疑可以为我们提供一些基本的经验。具体来说，结合上述既已阐述的实务经验等，笔者认为总体上可以采取以下方法对其予以适用：

第一，在粮食法规范中明确规定 RIA，这不仅是推动粮食安全监管效应评估的重要保障，同时还是确保粮食安全监管效应评估实践获得一致性的前提条件。作为例证，美国作为 RIA 的发源地，其最初就是通过一系列总统令的规定逐步完善监管效应评估在美国的应用，后来其更是通过国会明确规定了监管效应评估的法律地位。而如前文所述，我国目前正处于对该制度的引进和探索阶段，要想在粮食安全监管领域真正落实和发展实施这一机制，毫无疑问首先必须为其找到或制定出相应的法律依据，即在粮食法规范中明确规定 RIA。同时必须指出的是，在具体立法过程中，首先应尽量通过狭义的法律对其明确加以规定，因为高位阶的法律依据通常可以更有效地保障评估的执行力，使其充分发挥功效。

第二，设立统一的国家层面的审核机构。针对粮食安全监管机构所作出的评估报告，制定统一的标准和分析办法，并提出改善评估报告质量的建议。这样既可以保证整个粮食安全监管体系的协调统一，又可以避免政府监管的冲突和重复。此外，政府还必须对各粮食安全监管机关的 RIA 实施情况进行审核，并为这些机构实施 RIA 提供充足的资源，保证监管效应评估的顺利进行。例如，在国外，英国内阁即下设了 Regulatory Impact Unit（RIU）、美国总统下设了 Office of Management and Budget（OMB）作为专门的机构以推动执行监管效应评估工作。

第三，加大对粮食安全监管机构工作人员的培训力度，使其获得实施 RIA 的高质量的技能。目前大部分国家在这方面的表现都不尽如人意。其中，缺乏熟练运用 RIA 技术的工作人员，培训不足是其部分原因。此外，政府还须最大限度地延伸协商过程，尽量获得评估监管需要的各种信息和数据。在设计 RIA 体系机制时，应当包含数据收集的设计，其设计数据的收集方法以及确定可接受的数据的质量标准不应当是为每一次 RIA 所特别制定的，而应当是以尽可能低的成本来获得最好质量的数据。

第四，建立健全 RIA 制度（包括实施对象、评估机构以及其实际功能等）及实施程序。尤其需要指出的是，政府必须明确评估范畴，因为每个监管政策的制定都面临一个初级的 RIA，而在协商和评估拟制监管政策后又要 RIA，最后对立法机构通过的立法还要进行 RIA。在本已忙碌的政府内来协商和评估既耗时又需要大量资源，不可能将所有的粮食安全监管都纳入 RIA 体系中，囿于资源的有限，减少这些成本比较明智的方法就是通过筛选程序进而将那些可能会对粮食安全产生重大影响的事项纳入到 RIA 中。正如表 5－1 第 4 点所言，资源要充分运用到那些影响巨大和能有效改变监管结果的领域。对所有重大的粮食安全决策议案，不论其是处于哪一层级的，即不论是体现为法律、法规还是行政决策命令，都应将其纳入到监管效应评估当中。

第五，明确规定 RIA 的约束力及在 RIA 中建立公众参与程序。一方面，政府必须明确 RIA 的实际功能即对监管决策的约束力，笔者以为在我国粮食安全监管领域构建 RIA 制度应当明确规定 RIA 报告的约束力，否则很容易出现像行政听证那样最终流于形式的无用功。另一方面，政府还应当通过重视公开与公众参与以解决多元利益冲突。监管效应评估一般由五个步骤构成：识别问题、确定目标、形成方案、影响分析和方案比较。①而公众参与应当贯穿于 RIA 这五个步骤的全过程，进而确保为评估粮食安全监管议案的潜在影响收集和分析合适的信息。

第六，评估标准应当统一。根据上文所述，西方国家的 RIA 评估标准非常注重市场效益，但我国作为社会主义国家，其 RIA 评估标准的确定应更加广泛。在粮食安全监管领域，我们要特别关注粮食价格以及粮食流通公平等方面的影响，尤其需要加大对粮食市场中弱势群体评估的权重。

第七，完善 RIA 监督机制。完善 RIA 监督机制主要可以体现在以下两个方面：一是内部监督，即通过 RIA 自身程序的透明与公开，以及结果的定期公布进而提升公信力；二是来自外部的监督，比如司法监督，即对不适当的、可能违法的粮食安全监管政策进行修正和矫正，保证 RIA 的客观公正。另外，RIA 还可以通过促进更广泛的协商和要求来明确地确认粮食安全监管成本和收益进而控制隐藏在政府内的各种粮食监管利益寻租活动。

---

①　European Aviation Safety Agency, *Regulatory Impact Assessment （RIA） Methodology*, http：//easa. europa. eu/rulemaking/docs/procedures-and-work-instructions/WI. RPRO. 00046% 20% 20 Regulatory% 20Impact% 20Assessment% 20 （RIA）% 20Methodology. pdf. 最后访问日期：2013 年 10 月 18 日。

第二节　应急预警：粮食安全监管的特殊程序

一　粮食安全应急预警程序的主要内容

粮食安全应急预警实则包括两个方面的内容：一是粮食安全应急预案的制定；二是粮食安全预警。其中，应急预案的制订是粮食安全应急预警工作的基础。

（一）粮食安全应急预案

"应急预案是指政府或企业为降低突发公共事件后果的严重程度，以危险源评价和事故灾难后果预测为依据而预先制定的事件控制和抢险救灾方案，是突发事件应急救援活动的行动指南。"[1]我国《粮食流通管理条例》第32条明确规定，国家建立突发事件的粮食应急体系。国务院发展改革部门及国家粮食行政管理部门会同国务院有关部门制定全国的粮食应急预案，报请国务院批准。省、自治区、直辖市人民政府根据本地区的实际情况，制定本行政区域的粮食应急预案。"事故应急预案在应急系统中起着关键作用，它明确了在突发事故之前、发生过程中以及刚刚结束之后，谁负责做什么、何时做，以及相应的策略和资源准备等。它是针对可能发生的重大事故及其影响和后果的严重程度，为应急准备和应急响应的各个方面所预先做出的详细安排，是开展及时、有序和有效事故应急救援工作的行动指南。"[2]

（二）粮食安全预警

"应急预案实施启动的时态把握更为重要。粮食应急预案的启动，必须以粮食市场预警信息反应为前提。"[3]随着我国经济的继续发展以及粮食市场化程度的不断提高，影响我国粮食安全的不稳定因素将更加复杂，面对粮食产量可能出现的波动，如何加强对粮食市场的风险监测，合理预测我国粮食供求趋势，使国家能够及时准确地做出应对措施保障粮食安全，

---

①　闪淳昌：《利在当代功在千秋——国家突发公共事件应急预案体系建设回顾》，《中国应急管理》2007年第1期。

②　唐柏飞：《粮食行业安全生产知识读本》，中国人口出版社2008年版，第63页。

③　罗德林：《对粮食应急预警体系建设的一点思考》，《粮油市场报》2012年3月13日，第B03版。

对于维持我国社会经济稳定大局具有重大的现实意义。粮食安全预警的主要目标，就是要"及时准确地判断和预测我国粮食供需平衡状况，及时向政府决策部门预报，以便于政府采取相应的政策措施"，[1]保障粮食安全。加强应急监管，提高应对粮食领域突发情况的能力，保障粮食安全和维护社会稳定是粮食行政监管部门的重要任务。[2]

所谓预警，就是根据警兆反映警情。警兆是指警情出现时必然有各种各样的先兆情形。根据前述粮食安全的概念，粮食安全的警情就是指粮食供应不足，预警就是应对突发情况对粮食系统的冲击，实际就是应急预案的执行。警兆与警情的确定重点在预警指标的确定。因此，粮食安全预警在设计时必须要寻找能够反映粮食安全实际状况的各种指标来建立粮食安全预警体系。在出现或者可能出现粮食风险的时候，发出预警，以便政府采取必要的调控手段应对粮食不安全风险。而进行粮食安全预警还要有科学的警度，对粮食安全进行合理测度即确定合理的警限，是准确预警的关键。粮食安全的警度一般是五级。具体如表 5 - 3 所示：

表 5 - 3   粮食安全预警级别

粮食安全状况	供给宽松 （安全）	供给紧平衡 （亚安全）	供求轻微失衡 （欠安全）	供求失衡 （不安全）	供需严重失衡 （危机）
粮食预警级别		Ⅵ级 （一般）	Ⅲ级 （较重）	Ⅱ级 （严重）	Ⅰ级 （特别严重）
警戒等级	绿灯	蓝灯	黄灯	橙灯	红灯

二 粮食安全应急预警程序的理论依据

（一）行政应急性原则之必然要求

所谓行政应急性原则，即是指"在必要情况下为了国家利益和社会公共利益，政府可以运用紧急权力，采取各种有效措施，包括采取必要的

---

① 杨志民、刘广利：《不确定性支持向量机——算法及应用》，科学出版社 2012 年版，第239 页。

② 2008 年的春季雪灾中，安徽、江西、湖北、湖南、广东、广西、四川、贵州等地国有粮食部门纷纷紧急采购柴油机加工大米应急，一些私营的现代化粮油加工企业则没有发挥应有的作用。汶川大地震中，个别特重灾区基本依靠外来的救灾粮食发放，在灾后 3 个月，部分地区仍未恢复正常的粮食市场供应。从这些现实可以看到，目前我国应对粮食危机的应急能力还远远不够。

对行政相对人法定权利和合法利益带来某种限制和影响的措施来应对紧急情况。"①虽然行政应急性原则能否作为行政法的基本原则仍有很大争议②，但是不可否认的是，其作为现代行政法治的重要内容已无疑义。③因为，任何国家和社会都不可避免的会面临一些紧急情况，诸如战争、动乱、自然灾害等等，当这些状况发生时，极有可能危害国家安全、社会稳定，损害国家利益和社会公共利益，此时政府可以采取必要的应急措施，即使没有法律依据或者是与法律相抵触，也应当被视为有效。④可见，行政应急性原则事实上授予了政府享有紧急处置的权力，以便能迅速采取措施（包括大量的即时行政强制措施），必要时还可以限制或暂停公民的某些宪法权利（底线是不得剥夺公民的生命权、健康权、人格尊严等基本人权），进而及时有效地控制危机。⑤很明显，政府在这里获得了比平时更为膨胀的权力，为防止其权力滥用，必须对这种应急权力进行规控。对此，世界各国都对其进行了限制，其限制内容除包括在立法中明确规定紧急情况的范围、行使行政紧急权的主体以及监督机关外，作为控制权力和行政自由裁量权滥用的方法之一的程序控权方式，也理应受到重视与考虑。⑥

（二）保障粮食安全的现实需要

粮食安全应急预警，无论是从现在还是从长远来看，其对于一个国家保障粮食安全的意义都非常重大。

---

① 菅强：《中国突发事件报告》，中国时代经济出版社 2009 年版，第 19 页。

② "近些年来我国内地出版的许多教科书在阐述行政法的基本原则时，往往仅提及行政合法性原则和合理性原则，未将行政应急性原则作为行政法的基本原则加以研讨。"莫于川：《依法行政理论与实践》，中国工商出版社 2007 年版，第 43—44 页。

③ "行政应急性原则与法治原则并不冲突，并非法治原则的例外，相反，在性质，它属于法治原则在应付突发事件领域的个别化，这具体表现在应急性原则本身为紧急权的行使提出了现实性、科学性、专属性、程序性等方丽的要求，必须在法治的范围内展开。归根结底，应急性原则是在坚持法治原则的基础上兼顾并侧重行政应急效率的实现，并没有脱离法治原则，而是法治原则的重要内容。"菅强：《中国突发事件报告》，中国时代经济出版社 2009 年版，第 20 页。"实际上，这是政府为了国家、社会和全体公民的长远和根本利益而作的理性选择，是符合实质法治主义要求的、利大于弊的危机管理举措，其最终目的是通过化解危机因素，恢复和维持公共权力与公民权利之间的良性互动关系，从根本上维护公民权利。"莫于川：《依法行政理论与实践》，中国工商出版社 2007 年版，第 46 页。

④ 参见罗豪才《行政法学》，北京大学出版社 2001 年版，第 24 页。

⑤ 参见莫于川《依法行政理论与实践》，中国工商出版社 2007 年版，第 45 页。

⑥ 参见高秦伟《论社会保障行政中的正当程序》，《比较法研究》2005 年第 4 期。

首先，实行粮食安全应急预警是中国粮食生产安全的迫切需要。目前，我国粮食需求刚性大，弹性小，且粮食的产量受到诸多因素，诸如市场因素（价格波动等）、自然因素（气候环境等）以及政府因素（政府干预等）的影响，这种刚性的需求与生产的波动导致了需求矛盾的出现。[1]总体而言，我国粮食安全状况并不乐观，存在供需缺口等问题（见表 5 - 4）。而且，我国粮食生产还受到了其他诸多因素的影响，如耕地资源和水资源的短缺、农业基础设施薄弱、农业科技发展滞后等，这些无疑都加大了我国粮食供求总量平衡的不可预见性。[2]以上种种客观情况，均显示出了加强粮食生产预警在我国仍十分必要。

表 5 - 4　　　　　　　21 世纪中叶中国粮食安全缺口表[3]　　　　　单位：万吨

年份	稻谷	小麦	玉米	粮食总量
2009	- 1320. 48	1328. 62	3026. 09	3034. 23
2010	- 1052. 7	2195. 62	2083. 51	3226. 46
2011	- 792. 98	357. 13	2018. 74	4282. 89
2012	- 543. 78	2850. 12	726. 74	3033. 07
2013	- 307. 2	2640. 31	258. 54	2591. 65
2014	- 85. 1	2429. 06	- 459. 21	1884. 75
2015	120. 98	2217. 64	- 1465. 03	873. 59
2016	309. 83	2007. 31	- 1763. 34	553. 8
2017	480. 63	1799. 21	- 3485. 48	- 1205. 63
2018	632. 94	1594. 42	- 5650. 69	- 3423. 32
2019	766. 69	1393. 92	- 8327. 47	- 6166. 87
2020	882. 23	1198. 52	- 10555	- 8474. 1
2025	1223. 57	316. 82	- 14535. 6	- 12995. 2
2030	1340. 35	- 402. 93	124889	- 23951
2035	1546. 72	- 1036. 9	- 42798	- 42288. 1
2040	2092. 5	- 1734. 1	- 55562	- 55203
2045	3035. 68	- 2661. 82	- 779490	- 779116
2050	4216. 07	- 3245. 4	- 1016665. 5	- 1015695. 42

---

[1]　参见肖国安《中国粮食安全研究》，中国经济出版社 2005 年版，第 178—179 页。

[2]　聂富强等：《中国国家经济安全预警系统研究》，中国统计出版社 2005 年版，第 307 页。

[3]　王丹：《气候变化对中国粮食安全的影响与对策研究》，湖北人民出版社 2011 年版，第 183 页。

其次，建立粮食安全预警机制是中国粮食流通安全的迫切需要。相对于粮食生产安全的直观和明显而言，粮食流通安全则比较隐蔽，而且更加复杂。大家都知道粮食短缺是粮食不安全的具体体现，而实际上粮食严重过剩亦是一种不安全，因为，严重的粮食过剩必将会对粮食仓储、价格、政府粮食政策以及农民种粮积极性等产生负面影响。也正是因为此，粮食流通安全对于实现整个粮食安全具有重要的现实意义。在具体实践中，若国家没能建立安全、有效的粮食流通体制，则即使粮食生产非常充足，其亦无法完全保证粮食在整个国内实现稳定供应，更勿用说用来保证所有需要粮食的家庭和个人都能获得足够的粮食。虽然单就理论上而言，目前全球的粮食产量完全足以养活地球上的所有人，因为按平均分配原则，每人每天可获得2700千卡的热量，基本上可以满足人类生存的需要，就不应该存在饥饿人口，但事实是，全世界仍然大约有8.4亿人口长期营养不良，大约1.85亿学龄前儿童严重低于标准体重，这就是由于粮食流通不安全等因素造成的。[①]

在粮食市场化改革后，受粮食市场复杂性以及粮食市场机制不完善等因素的制约，国内粮食市场并不稳定，粮食供给波动幅度比较大。这在我国加入WTO后表现得尤为如此。目前我国平抑粮食供给波动主要依靠：（1）刺激粮食生产，增加供给总量；（2）干预流通体系，实行市场管制；（3）提高储备水平，增加纵向调节。[②]事实上，上述所有方式均有赖于国家建立健全粮食安全预警机制，否则其必然会蜕变成为没有目标的盲动。也正是因为此，笔者认为为适应国家粮食安全监管的需要，防止粮食市场因供给波动而对粮食安全造成负面影响，以及尽量将上述负面影响降到最小，完全有必要建立系统的粮食安全预警机制。

再次，建立健全粮食安全应急预警机制是中国粮食消费安全的迫切需要。我国同时作为粮食生产和消费大国，如果粮食产量的增长赶不上粮食消费总量的增长，就有可能面临粮食危机。农业部部长指出，在当前粮食"十连增"的形势下我国仍然需要进口粮食，原因就在于粮食增产的幅度还无法完全满足粮食消费刚性增长的幅度。他进一步解释，我国人口的绝

---

① 参见梅方权等《粮食与食物安全早期预警系统研究》，中国农业科学技术出版社2006年版，第19—21页。

② 肖顺武：《粮食安全预警机制研究》，《安徽农业科学杂志》2009年第33期。

对增长，城市化人口的快速增加，再加上生活水平的提高、消费结构的升级，以及农产品加工等因素，导致对粮食的需求增加且呈刚性增长。[①]据预测，到 2020 年我国人均粮食消费量为 395 千克，需求总量 5725 亿千克。其中口粮消费总量 2475 亿千克，占粮食消费需求总量的 43%；饲料用粮需求将达到 2355 亿千克，占粮食消费需求总量的 41%。[②]另外，随着居民生活水平的提高，人们除了对粮食消费总量的需求增加外，其对粮食质量的要求也越来越高。同时，随着农业产业结构的调整，农民职业的分化，部分农村原来粮食自给自足的农民不再生产粮食，而是向市场购买。所有这些粮食消费情况的变化，统一要求我们建立粮食安全预警。[③]

因此，对粮食安全预警过程进行从严监管，从各方面分析和衡量粮食安全状况，监测国家粮食安全，提前对粮食安全信息进行预测，并及时将信息反馈给有关主管部门、粮食生产者、经营者和消费者。同时，由粮食应急预警指挥机构做出相应的政策调整，处理粮食发展过程中出现的重大问题，有效的防范或化解粮食安全中出现的风险，不仅是保障粮食安全的现实需要，也是依法行政的要求。

三　我国粮食安全应急预警程序的检讨与建议

（一）粮食应急预案的制定程序

1. 当前我国粮食应急预案的制定程序

若当前国家已存在实施有效的粮食应急预案，则一旦发生粮食危机或粮食突发事件，各级粮食行政管理部门均可以根据预案，依照依法行政的要求，及时启动应急机制，确保国家粮食安全和社会持续稳定。具体来说，2005 年我国国家粮食局和有关部门联合制订了《国家粮食应急预案》（该项预案被列为《国家应急预案》中 25 个专项预案之一），由国务院办公厅印发各地执行。根据上述预案之要求，各省、自治区、直辖市人民政府应当据此并结合本地区实际情况，制订和完善本省、自治区、直辖市粮食应急预案。目前，许多省市已经制定下发了本地区的粮食应急预案。其

---

①　参见韩长赋《中国粮食消费刚性增长快》，http：//szb. hynews. net/hhsb/html/2013 - 12/10/content_ 2576176. htm，最后访问日期：2013 年 12 月 10 日。

②　张锦华、许庆：《中国的粮食安全——以上海为视角》，上海财经大学出版社 2011 年版，第 5 页。

③　龙方：《新世纪中国粮食安全问题研究》，中国经济出版社 2007 年版，第 282 页。

中，各级粮食行政管理部门是本级粮食行政管理部门应急预案的制定主体。

　　实际上，应急预案制定的核心问题，即是应急预案制定的程序问题。一个完善的预案制定程序，能够保证制定出来的预案在实践中最大限度地发挥其效用。我国现行粮食行政管理部门关于应急预案制定的程序主要包括以下四个步骤：①

　　第一，成立预案编制小组。在制定粮食应急预案之前首先成立编制小组，小组成员在粮食应急预案的制定与实施中具有重要的地位，为此，应当挑选各方面的专业人员组成。考虑到粮食事故发生后粮食行政管理部门需要与外界沟通协调，因此，小组成员应由行政管理、安全生产、粮食储藏、粮油加工、设备设施、保卫、医疗、环境、人事、法律等各方面代表组成，如有可能还应尽量保证有地方应急机构代表参加，比如安监部门和消防部门等，从而避免粮食应急预案与地方有关应急部门的应急预案不一致，并保证各部门在紧急情况出现后各司其职。

　　第二，危险分析和应急能力评估。在制定应急预案前，编制小组首先要收集、分析所有相关信息，诸如粮食行业可能发生哪些事故；这些事故后果如何；这些事故是否可预防，如果不能，会产生何种紧急情况；各类事故影响范围如何；如何报警，谁负责报警；谁来评价各种紧急事故，其根据是什么；如何建立有效的通信；在紧急情况下谁负责做什么，什么时间，怎么做；目前具备什么资源；应该具备什么资源；可得到什么样的外部援助，如何得到，何时能达到；整个应急过程由谁负责，管理结构应该如何适应紧急情况；在什么情况下人员应该进行安全避难或疏散等等。这是在应急预案制定过程中必须要分析的内容。

　　第三，应急预案编制。经过前步的危险分析和应急能力评估之后，可以进入正式编制粮食应急预案程序，这一部分主要包括以下步骤：编制第一遍草稿→检查上述草稿→编制第二遍草稿→评论上述草稿→初稿完成→呈送领导及专家审核→根据领导及专家意见修改。

　　第四，应急预案的评审与发布。粮食行政管理部门应急预案的评审，应侧重针对框架文件之技术内容的科学性、应急救援活动的可行性、行政管理需要的协调性以及应急救援组织适应性等进行严格审核评估。若涉及

①　参见唐柏飞《粮食行业安全生产知识读本》，中国人口出版社 2008 年版，第 67—69 页。

专业技术内容，则应聘请有关专家进行评价和审定。通常而言，粮食行政管理部门的应急预案，应由粮食行政管理部门的主要领导签署发布实施，并明确发布的范围、时间、人员以及时效性等。

2. 可借鉴的域外经验

目前国内对应急预案制定程序的研究还比较少，对域外应急预案制定程序的研究则更少，现仅有的研究为北京师范大学法学院张红博士发表的相关论文。本部分在参照其研究成果的基础上进行以下论述。①

（1）英国应急预案的制定程序

第一，危险描述。这是应急预案制定之前的必备工作，它是对潜在灾害或威胁进行风险评估，并依据其发生的可能性和影响大小将评估结果分为低、中、高和极高四个级别，然后再由预案的制定者根据风险评估的结果决定是否进行应急预案的制定。

第二，确定目的。在确定风险级别后，应当将风险评估程序所描绘的危险基本情况转换为一系列的目的，包括为达致上述目的所需要具备的，即由预案制定者回答一旦出现这种危险应如何应急以及应具备哪些应急能力等，各专家需集中起来对此进行详尽的讨论，最后就预案的目的达成一致意见。

第三，确定任务与应对措施。这一步骤是目的确定之后，围绕目的，各应急机构要采取哪些措施？能够采取哪些措施？应急人员、设备等是否充足？如果出现应急措施不充足的情况怎么办？将所有这些步骤列入一个清单，其中必须详细列明在发生突发事件时应当采取哪些行动？

第四，搭建组织机构。任何突发事件的应急必须有对应的应急机构。这一步骤就是评估现有应急机构的应急能力，如果不足是否需要增加新的应急机构，以及应急预案启动后应如何协调各部门的运作。

第五，确定各项义务。经过上述步骤之后，各机构的职责均已明确，为防止权力滥用，保证及时有效的应对可能出现的风险，需要将各机构完成的任务清楚明确地写出来。

（2）美国的应急预案制定程序

第一，调查研究。这一步骤包括三个阶段：对有关的规定和预案进行审查、进行风险分析以及调查应急物资的储备情况。

---

① 参见张红《英美两国应急预案制度及其借鉴意义》，《中国应急管理》2008年第3期。

第二，编制预案。预案起草小组负责起草预案，在这一过程中首先需要邀请一些重要官员进行交流，然后再由起草小组通过设立专门的委员会邀请专业人士负责草拟预案的修改，最后确定版本将起草的预案提交本地民选官员，获得批准后，进行印刷和公布。

第三，预案生效。这一步骤的目的是为了保障法制的统一性。预案制定完成后对其进行审查保证预案的内容与现行的联邦或州行政机关的规定相一致，通过上级审查下级的方式完成，如州可以审查辖区内地方政府的预案，联邦应急管理署的地方官员可以应州的申请审查预案。

最后，通过比较，我们可以发现不管是英国还是美国，它们都非常重视应急预案的修订。在英美两国的应急预案中，其均有关于应急预案修订的规定。这些国家认为应急预案不是一成不变的，在制定完成后可能出现机构重组、新的风险、新法的通过以及演练和实施中发现的新问题等情况，需要对应急预案进行修订，保证其效用。

3. 改进我国粮食应急预案制定程序的建议

在参考上述美国和英国应急预案制定程序的基础上，结合我国现实，笔者以为可以考虑按如下流程（见图 5 – 2）完善我国粮食应急预案的制定程序。

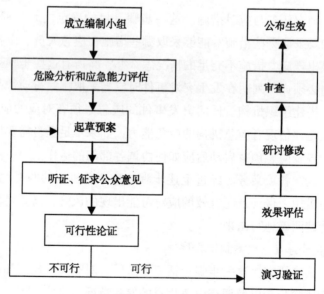

图 5 – 2　完整的应急预案流程

第一，完善应急预案编制主体。专项应急预案的制定工作本身就很复杂，专业性强，有必要在编制过程中，强调小组成员的专业性。正如前文所述，各个领域要有代表参加，而目前我国实践中应急预案一般是由政府工作人员制定的，由于他们并非三头六臂、行行精通，因而他们制定的预案往往缺乏专业性，一旦应急启动，这样的预案是不利于应急的。此外，编制小组成员不仅应当包括负责牵头的粮食行政管理部门，还需要具体执行部门和协作部门的代表参加，并表达该部门意见，唯有如此，才可以很好地保证粮食突发事故发生后各部门能够良好的协调配合。

第二，增加预案制定过程中的公众参与。应急预案在制定过程中，为保证预案的可行性，提高应急能力，可以参照立法程序中在对法律草案审议时公开征求民众意见这一程序，在预案起草阶段公开征求各方意见，必要时举行听证会，广泛听取各方代表的意见，完善预案内容。

第三，加强风险分析和应急能力评估。风险分析是整个粮食预案制定的基础，因为风险分析不仅可以确定应急工作的目标、重点，是划分粮食预案制定优先级别的依据，而且可以为应急工作提供所需的信息。风险分析后，对粮食风险级别的确定，则需要评估粮食安全应急机构针对风险所拥有的应急资源情况，包括人员、技术、设备和外围保障等，如果既有机制不足以应对风险，则需要考虑增加外部资源。

第四，重视应急预案的修订。应急预案的制定并不是一劳永逸，粮食应急预案制定后，根据实际出现的各种情况，包括新的风险出现、应急机构职能变化以及新法的颁布实施等，应当对应急预案进行修订，以使应急预案符合实际，更具可操作性，在实践中发挥其效用。尤其是粮食市场的多变性和复杂性，在粮食应急预案制定后，应根据情况的变化，对预案进行调整和修订。

（二）粮食安全监管的预警程序

1. 粮食安全预警的国际、国内现状

早在1975年，FAO就已建立了一个全球粮食和农业信息预警系统（GIEWS），随后，一些发达国家相继建立了粮食预警系统。国际上，建立粮食安全预警机制的主要经验包括：部门协调、国家投入、数据共享、队伍稳定、模型分析、及时反馈以及高度透明。完整的粮食安全预警程序主要应当包括以下环节：

第一，信息收集。粮食行政管理部门负责收集和提供粮食生产以及粮食市场的相关数据和信息，这是进行预警分析的最基本前提，数据信息的完备与否以及优劣程度，将直接影响整个预警机制的质量。因此，在信息收集方面，应当注意信息的时效性、准确性、适用性（有的放矢）、共享性。[1]

第二，信息分析。信息分析是粮食安全预警的核心部分，它主要由预警分析指标体系、模型分析体系与专家评估体系组成。信息分析的功能如何，将直接影响到粮食安全预警信息产品的质量。[2]

第三，信息反馈。它是粮食安全预警的具体实施，即它主要是将信息分析的结果科学直观地反映出来，指导粮食宏观调控。因此，信息反馈要及时准确，并提出备选的调控方案，比较各方案的优劣，最后决定最优的调控方案。

在我国，有关粮食安全预警的研究起步比较晚。具体来说，我国是在20世纪末才开始有相关的理论研究出现。2005年，随着国内粮食流通持续市场化，为加强对粮食市场的监测和预警分析，确保市场粮价的基本稳定和妥善应对各种突发事件，按照"全面规划、分步实施、统筹安排、先易后难"的原则，根据《粮食流通管理条例》和《国家粮食应急预案》的要求，国家粮食局配套制订了《国家粮食局粮食市场监测方案》，并在全国大部分地区建立了国家粮食局粮食市场监测点。上述市场监测点通过对粮食收购、出库、批发和零售等环节价格和有关情况进行适时监测，逐步建立健全粮食市场监测点信息直接报告制度，并探索完善粮食宏观调控监测预警系统的办法和措施，进而起到了提高调控粮食安全预警效率和水平的作用。[3]在现实中，建立中国粮食安全预警系统，不能完全照搬国外的经验，必须要考虑到中国人多地少、粮食自给性强、商品性低以及主要以分散的家庭承包经验为主、农户经营规模小等现实情况，在此基础上构建与我国粮食市场化相适应的粮食预警机制。

① 黄季焜：《国外粮食安全预警系统情况及其对我国的启示》，《政策研究简报》2004年第1期。

② 聂富强等：《中国国家经济安全预警系统研究》，中国统计出版社2005年版，第311页。

③ 参见中国经济年鉴编辑委员会《中国经济年鉴2006》，中国经济年鉴社2006年版，第393—394页。

2. 我国粮食安全监管预警程序存在的问题

第一，信息收集不够。信息收集的重要性，在于为粮食安全预警保障数据供给，它也是进行粮食安全预警分析的基础，是整个预警程序运作的先决条件。在现实中，数据的真实性及其质量的优劣，直接制约着整个预警工作质量的高低。当前我国负责粮食安全预警数据收集的主要是粮油信息中心，而我国的粮油信息中心主要是提供国内外粮食市场价格行情监测信息及市场分析报告，在实际运用中，粮食安全预警需要的信息远不止这些，粮食安全预警需要对国内外粮食生产、流通、加工、储备以及市场价格变化等信息进行全方位的收集和分析（见表5－5）。

表5－5 粮食安全预警需要的数据①

科目	内容
生产	耕地面积、灌溉面积、退耕面积、灾毁面积、调整面积、粮播面积（品种、数量）、总产量（品种、数量）；单产量（品种、数量）；副食产量（肉、蛋、奶、水产）；农业投入；种粮成本（农户、农场）
流通	粮价（品种、单价）；口粮（品种、数量）；饲料（品种、数量）；工业（品种、数量）；种子（品种、数量）；损耗（品种、数量）；进出口（品种、数量、单价）
储备	国家（品种、数量）；地方（品种、数量）；民间（品种、数量）
其他	人口（数量、出生率、死亡率）；GDP（总量、增长率）；恩格尔系数

第二，信息公开不及时。任何危机发生的时候，都需要政府和公众共同面对并积聚全社会的力量加以应对。如果危机一旦发生，而公众又没有有效的渠道获得真实的信息，则很容易产生恐慌，这比危机更严重，极不利于社会稳定。比如，2003年受"非典"事件的影响，珠三角地区大宗粮油产品价格出现短时快速的上涨，由于不明真相以及谣言的传播，部分地区甚至出现粮食抢购现象。再如，2013年的"毒大米"事件，事实是质监部门早在2009年就已经检测到大米镉超标，公众在2013年才知情，而且在事情发生后，公众要求公布相关信息时，又经历了从"名单不方便透露"到仅公布涉事餐饮单位，再到最终公开被查出的"镉大米"及米制品品牌、批次。②受此次事件影响，人们都不敢买湖南大米，认为有

① 陈绍充：《粮食安全预警系统研究》，博士学位论文，西南交通大学，2008年，第31页。

② 参见舒圣祥《问题大米暴露粮食质量监管漏洞》，http://www.p5w.net/news/xwpl/201303/t20130301_51068.htm，最后访问日期：2014年01月01日。

毒，导致"卖粮难"，湖南一些种粮大户甚至考虑放弃种植水稻。由此可见，信息披露具有客观重要性，在现实中，越是掩盖事实真相越会造成民众心里恐慌，更不利于社会稳定。

第三，应急能力贫乏。在我国，受政府和公众危机意识感不强的影响，一直以来国家对相关应急机制的建立并不完备。例如，虽然我国经历了 2003 年全国范围的"非典"危害、2008 年南方数省发生严重冰冻雪灾等造成部分地区出现短期的粮食抢购现象，但国家 2007 年颁布实施的《突发事件应对法》对应急机制也只是做了原则性规定，且其可操作性不强。而单行的法规规章，比如《国家粮食应急预案》、《国家粮食局粮食市场监测方案》的规定相对也比较粗糙简单。就目前而言，虽然我国大部分省市已经根据各地区的实际情况制定了粮食应急预警方案，但在全国范围内，其尚未建立统一的粮食安全预警机构，缺乏对粮食安全预警的全局把握。事实上，这是不利于国家粮食安全保障的。质言之，立法的滞后，使得政府在面临一些突发事件时显得有些手足无措，难以应对日益复杂的危机。此外，当前全社会的危机意识并不强，单以粮食安全而言，本应需要动员全社会的力量，如包括企业、粮食行业协会、媒体以及公众等，共同参与应急，但遗憾的是，国家对它们进行粮食安全的教育、宣传以及应急能力的培训还远远不够。这也是导致整个社会粮食危机意识比较薄弱、应对能力较差的重要原因之一。

3. 建构我国粮食安全监管预警程序的具体建议

（1）提高应急能力。一是成立国家粮食安全领导小组负责全国的粮食安全预警。粮食安全预警，包括粮食生产、需求、进出口、储备、库存以及市场价格等信息，它是一个系统性的大工程。同时，粮食应急不仅需要充足的粮源，还涉及在执行过程中农业、贸易、气象、海关等多部门的协调，为保障粮食应急处理可以顺利进行，需要确立一个核心部门来负责牵头组织协调。因此，应从中国的实际情况出发，成立国家粮食安全领导小组领导全国粮食安全预警决策和协调工作，其职责主要是对粮食安全状况进行全方位监控，召集成员会议，组织制定和实施粮食安全应急预警，及时对粮食市场进行分析评估，确认粮食安全存在的风险。①同时，国家

① 参见张晓君《国家经济安全法律保障制度研究》，重庆出版社 2007 年版，第 293 页。

还可以成立专家委员会对国家粮食安全状况进行综合分析。①此外，就粮食行政主管部门而言，其应当时刻保持清醒和高度的重视，尤其是在大灾、大事故等突发事件发生时，应广泛收集信息，认真分析，及时发现警兆，及早做好粮食安全预案的启动准备工作。二是扩大公众参与。加大粮食安全宣传和教育的力度，注重应急能力的培训，动员全社会的力量尤其是民间组织的力量参与到粮食安全应急预警中来。

（2）增强信息收集能力。一是应加大投入对粮食安全预警信息进行收集、分析、处理和发布，保障粮食安全预警信息的质量。全国性的粮食安全预警需要庞大的数据支撑，"既包括粮食生产过程的数据，也包括粮食流通过程的数据；既要反映已经发生情况的统计数据，又要反映动态的超前预测性信息数据；既需要粮食情况的信息，又需要与粮食有关的信息。"②这些数据的收集、分析和处理需要现代化的技术手段。因此，在粮食安全预警系统建立中，要加大对这方面的投入，保证粮食安全预警的质量。另外，各级粮食行政管理部门要进一步加强完善粮油市场信息监测网络，定期搜集粮食市场价格动态，及时掌握粮食市场行情以及粮食应急事件的苗头信息和发展动向，提高粮食应急预警能力。

二是应扩大信息来源渠道。从表5-5可以看出粮食安全预警所需的信息内容非常广泛，目前我国粮食安全监管实行的是多头管理，为保证预警的及时和准确，需要多渠道的收集上述信息，不同渠道收集的信息内容侧重点是不同的，比如粮油信息中心收集的是粮食市场信息、农业部负责的是粮食生产信息、海关统计的是粮食进出口信息、质监部门掌握的是粮食质量信息等，基于此需要构建一个信息采集和传递的网络结构，最后将信息全部汇总到国家粮食安全预警中心，由其进行分析预测。

（3）坚持信息公开。信息收集之后，应及时组织专家分析全社会粮食生产、流通、库存状况，并做出科学的预测和判断，分析风险发生的概率，以及可能产生的危害后果，就此提交专家意见给国家粮食安全领导小组。一旦粮食危机得到确认，粮食行政管理部门就应当向国务院有关部门报告情况，同时要将信息及时客观的向社会公布，实现信息共享。要通过有效的渠道（如新闻媒体、行业协会、电话传真、网络等）发布信息，

---

① 邓亦武：《粮食宏观调控论》，经济管理出版社2004年版，第240页。

② 同上。

保证从中央到地方各级政府、粮食监管决策部门、粮食生产者、粮食经营者、粮食消费者都可以及时获得这些信息。另外，应急处理的流程、结果、责任追究以及救济机制等都应当公开。通过信息公开和舆论引导，既可以动员全社会参与应急，也可以避免不必要的恐慌。从而"有效地引导国内的生产与流通、辅助政府决策，稳定国内粮食市场的平衡"，①确保国家粮食安全。

综上，在粮食市场化的今天，粮食自身的属性、粮食安全的重要性以及粮食流通作为粮食安全的根本，要求世界各国政府对粮食市场采取有效的监管。为此，世界各国都没有放松对粮食的监管。所谓粮食安全监管，即由国家公权力对粮食领域进行干预，面对监管机构强大的监管权和自由裁量权，确保政府干预的正当、适当，防止权力滥用，不仅要从实体法上规定监管主体、监管权限，而且还需要架构适当的监管程序。"实际上，建立在现代监管制度之上的现代行政法所强调的程序理念，最为重要的是公开与参与两个要素，而绝对不是繁文缛节或者低效率。"②也正是因为此，本章并未展开对监管方式的具体程序予以详细探讨，而是首先关注粮食监管程序的两个核心制度——信息公开制度和公众参与制度。

信息公开是现代监管透明度原则的具体体现。就我国粮食安全监管而言，目前主要需要完善粮食监管信息公开的方式、范围以及形式等。而行政听证则是公众参与原则的重要体现，也是信息公开的必然延伸，公众知情的目的就是为了更好地参与。公众参与原则的形式，不仅有正式的听证会还有非正式的咨询公众意见，具体应适用哪种形式则应视具体情况而定。目前与粮食监管有关的听证，主要涉及粮食市场准入的行政许可听证、粮食监管过程中的行政处罚听证以及粮食价格听证。听证的实施要注意听证主持人的中立、利益相关人的参与、专家的专业意见以及听证笔录的法律效力等问题。

另外，在监管日趋广泛的今天，为保证政府监管的正当性以及必要性，符合人民的最大利益，并避免监管失灵带来的巨大负面效应，许多国家都采用了 RIA 制度。为确保政府监管的质量，政府在进行监管决策之时就必须对监管风险的处置机制等进行缜密地设计，以便使其能够及时应

---

① 张晓君：《国家经济安全法律保障制度研究》，重庆出版社 2007 年版，第 294 页。
② 周汉华：《政府监管与行政法》，北京大学出版社 2007 年版，第 100 页。

对经济发展和社会变迁的需要，否则其必然会成为前进的阻力。系统化、科学化的监管效应评估制度，是提高政府监管品质的关键和前提，其作为一种先行程序在西方国家已行之有年，近年来也颇受国际经济合作发展组织（OECD）等国际组织的欢迎。有鉴于监管效应评估对于公共利益的维护和更佳监管（better regulation）的重要性，以及国内理论界和实务界在此方面研究的欠缺，因此，本章通过文献检索，并辅以 OECD 国家的有关实施经验，探求了监管效应评估的实际做法和经验分析，以期对监管效应评估的内涵和实务有进一步的了解，并作为我国监管效应评估制度发展的借鉴。

此外，还必须指出的是，基于粮食自身的特殊属性，粮食安全监管有其自身特有的程序——粮食安全应急预警程序。粮食安全应急预警程序，是粮食安全监管的特有程序。粮食安全是一个全球性的问题，2008 年的世界粮食危机，使得粮食问题更加突出。通行的做法是提高粮食产量，加强粮食流通的监管，除此之外，就是粮食安全应急预警机制的建立。我国粮食安全应急预警的建设起步较晚，在信息的收集、风险的判断分析以及突发粮食危机时的应急处置能力等方面还存在不足，本章对此提出了完整的粮食应急预案的制定程序和全国粮食安全预警程序的建构，以期能对粮食安全监管程序的完善起到一定的促进作用，进而通过程序的完善实现粮食安全监管的目标。

结　论

　　"政府监管是认识行政法特征的中心问题，降低监管和对监管的规制，是我们现在所生活的时代的标志。"①就目前而言，尽管政治学、经济学、社会学乃至人类学都对政府监管投入了极大的关注，但是它却是被行政法学界近乎遗忘的角落。正如日本学者大桥洋一所言，"相邻各学科要求现代公法学，尤其是行政法学能够直面所谓'法律学将自己的任务限定于裁判规范学、解释学，而未能发挥行为规范学的作用'的批评，法律规范与法律实务之间的脱节，法律执行不到位等问题，并进行相关的变革。"②

　　实际上，"传统行政法仅仅把注意力集中于宪法、行政法与行政程序是远远不够的，行政法规范以外的东西，诸如行政管制的性质以及其实质上的范围等问题，对于行政法的研究而言，也是同样重要的。"③政府监管作为行政法学研究的新领域，其价值和生命力在于对具体行业政府规制问题的分析和研究，如"在当代美国行政法学家中，布雷耶尔大法官专长风险和能源规制，皮尔斯教授专长电力和天然气市场规制，夏皮罗教授以职业安全和卫生规制见长，几乎每个美国行政法学者同时都是规制理论的行家。"④质言之，对某一特定领域的政府监管法律问题的研究，不仅有利于推进该领域政府管理体制改革，促进社会经济发展，也有利于拓宽我国

---

　　①　于安：《降低政府规制——经济全球化时代的行政法》，法律出版社 2003 年版，第290 页。

　　②　[日] 大桥洋一：《行政法学的结构性变革》，吕艳滨译，中国人民大学出版社 2008 年版，第 255 页。

　　③　董炯：《政府管制研究——美国行政法学发展新趋势评介》，《行政法学研究》1998 年第4 期。

　　④　朱新力、宋华琳：《现代行政法学的建构与政府规制研究的兴起》，《法律科学》2005 年第 5 期。

行政法学研究领域，为政府监管理论研究积累实践经验。

虽然本书研究的重心是粮食安全监管问题，但由于我国行政法学界对整个政府监管的研究还处于起步阶段，在此前提下，本书对具体监管领域的研究似乎首先乃存在着一种方法论意义。即它可以为后续学界继续深化研究政府监管理论提供一种初步的分析框架和思路。同时，书中所提到的例如监管方式中"非正式行政行为"的引入，以及监管程序中监管效益评估制度的建立，这些不仅对于保证国家粮食安全具有重要的现实意义，而且对于完善整个政府监管制度都具有重要的参考价值。

就粮食安全监管而言，由于粮食是人类生存与发展的前提与基础，一旦爆发粮食危机，轻则致社会动荡、经济无序混乱；重则致饥荒、战争。因此，粮食安全始终是古今中外各国政府的首要政务。对我国而言，由于受人口基数、耕地面积、国际粮食市场供应等因素的制约，国内巨大的粮食需求要求国家必须时刻将粮食安全摆在经济社会发展的首要位置。国家保证粮食安全，不仅意味着要有足够的粮食供应，同时还要保证人们随时买得起也买得到需要的粮食。在加入 WTO 后，我国粮食市场全面放开，但是其同样存在诸多市场失灵或失范的问题，再加上基于粮食自身属性、实现粮食权、保障粮食安全以及促进公平竞争的需要，粮食安全监管具有历史的必然性。

虽然中国关于粮食安全监管的历史已经有几千年，最早可以追溯到春秋战国，但严格说来，在新中国粮食流通体制改革以前，我国粮食安全监管主要是侧重于对粮食进行行政管理。经过几十年的发展，我国粮食安全监管制度已经有了显著的发展，但是在粮食市场全面放开之后，其逐渐暴露出了诸多现实不足，例如，出现了各种各样监管失灵或失范的现象，这不仅对监管实效而且对整个国家粮食安全带来了诸多负面性影响。按行政法学的观点，这些问题的出现，"实质上是'政企不分'、行政主导的立法模式以及权力文化等体制痼疾在监管法制架构上的一种表象。"①

如何规控粮食安全监管，使政府对粮食的监管达到公正、高效之要求，已成为现代行政法学研究的重要议题。综合起来，本书的建议主要有：

第一，在监管机构设置上。由于粮食自身的特性，为实现有效的监

---

①　盛学军：《监管失灵与市场监管权的重构》，《现代法学》2006 年第 1 期。

管，不仅需要监管者具备专业知识，而且需要一个相对独立的监管机构。考虑到我国现有的粮食行政管理体制，结合域外的经验，笔者认为可以在遵循法治化原则、独立性原则、专业性原则、合作原则以及责任原则的基础上，建立直接隶属于国务院的粮食安全监管委员会，对粮食安全实行全方位、全过程监管。至于监管范围，在今后一段时期，国家对粮食收购市场准入、粮食质量、粮食库存的监管应当适当加强，对政策性用粮的购销活动和粮食运输活动的监管可以基本维持现状，而因为对粮食收购市场准入的严格把关，对粮食批发市场准入和零售市场准入的监管可以逐渐淡化。

第二，监管方式上。各级粮食监管机构应当树立服务行政的基本理念，以法律为依据，在承继传统命令控制型监管方式的基础上引入激励性监管和协商性监管，建设强制与非强制结合、刚性手段与柔性手段相结合的现代粮食安全监管新体系，以达到更好的监管效果。具体来说，其一方面必须改进传统的行政立法、行政许可、行政检查、行政处罚等粮食安全监管手段，另一方面其还应当引入非正式行政行为诸如行政合同、行政指导等方式加以监管。

第三，在监管程序上。政府对粮食安全监管的规控，不仅要求做到监管权明确、监管范围确定以及监管方式创新，在行政权极力扩张的现时代，完善我国粮食安全监管的体系建构，还必须强调逐步扩大和保障粮食监管领域各私主体的合法权益，设计建立完善的粮食安全监管程序机制，通过这两方面的共同发力以规范国家粮食监管权的行使和保障公民权利。为了实现对粮食的良好监管，保障粮食安全，有必要建立健全的粮食安全政府监管的行政程序制度。

虽然本书是以中国粮食安全监管为研究对象的，但纵观当前我国学界对于政府监管问题的研究，似乎还处于刚刚起步阶段，在此前提下，本书虽系在具体地研究粮食安全监管问题，但其研究思路、体例等无疑可以为我国行政法学界后续研究政府监管理论提供一种新的思考范式。具体来说，上述对粮食安全监管问题的研究，不仅对于在其他诸如铁路、天然气、电力、药品等行业构建现代政府监管机制，以应对"全能型政府"向"服务型政府"转变具有积极的意义；而且有助于我们重新理解行政法，即逐渐从以司法审查为中心转向以动态的行政过程为中心，将行政法学的研究从传统的领域拓展到了与经济社会发展密切相关的行政实践领域，有利于改变部门行政法学研究比较空泛的局面，并有可能反哺行政法学一般理论，促进行政法一般理论的深化。①

最后必须指出的是，本书研究存在的不足以及今后需要完善的方向。正如英国学者胡德所言，"政府监管是一个规模庞大且不断扩张的领域，但它本身却基本上并没有受到什么监管。在这个公共服务必须遵守一定行为规范成为惯例的时代，……外部审查也很少；即使有，那种深入的外部审查往往也是建立在孤立的就事论事基础之上"。②对于正处于日益膨胀的监管权而言，笔者认为其更需要有法治的规制。质言之，"有既定的规则只是法治的一个方面，任何组织和个人都必须为其违反规则的行为承担责任，是法治更为重要的应有之义；有规则而无责任追究机制，实等同于无法治"。③

也正是因为此，笔者认为完整的粮食安全监管体制，除了需要合理配置粮食安全监管机构的监管权、运行方式以及程序机制之外，还需要明确规定其所应当承担的法律责任以及相应的责任追究机制，以防止其滥用权力。就目前而言，我国尚未建立专门的粮食安全监管责任追究机制，有关政府责任追究机制的一般法理和具体制度设计等均可以完全适用于粮食安全监管领域。不过，限于篇幅所限，本书没有对粮食安全监管的责任追究机制予以专章论述。当然，亦必须指出的是，即使是完全适用普通的政府责任追究机制，其在现实中亦并不是尽善尽美。因为，就目前而言，我国普通的政府责任追究机制仍然存在权责不匹配、外部监督存在缺陷（权力监督蛰伏、社会监督效率低下）、内部监督被忽视、法律法规不健全等问题。因此，在今后的发展过程中，有关粮食安全监管"有法可依、违法必问责"的问题仍然亟待我们进一步思考和完善。

---

① 应松年、何海波：《行政法学的新面相：2005—2006年行政法学研究述评》，《中国法学》2007年第1期。

② ［英］胡德等：《监管政府》，陈伟译，生活·读书·新知三联书店2009年版，第235—236页。

③ 罗豪才：《行政法论丛》（第5卷），法律出版社2002年版，第7页。

附录　粮食行政管理部门访谈提纲

本次调查研究的主体是粮食安全监管的法律制度建设问题，即为博士论文选题。

访谈时间：

访谈地点：

调查员：

1. 访谈人基本信息

性别＿＿＿＿＿＿＿年龄＿＿＿＿＿＿＿职务＿＿＿＿＿＿＿

2. 请您谈谈我国粮食安全监管的历史沿革。

3. 请您谈谈我国粮食安全监管的现有体制、职能、经验及其变化。

4. 请您谈谈我国粮食安全监管中各种权力和社会主体（上下级政府之间，政府部门之间，政府、银行、涉粮企业、跨国公司、种粮者、粮食企业与消费者等）之间的实际关系（包括其变化和原因）。同时您认为这种变化对于粮食安全监管制度有什么样的影响和冲击？

5. 您认为当前粮食安全中，最不安全的是什么问题？

6. 您认为，最重要的是保障哪一项安全？原因？

7. 您认为要保障粮食安全的主要措施有哪些？粮食行政管理部门在其中发挥什么作用？其他部门又发挥什么作用？（比如农业部门、工商部门等）

8. 您认为在粮食安全监管中主要存在什么问题？解决这些问题的关键在于？粮食行政管理部门、消费者和农民应该怎样去做？

9. 请谈谈您对粮食法的看法以及建议。

附：1) 论文定稿前将传你们翻阅；

2) 论文中将对调查地和人员做匿名处理。

参考文献

一 中文译著

1. ［澳］休斯：《公共管理导论》，彭和平等译，中国人民大学出版社 2001 年版。

2. ［德］埃贝哈德·施密特－阿斯曼等：《德国行政法读本》，于安等译，高等教育出版社 2006 年版。

3. ［德］平特纳：《德国普通行政法》，朱琳译，中国政法大学出版社 1999 年版。

4. ［德］哈特穆特·毛雷尔：《行政法学总论》，高家伟译，法律出版社 2000 年版。

5. ［法］孟德斯鸠著：《论法的精神》（上册），张雁深译，商务印书馆 1982 年版。

6. ［美］丹尼尔·F. 史普博：《管制与市场》，余晖等译，格致出版社 2008 年版。

7. ［美］拉雷·N. 格斯顿：《公共政策的制定——程序和原理》，朱子文译，重庆出版社 2001 年版。

8. ［美］保罗·A. 萨缪尔森、威廉·诺德豪斯著：《微观经济学》（第 18 版），萧琛主译，人民邮电出版社 2008 年版。

9. ［美］伯纳德·施瓦茨：《行政法》，徐炳译，群众出版社 1986 年版。

10. ［美］恩斯特·盖尔霍恩、罗纳德·M. 莱文：《行政法》（第四版）（影印本），法律出版社 2001 年版。

11. ［美］弗里曼：《合作治理与新行政法》，毕洪海、陈标冲译，商务印书馆 2010 年版。

12. ［美］杰瑞·L. 马肖：《行政国的正当程序》，沈岿译，高等教育出版社 2005 年版。

13. ［美］科斯等：《财产权利与制度变迁》，刘守英等译，上海人民出版社 1994 年版。

14. ［美］肯尼思·F. 沃伦：《政治体制中的行政法》，王丛虎等译，中国人民大学出版社 2005 年版。

15. ［美］理查德·A. 波斯纳：《法律的经济分析》，蒋兆康译，中国大百科全书出版社 1997 年版。

16. ［美］理查德·诺曼：《服务管理 服务企业的战略与领导》（第 3 版），范秀成等译，中国人民大学出版社 2006 年版。

17. ［美］欧内斯特·盖尔霍恩等：《行政法和行政程序概要》，黄列译，中国社会科学出版社 1996 年版。

18. ［美］乔·B. 史蒂文斯：《集体选

择经济学》，杨晓维等译，上海三联书店、上海人民出版社 1999 年版。

19. ［美］史蒂芬·布雷耶：《规制及其改革》，李洪雷等译，北京大学出版社 2008 年版。

20. ［美］史蒂文·J. 卡恩：《行政法原理与案例》，张梦中等译，中山大学出版社 2004 年版。

21. ［美］小贾尔斯·伯吉斯：《管制与反垄断经济学》，冯金华译，上海财经大学出版社 2003 年版。

22. ［德］罗尔夫·斯特博：《德国经济行政法》，苏颖霞、陈少康译，中国政法大学出版社 1999 年版。

23. ［美］约瑟夫·P. 托梅恩、西德尼·A. 夏皮罗：《分析政府规制》，苏苗罕译，载《法大评论》第 3 卷，中国政法大学出版社 2004 年版。

24. ［日］大桥洋一：《行政法学的结构性变革》，吕艳滨译，中国人民大学出版社 2008 年版。

25. ［日］铃木义男：《行政法学方法之变迁》，陈汝德译，北平大学法商学院研究室丛书 1937 年版。

26. ［日］南博方：《行政法》，杨建顺译，中国人民大学出版社 2009 年版。

27. ［日］室井力：《日本现代行政法》，吴薇译，中国政法大学出版社 1995 年版。

28. ［日］盐野宏：《行政法》，杨建顺译，法律出版社 1999 年版。

29. ［日］植草益：《微观规制经济学》，朱绍文等译，中国发展出版社 1992 年版。

30. ［日］猪口孝等：《变动中的民主》，林猛等译，吉林人民出版社 1999 年版。

31. ［英］P. 莱兰、G·安东尼：《英国行政法教科书》，杨伟东译，北京大学出版社 2007 年版。

32. ［英］边沁：《道德与立法原理导论》，时殷弘译，商务印书馆 2000 年版。

33. ［英］弗里德利希·冯·哈耶克：《法律、立法与自由》，邓正来等译，中国大百科全书出版社 2000 年版。

34. ［英］弗里德利希·冯·哈耶克：《自由秩序原理》，邓正来译，生活·读书·新知三联书店，1997 年版。

35. ［英］胡德等：《监管政府》，陈伟译，生活·读书·新知三联书店 2009 年版。

36. ［英］卡罗尔·哈洛、理查德·罗林斯：《法律与行政》，杨伟东等译，商务印书馆 2004 年版。

37. ［英］吉登斯：《现代性的后果》，田禾译，译林出版社 2000 年版。

38. ［英］威廉·韦德：《行政法》，徐炳等译，中国大百科全书出版社 1997 年版。

二 中文著作

39. 蔡茂寅等：《行政程序法实用》，学林文化出版有限公司 2000 年版。

40. 曹宝明等：《中国粮食安全的现状、挑战与对策研究》，中国农业出版社 2011 年版。

41. 常兴华：《建设社会主义新农村》，中国商业出版社 2006 年版。

42. 陈春生：《行政法之学理与体系（一）》，三民书局1996年版。

43. 陈桂生：《管制与均衡：中国经济行政法的制度分析》，经济科学出版社2010年版。

44. 陈红：《行政法与行政诉讼法学》，厦门大学出版社2006年版。

45. 陈少伟、胡锋：《中国粮食市场研究》（第1辑），暨南大学出版社2009年版。

46. 陈少伟、胡锋：《中国粮食市场研究》（第2辑），暨南大学出版社2011年版。

47. 陈新民：《德国公法学基础理论》，山东人民出版社2001年版。

48. 陈新民：《行政法学总论》，三民书局2005年版。

49. 崔常发、谢适汀：《纪念新中国成立60年学习纲要》，国家行政学院出版社2009年版。

50. 邓拓：《中国救荒史》，北京出版社1998年版。

51. 邓亦武：《粮食宏观调控论》，经济管理出版社2004年版。

52. 丁声俊：《守望粮食30年》，中国农业出版社2011年版。

53. 傅蔚冈、宋华琳：《规制研究》（第1辑），格致出版社、上海人民出版社2008年版。

54. 郭连成、周轶赢：《经济全球化与转轨国家政府职能转换研究》，商务印书馆2011年版。

55. 郭润生、宋功德：《论行政指导》，中国政法大学出版社1999年版。

56. 郭志斌：《论政府激励性管制》，北京大学出版社2002年版。

57. 国家粮食局课题组：《粮食支持政策与促进国家粮食安全研究》，经济管理出版社2009年版。

58. 海闻、卢锋：《中国：经济转型与经济政策》，北京大学出版社2000年版。

59. 韩俊：《14亿人的粮食安全战略》，学习出版社2012年版。

60. 洪涛：《中国粮食安全保障体系及预警》，经济管理出版社2010年版。

61. 洪涛：《中国粮食市场化大趋势》，经济管理出版社2004年版。

62. 侯立军等：《中国粮食物流科学化研究》，中国农业出版社2002年版。

63. 胡建淼：《行政法学》，法律出版社2003年版。

64. 黄方正：《经济学基础》，电子科技大学出版社2009年版。

65. 黄季焜：《21世纪的中国农业与农村发展》，中国农业出版社2006年版。

66. 菅强：《中国突发事件报告》，中国时代经济出版社2009年版。

67. 江苏省地方志编纂委员会：《江苏省志·粮食志》，江苏人民出版社1994年版。

68. 姜长云：《转型发展：中国"三农"新主题》，安徽人民出版社2011年版。

69. 姜明安：《行政程序研究》，北京大学出版社2006年版。

70. 经济合作与发展组织：《OECD国家的监管政策：从干预主义到监管治理》，陈伟译，法律出版社2006

年版。

71. 兰磊:《英文判例阅读详解》,中国商务出版社 2006 年版。

72. 郎擎霄:《中国民食史》,商务印书馆 1934 年版。

73. 雷晓康:《公共物品提供模式的理论分析》,陕西师范大学出版社 2005 年版。

74. 李惠宗:《行政程序法要义》,五南图书出版股份有限公司 2002 年版。

75. 李建良等:《行政法入门》,元照出版有限公司 2006 年版。

76. 李经谋:《2009 中国粮食市场发展报告》,中央财经大学出版社 2009 年版。

77. 李思恒、吴天锡:《世界粮食经济与管理》,中国商业出版社 1993 年版。

78. 李杨:《西方经济学》,四川大学出版社 2007 年版。

79. 李震山:《行政法导论》,三民书局 2007 年版。

80. 厉为民、黎淑英等:《世界粮食安全概论》,中国人民大学出版社 1988 年版。

81. 梁治平:《国家、市场、社会:当代中国的法律与发展》,中国政法大学出版社 2006 年版。

82. 刘华:《知识产权制度的理性与绩效分析》,中国社会科学出版社 2004 年版。

83. 廖义男教授六秩诞辰祝寿论文集编辑委员会编:《新世纪经济法制之建构与挑战—廖义男教授六秩诞辰祝寿论文集》,元照出版有限公司 2002 年版。

84. 刘茂林:《公法评论》第 3 卷,北京大学出版社 2005 年版。

85. 刘亚平:《走向监管国家 以食品安全为例》,中央编译出版社 2011 年版。

86. 刘颖:《基于国际粮荒背景下的中国粮食流通研究》,中国农业出版社 2008 年版。

87. 刘宗德:《行政法基本原理》,学林文化事业有限公司 2000 年版。

88. 龙方:《新世纪中国粮食安全问题研究》,中国经济出版社 2007 年版。

89. 卢良恕、王健:《粮食安全》,浙江大学出版社 2007 年版。

90. 陆丁:《看得见的手——市场经济中的政府职能》,上海人民出版社、智慧出版有限公司 1993 年版。

91. 陆精治:《中国民食论》,启智书局 1931 年版。

92. 罗豪才、毕红海:《行政法的新视野》,商务印书馆 2011 年版。

93. 罗豪才:《行政法学》,北京大学出版社 2001 年版。

94. 马怀德:《行政法制度建构与判例研究》,中国政法大学出版社 2000 年版。

95. 马怀德:《行政法与行政诉讼法》,中国法制出版社 2000 年版。

96. 马英娟:《政府监管机构研究》,北京大学出版社 2007 年版。

97. 马有祥:《国外农业行政管理体制研究》,中国农业出版社 2008 年版。

98. 毛泽东:《建国以来毛泽东文稿》第 8 册,中央文献出版社 1993 年版。

99. 茅铭晨:《政府管制法基本问题研

究：兼对纺织业政府管制制度的法学考察》，上海财经大学出版社2008年版。

100. 茅铭晨：《政府管制法学原论》，上海财经大学出版社2005年版。

101. 梅方权等：《粮食与食物安全早期预警系统研究》，中国农业科学技术出版社2006年版。

102. 莫于川：《行政指导论纲：非权力行政方式及其法治问题研究》，重庆大学出版社1999年版。

103. 莫于川：《依法行政理论与实践》，中国工商出版社2007年版。

104. 莫于川等：《法制视野中的行政指导》，中国人民大学出版社2005年版。

105. 聂富强等：《中国国家经济安全预警系统研究》，中国统计出版社2005年版。

106. 聂振邦：《〈粮食流通管理条例〉培训教程》，中国物资出版社2004年版。

107. 聂振邦：《2005中国粮食发展报告》，经济管理出版社2005年版。

108. 聂振邦：《粮食行政执法实用手册（上）》，中国农业出版社2005年版。

109. 聂振邦：《中国粮食年鉴2006》，经济管理出版社2006年版。

110. 聂振邦：《中国粮食年鉴2011》，经济管理出版社2011年版。

111. 聂振邦：《中国粮食年鉴2012》，经济管理出版社2012年版。

112. 潘伟杰：《制度、制度变迁与政府规制研究》，上海三联书店2005年版。

113. 祁晓玲：《中国粮食经济市场化进程与目标分析》，四川人民出版社1998年版。

114. 任剑涛：《为政之道：1978—2008中国改革开放的理论综观》，中山大学出版社2008年版。

115. 任正晓：《粮食库存检查实务》，中国商业出版社2007年版。

116. 尚珏：《中国古代流通经济法制史论》，知识产权出版社2011年版。

117. 沈开举：《行政实体法与行政程序法学》，郑州大学出版社2004年版。

118. 沈岿：《谁还在行使权力——准政府组织个案研究》，清华大学出版社2003年版。

119. 孙树志：《行政程序法基本制度研究》，甘肃文化出版社2012年版。

120. 覃红：《非关税壁垒行政指导》，广东经济出版社2009年版。

121. 汤德宗：《行政程序法论》，元照出版公司2005年版。

122. 唐柏飞：《粮食行业安全生产知识读本》，中国人口出版社2008年版。

123. 王丹：《气候变化对中国粮食安全的影响与对策研究》，湖北人民出版社2011年版。

124. 王红玲：《当代西方政府经济理论的演变与借鉴》，中央编译出版社2003年版。

125. 王俊豪：《管制经济学原理》，高等教育出版社2007年版。

126. 王俊豪：《政府管制经济学导论——

基本理论及其在政府管制实践中的应用》，商务印书馆 2001 年版。

127. 王俊豪、肖兴志、唐要家：《中国垄断性产业管制机构的设立与运行机制》，商务印书馆 2008 年版。

128. 王名扬：《美国行政法》，中国法制出版社 1995 年版。

129. 王名扬：《英国行政法》，中国政法大学出版社 1987 年版。

130. 王维达，刘杰：《中国行政法学教程》，同济大学出版社 2006 年版。

131. 王学辉、邓华平：《行政立法成本分析与实证研究》，法律出版社 2008 年版。

132. 王学辉：《行政程序法精要》，群众出版社 2001 年版。

133. 卫龙宝：《农业发展中的政府干预》，中国农业出版社 2001 年版。

134. 魏礼群：《国家行政学院决策咨询成果选 2010 年》，国家行政学院出版社 2011 年版。

135. 翁岳生：《行政法》，翰芦图书出版有限公司 2000 年版。

136. 翁岳生教授视奉论文编辑委员会编：《当代公法新论—翁岳生教授七秩诞辰祝寿论文集》，元照出版公司 2002 年版。

137. 吴敬琏：《比较 16》，中信出版社 2005 年版。

138. 吴志华：《中国粮食安全与成本优化研究》，中国农业出版社 2001 年版。

139. 席涛：《美国管制：从命令—控制到成本—收益分析》，中国社会科学出版社 2006 年版。

140. 肖国安：《中国粮食安全研究》，中国经济出版社 2005 年版。

141. 肖国安等：《中国粮食安全报告：预警与风险化解》，红旗出版社 2009 年版。

142. 肖金明：《原则与制度 比较行政法的角度》，山东大学出版社 2004 年版。

143. 肖兴志、宋晶：《政府监管理论与政策》，东北财经大学出版社 2006 年版。

144. 徐爱国、李桂林、郭义贵：《西方法律思想史》，北京大学出版社 2002 年版。

145. 许宗仁：《中国近代粮食经济史》，中国商业出版社 1996 年版。

146. 薛才玲、黄岱：《政府管制理论研究》，西南交通大学出版社 2012 年版。

147. 杨海坤：《中国行政法基础理论》，中国人事出版社 2000 年版。

148. 杨建顺：《行政规制与权利保障》，中国人民大学出版社 2007 年版。

149. 杨解君：《行政法学》，中国方正出版社 2002 年版。

150. 杨解君：《走向法制的缺失言说（二）——法理、宪法与行政法的诊察》，北京大学出版社 2005 年版。

151. 杨生、孙秀君：《行政执法行为》，中国法制出版社 2003 年版。

152. 杨志民、刘广利：《不确定性支持向量机——算法及应用》，科学出版社 2012 年版。

153. 叶必丰：《行政法的人文精神》，北京大学出版社 2005 年版。

154. 叶慧、吴开松：《中西部少数民族贫困地区财政支农效率及结构优化研究》，科学出版社 2011 年版。

155. 尹成杰：《粮安天下——全球粮食危机与中国粮食安全》，中国经济出版社 2009 年版。

156. 应松年、薛刚凌：《行政组织法研究》，法律出版社 2002 年版。

157. 应松年：《行政法与行政诉讼法学》，法律出版社 2005 年版。

158. 于安：《降低政府规制——经济全球化时代的行政法》，法律出版社 2003 年版。

159. 余晖：《谁来管制管制者》，广东经济出版社 2004 年版。

160. 余晖：《管制与自律》，浙江大学出版社 2008 年版。

161. 岳阳市地方志编纂委员会：《岳阳市志》（9），中央文献出版社 2004 年版。

162. 臧俊梅：《中国农地发展权的创设及其在农地保护中的运用研究》，科学出版社 2011 年版。

163. 张锦华、许庆：《中国的粮食安全——以上海为视角》，上海财经大学出版社 2011 年版。

164. 张千帆等：《宪政、法治与经济发展》，北京大学出版社 2004 年版。

165. 张千帆等：《比较行政法：体系、制度与过程》，法律出版社 2008 年版。

166. 张晓君：《国家经济安全法律保障制度研究》，重庆出版社 2007 年版。

167. 章剑生：《现代行政法基本理论》，法律出版社 2008 年版。

168. 章剑生：《行政程序法比较研究》，杭州大学出版社 1997 年版。

169. 赵劲夫：《市场经济中的政府形象》，中共中央党校出版社 1996 年版。

170. 赵文先：《粮食安全与粮农增收目标的公共财政和农业政策性金融支持研究》，经济管理出版社 2010 年版。

171. 赵锡军：《论证券监管》，中国人民大学出版社 2000 年版。

172. 浙江省粮食志编纂委员会：《浙江省粮食志》，当代中国出版社 1999 年版。

173. 中国法学会行政法学研究会：《行政管理体制改革的法律问题》，中国政法大学出版社 2007 年版。

174. 中国经济年鉴编辑委员会：《中国经济年鉴 2006》，中国经济年鉴社 2006 年版。

175. 中国农学会耕作制度分会：《粮食案例与农作制度建设》，湖南科学技术出版社 2004 年版。

176. 周汉华：《政府监管与行政法》，北京大学出版社 2007 年版。

177. 周慧秋：《粮食经济学》，科学出版社 2010 年版。

178. 周佑勇：《行政法原论》，中国方正出版社 2000 年版。

179. 朱泽：《中国粮食安全问题——实证研究与政策选择》，湖北科学技术出版社 1998 年版。

三　中文论文

180. 包万超：《面向社会科学的行政法

学》,《中国法学》2010 年第 6 期。

181. 崔卓兰、吕艳辉:《行政许可的学理分析》,《吉林大学社会科学学报》2004 年第 1 期。

182. 崔卓兰:《试论非强制行政行为》,《吉林大学社会科学学报》1998 年第 5 期。

183. 丁声俊、朱立志:《世界粮食安全形势及其保障对策》,《农业经济问题》2002 年第 6 期。

184. 丁声俊:《对我国粮食安全问题的几点浅见》,《中国食物与营养观》2002 年第 2 期。

185. 丁声俊:《发展中国家粮食安全形势严峻及其成因》,《中国粮食经济》2003 年第 2 期。

186. 丁声俊:《关于我国粮食安全及其保障体系建设》,《粮食问题研究》2004 年第 1 期。

187. 丁声俊:《国家粮食安全及安全体系建设》,《国家行政学院学报》2001 年第 4 期。

188. 丁声俊:《粮食安全的内涵》,《财经界》2004 年第 1 期。

189. 董炯:《政府管制研究——美国行政法学发展新趋势评介》,《行政法学研究》1998 年第 4 期。

190. 高帆:《粮食安全的真问题是什么》,《调研世界》2006 年第 3 期。

191. 高秦伟:《论社会保障行政中的正当程序》,《比较法研究》2005 年第 4 期。

192. 关保英、梁玥:《论行政主体对被许可人的监督》,《上海行政学院学报》2006 年第 1 期。

193. 国家粮食局调控司:《关于我国粮食安全问题的思考》,《宏观经济研究》2004 年第 9 期。

194. 胡荣华:《中国粮食安全成本分析》,《粮食经济研究》2002 年第 5 期。

195. 胡至沛:《迈向更佳管制:以欧盟所推动的管制影响评估制度为例》,TASPAA"全球化下新公共管理趋势与挑战:理论与实践"国际学术研讨会,2009 年。

196. 黄季焜:《国外粮食安全预警系统情况及其对我国的启示》,《政策研究简报》2004 年第 1 期。

197. 黄俊凯:《协商性行政活动之类型化与法治国之挑战及因应(下)》,《台湾本土法学杂志》2001 年第 25 期。

198. 季良实:《为什么不能放开粮食收购市场》,《人民日报》1999 年 9 月 3 日。

199. 姜长云:《关于我国粮食安全的若干思考》,《农业经济问题》2005 年第 2 期。

200. 姜长云:《粮食流通安全不亚于生产安全》,《黑龙江粮食》2010 年第 1 期。

201. 蒋红珍:《非正式行政行为的内涵》,《行政法学研究》2008 年第 2 期。

202. 李升:《论美国独立监管制度的演进——兼论德国监管行政法对其的继受与分野》,《经济法论丛》2011 年第 2 期。

203. 林宗晖:《合作国家中经济手段——

经济行政法上之协议（Absprach）》，东吴大学法律学系研究所教学报告，2006 年。

204. 刘振伟：《我国粮食安全的几个问题》，《农业经济问题》2004 年第 12 期。

205. 娄源功：《中国粮食安全的宏观分析与比较研究》，《农场经济管理》2003 年第 3 期。

206. 罗德林：《对粮食应急预警体系建设的一点思考》，《粮油市场报》2012 年 3 月 13 日，第 B03 版。

207. 马九杰等：《粮食安全衡量及预警指标体系研究》，《管理世界》2001 年第 1 期。

208. 马英娟：《监管的语义辨析》，《法学杂志》2005 年第 5 期。

209. 马英娟：《中国政府监管机构构建中的缺失与前瞻性思考》，《河北法学》2008 年第 6 期。

210. 莫于川：《行政指导：一种柔性的监管方式》，《人民日报》2007 年 1 月 10 日。

211. 莫于川：《非权力行政方式及其法治化》，载《思考与运用》2000 年第 2 期。

212. 屈宝香：《从粮食生产周期变化看中国粮食安全》，《作物杂志》2004 年第 1 期。

213. 闪淳昌：《利在当代功在千秋——国家突发公共事件应急预案体系建设回顾》，《中国应急管理》2007 年第 1 期。

214. 沈开举、王红建：《论行政事实行为》，《中国法学》2002 年郑州大学专刊。

215. 石东坡：《行政法治发展战略问题引论——30 年行政法治发展路径与方向的反思与前瞻》，《河北法学》2009 年第 5 期。

216. 田永强：《关于粮食安全问题的金融思考》，《农业经济问题》2004 年第 12 期。

217. 魏象遂：《加强国家粮食库存管理之我见》，《粮食问题研究》1998 年第 3 期。

218. 闻海燕：《粮食购销市场化与主销区粮食安全体系的构建》，《粮食问题研究》2003 年第 2 期。

219. 吴天锡：《粮食安全的新概念和新要求》，《世界农业》2001 年第 6 期。

220. 吴志华、胡学君：《中国粮食安全研究述评》，《江海学刊》2003 年第 3 期。

221. 吴志华等：《以合理成本保障粮食安全》，《中国农村经济》2003 年第 3 期。

222. 肖顺武：《粮食安全预警机制研究》，《安徽农业科学杂志》2009 年第 33 期。

223. 肖兴志、何能杰：《英国规制影响评价体制与启示》，《云南财经大学学报》2008 年第 4 期。

224. 肖兴志、孙阳：《规制影响评价的理论、方法与应用》，《经济管理》2007 年第 6 期。

225. 谢爱平：《西方规制理论对中国政府规制改革的启示》，《理论界》2004 年第 5 期。

226. 熊樟林：《"非正式行政行为"概念界定》，《行政法学研究》2009年第4期。

227. 徐挥彦：《世界贸易组织农业协定中粮食安全与粮食权之互动关系》，《东吴法律学报》2005年第2期。

228. 许经勇、黄焕文：《中国粮食安全问题的理性思考》，《厦门大学学报》2004年第1期。

229. 许经勇等：《粮食保护政策和粮食安全问题的深层思考》，《财经论丛》2003年第1期。

230. 叶俊荣：《行政法》，《台大法学论丛》2010年第2期。

231. 于安：《行政法的生命在于适应社会需求》，《法制日报》2007年3月2日。

232. 于立深：《成本效益方法在行政法上的运用——以〈行政许可法〉第20、21条为例》，《公法研究》2005年第2期。

233. 曾国安：《管制、政府管制与经济管制》，《经济评论》2004年第1期。

234. 曾祥华：《行政立法的成本与效益分析》，《成都行政学院学报》2004年第2期。

235. 张红：《英美两国应急预案制度及其借鉴意义》，《中国应急管理》2008年第3期。

236. 张其禄：《法规（管制）影响评估理论与实务之初探》，《研考双月刊》2008年总第264期。

237. 张其禄：《政府管制政策绩效评估—以OECD国家经验为例》，《经社法制论丛》2006年第38期。

238. 振华、周守文：《我国粮食安全有九大隐忧》，《决策探索》2004年第1期。

239. 郑励志：《居安莫忘思危——对粮食库存要科学剖析》，《粮食问题研究》2004年第5期。

240. 钟庆君：《外资进入我国粮食领域：一个不能漠视的问题》，《红旗文稿》2009年第10期。

241. 钟雅婷等：《国外行政立法的成本效益分析及其启示》，《中外企业家》2008年第7期。

242. 周仕鹏、周泳兴：《完善粮食收购市场准入制度的法制思考》，《粮食科技与经济》2007年第6期。

243. 朱新力、宋华琳：《现代行政法学的建构与政府规制研究的兴起》，《法律科学》2005年第5期。

244. 朱泽：《建立和完善我国粮食安全体系》，《红旗文稿》2004年第20期。

四　中文学位论文

245. 陈绍充：《粮食安全预警系统研究》，博士学位论文，西南交通大学，2008年。

246. 顾爱平：《行政许可制度改革研究》，博士学位论文，苏州大学，2005年。

247. 矫健：《中国粮食市场调控政策研究》，博士学位论文，中国农业科学院，2012年。

248. 李介民：《税法上非正式行政行为之研究》，博士学位论文，东海大学，2008 年。

249. 罗守全：《中国粮食流通政策问题研究》，博士学位论文，首都经济贸易大学，2005 年。

250. 刘新少：《公法视域内行政监管范围研究》，博士学位论文，中南大学，2012 年。

251. 龙方：《新世纪中国粮食安全问题研究》，博士学位论文，湖南农业大学，2007 年。

252. 孟伟伟：《粮食安全视角下的我国饲料粮供求分析》，硕士学位论文，西南财经大学，2010 年。

253. 石磊：《中国药品政府管制法律问题研究》，博士学位论文，中国政法大学，2008 年。

254. 王湘军：《电信业政府监管研究》，博士学位论文，中国政法大学，2009 年。

255. 殷志诚：《药品市场监管的行政法问题研究》，博士学位论文，中国政法大，2006 年。

256. 张燕林：《中国未来粮食安全研究：基于虚拟耕地进口视角》，博士学位论文，西南财经大学，2010 年。

五　古文

257. 《公羊传·宣公十五年》。

258. 《管子·国蓄》。

259. 《管子·牧民》。

260. 《管子·治国第四十八》。

261. 《国语·齐语》。

262. 《汉纪·武帝纪四》。

263. 《汉书·食货志》。

264. 《晋书·食货志》。

265. 《论贵粟疏》。

266. 《论语·泰伯》。

267. 《论语·颜渊》。

268. 《孟子·滕文公上》。

269. 《秦律十八种·仓律》。

270. 《全唐文》第 7 部，卷六百六十七。

271. 《商君书·垦令》。

272. 《商君书·农战》。

273. 《商君书·壹言篇》。

274. 《诗经·小雅·谷风之什·北山》。

275. 《史记·货殖列传》。

276. 《史记·卷三十》。

277. 《宋史》卷一百七十六。

278. 《宋史·太宗本纪》。

279. 《问进士》。

280. 《巽斋集》。

281. 《榆巢杂识》上卷。

282. 《政论》。

六　外文资料

283. American Bar Association, Developments in Administrative Law and Regulatory Practice 2012, ABA Publishing, 2013.

284. Ayres, I. & J. Braithwaite, Responsive Regulation：Transcending the Deregulation Debate, Oxford University, 1992.

285. Baldwin, R., " Better Regulation：Tensions aboard the Enterprise", in Weatherill（ed.）, Better Regulation, and Portland：Hart Publishing, 2007.

286. Bernard M. Hoekman and Michel M. Kostecki, The Political Economy of

the World Trading System: From GATT to WTO, Oxford University Press, 1995.

287. Colin Kirkpatrick, David Parker, "Regulatory Impact Assessment: An Overview", in C. H. Kirkpatrick and David Parker (ed.), Regulatory Impact Assessment: Towards Better Regulation? Edward Elgar Publishing, 2007.

288. Department of Premier and Cabinet Better Regulation Office of New South Wales Government, Measuring the Costs of Regulation, 2008.

289. Eric A. Posner, "Cost-Benefit Analysis: Legal, Economic, and Philosophical Perspectives Introduction", The Journal of Studies, VOl. 29, No. 2, 2000.

290. Ernest Gellhorn, Ronald M. Levin, Administrative Law and Process: In a Nutshell, West Publishing Company, 1972.

291. Fabrizio Gilardi, Delegation in the Regulatory State: Independent Regulatory Agencies in Western Europe, Edward Elgar Publishing, 2008.

292. Fabrizio Gilardi, "Evaluating Independent Regulators", On OECD Proceedings of an Expert Meeting in London, United Kingdom, 10—11 January 2005.

293. Florence A. Heffron and Neil McFeeley, The Administrative Regulatory Process, Longman Publishing Group, 1983.

294. General Comment No. 12: The Right to Adequate Food (Twentieth session, 1999), para. 6. Report of the Committee on Economic, Social and Cultural Rights, UN doc. E/2000/22.

295. Jeffrey Friedman, Wladimir Kraus, Engineering the Financial Crisis: Systemic Risk and the Failure of Regulation, University of Pennsylvania Press, 2011.

296. Jeremy L. Wiesen, Regulating Transactions in Securities, West Pub. Co., 1975.

297. Lauurian J. Unnevhr (ed). Food Safety in Food Security and Food Trade. Washington D. C. International Food Policy Research Institute, 2003, Brief 1, available at: www. ifpri. org.

298. Lester Russell Brown, "Who Will Feed China? Wake-up Call for a Small Plane", Volume 6 of World Watch Environmental Alert Series, W. W. Norton & Company, 1995.

299. Lester. R. Brown and Brian. Halweil, "China's Water Shortage Could Shake World Food Security", World Watch, 1998, July.

300. Michael K. Young, Judicial Review of Administrative Guidance: Governmentally Encouraged Consensual Dispute Resolution in Japan, 84 Columbia L. Rev. 1984.

301. NAO (2002), Better Regulation: Making Good Use of Regulatory Impact Assessments, London: Report by the Comptroller and Auditor Gener-

al HC 329 Sessions 2001—2002, November.

302. Negotiated Rulemaking Act, 5U. S. C.

303. OECD (1995), the 1995 Recommendation of the Council of the OECD on Improving the Quality of Government Regulation.

304. OECD (1997), Regulatory Impact Analysis: Best Practices in OECD Countries.

305. OECD (2002), The Evolution of Regulatory Policy in OECD Countries.

306. P. Devlin, "The Common Law, Public Policy and the Executive", Current Legal Problems 1, 1956.

307. Paul Cook, Leading Issues in Competition, Regulation, and Development, Edward Elgar Publishing, 2004.

308. Philip Babcock Gove ed. , Webster's Third New International Dictionary: Of the Englisch Language. Unabridged, Könemann im Tandem, 1993.

309. Reproduced in "Better Regulation— from Design to Delivery", annual report, 2005.

310. Robert Baldwin, Better Regulation: Is It Better for Business? Federation of Small Businesses, London, UK, 2004.

311. S. Weatherhill, "The Challenge of Better Regulation" in S. Weatherhill (ed.), Better Regulation, Hart, Oxford and Portland, 2007.

312. Scott H. Jacobs, "Current Trends in the Process and Methods of Regulatory Impact Assessment: Mainstreaming RIA into Policy Processes", in C. H. Kirkpatrick and David Parker (ed.), Regulatory Impact Assessment: Towards Better Regulation? Edward Elgar Publishing, 2007.

313. Sen, "Food, Economics and Entitlements" Lloyds Bank Review, April (1986).

314. Snow and Weisbrod, "Consumerism, Consumers, and the Public Interest Law", in Weisbrod: Public Interest Law, University of California Press, 1978.

315. Stephen G. Breyer, Administrative Law and Regulatory Policy: Problems, Text, And Cases, Aspen Publishers, 2006.

316. Takehisa Nakagawa, Administrative Informality in Japan: Governmental Activities Outside Statutory Authorization, 52Admin. L. Rev. 2000.

后　记

　　本书是作者主持的 2012 年度教育部人文社会科学研究青年基金项目：粮食安全监管制度研究（项目编号：12YJCZH268）和衡阳师范学院科学基金启动项目：粮食安全监管研究（项目编号：14B22）的最终研究成果。本书的最终形成，得力于课题组成员胡峻教授、邓炜辉博士、江西省吉安市粮食局周绍英等同志的鼎力相助和精诚合作，他们在文献收集、调查研究、框架设计以及论文写作等方面做了诸多工作，没有大家的协心协力，相信课题进展不会如此顺利。当然，文责自负。受研究水平限制，文中部分观点可能存在一定偏颇和不完善之处，恳请各位师长、学界同仁继续批评指正。

　　在本书即将出版面世之际，我必须对那些一直支持和帮助我的师长、同事、朋友、亲人表示衷心的感谢。

　　首先感谢恩师肖唐镖教授。肖老师的鼓励、支持和帮助，对我按期完成本课题研究具有非常关键的作用。在写作过程中，肖老师对本书的写作思路、研究方法、框架结构以及部分观点的论证均进行了详细指导。我不知道如何用文字来表达自己的敬意和谢意，我想唯有日后学术上的不断进取才是对老师最好的报答。

　　初稿完成后，西南政法大学行政法学院的汪太贤教授、唐忠民教授、王学辉教授、谭宗泽教授为书稿的修改和完善提出了许多宝贵意见，在此一并感谢。

　　本书能够顺利出版，还得益于很多人的帮助和支持。感谢衡阳师范学院法学院的领导和同事们对我教学工作和学术研究的关心和支持；感谢本书责任编辑——中国社会科学出版社任明先生，他为本书的出版给予了诸多帮助。在此表示诚挚的谢意！

　　最后，拙文虽然疏漏粗浅，未臻完美，但谨以此献给我人生中最重要的亲人：爸爸、妈妈、哥哥、爱人以及我最挚爱的女儿，谢谢你们的陪伴

和激励，在你们身边我永远是最幸福的女儿、妹妹、妻子和妈妈，谢谢
你们！

曾志华

2015 年 5 月 25 日